New Thinking and New Policy on Parents and Educational Enthusiasm

부모 · 학부모 · 교육열에 대한

새로운 생각 새로운 정책

학부모의 질이 교육을 좌우한다

이종각 저

도서출판 원미사

학부모에 대해 모르고 있는 진실 찾아가기

학부모의 질이 교육을 좌우한다!
민주교육에는 시민의 위치에 학부모가 있어야 한다!
학부모에 대한 인식을 바꿔 연구방향도 바꾸고 정책방향도 바꾸자!

교육의 질은 교사의 질을 능가할 수 없다. 맞는 말이다. 그리고 널리 통용되고, 그만큼 인정을 받는 말이다. 그러나 그에 못지않게 중요하고 맞는 말이 있다. 바로 "교육의 질은 학부모의 질을 능가할 수 없다."는 말이다. 그러나 이 말은 통용되는 경우가 거의 없다. 이 말에 생명력을 불어넣어 널리 통용시키고자 하는 꿈을 담은 책이 이 책이다.

학부모의 질은 중요하다. 학부모가 교육을 망친다는 말은 바로 학부모가 그만큼 교육에서 중요하고 결정적 영향을 미치고 있다는 것을 반증하는 말이다. 학부모의 질이 중요하다는 것을 강조하는 말이기도 하다. 학부모의 자녀교육욕구도 중요하다. 그렇다면 교원정책의 중요성 이상으로 학부모정책도 중요하게 다루어야 한다. 정부가 현재 추진하고 있는 학부모교육은 학부모정책이란 그릇에 담을 수 있는 내용 중 극히 일부일 뿐이다. 유대인 교육의 성과는 학교 교사에 의한 성과보다 학부모에 의한 성과가 더 크다는 점을 명확히 인식해야 한다.

민주국가에 시민이 있다면, 민주교육에는 시민의 위치에 학부모가 있어야 한다. 그러나 한국교육의 실제와 이론의 양면 모두에서 학부모는 그 위치를 제대로 인정받지 못하고 있는 실정이다. 학부모가 한국교육의 실제에 커다란 영향을 미치는 집단이라면, 학부모에 대한 연구관심이 더 많아야 하고 그에 대한 논의도 풍부해져야 하고 정책의 방향도 다양해져야 한다.

나는 이 책을 통하여 학부모를 통한, 그리고 학부모에 의한 교육개선의 방향을 말하고 있다. 나에게 교육의 꿈이 있는데, 그것은 학부모들에게 자신의 교육열을 마음껏 발휘할 수 있게 하는 교육시스템을 만드는 것이다. 학부모 자신도 스스로의 교육열을 현명하게 이용할 줄 알아야한다. 국가나 교육학자는 학부모가 자신의 교육열을 현명하게 이용하는 방식을 알게 하고, 현명하게 이용할 수 있는 환경을 만들어주어야 한다. 나는 이것이 한국교육개혁의 핵심이라고 생각한다.

옛날 농업사회에서 국가는 치산치수에 주로 신경 썼다. 오늘날의 글로벌지식정보화사회에서 국가는 국민의 지식경영과 교육열경영에 섬세하게 신경을 써야 한다. 김대중정부와 노무현정부는 국가의 미래를 위한 인적자원개발정책에 많은 노력을 기울였다. 이명박정부도 인재대국을 향한 인재양성정책을 강조했다. 박근혜정부는 창의인재육성을 강조하고 있다. 그런데 이런 인재양성 사업들이 학부모의 교육열을 거슬러서 가능하겠는가? 아니면 학부모의 교육열과 잘 협력하여야 할 것인가? 답은 삼척동자에게 물어도 명백하다. 생각해보면 이렇게 명백한 답이 있음에도 불구하고 우리는 이 답과는 다른 일들을 많이 해 오지 않았나 반성해 볼 필요가 있다.

학부모에게 나타나는 문제점이 많다고 걱정하시는 분들이 주류이다. 학부모의 문제점은 당연히 고쳐져야 한다. 그러나 두 가지를 생각해 봐야한다. 첫째로, 학부모만 문제점이 많은 것이 아니라는 엄연한 사실이다. 그러나 이 사실을 자주 잊어버린다. 특히 교육계에서. 교사집단에도 문제점 많고, 교수집단에도 문제점 많고, 교육관료집단에도 문제점이 많다. 그럼에도 불구하고 유독 학부모에게는 더 문제점이 많은 것처럼 인식하는 그 자체가 문제이다. 둘째로, 교정 가능한 것을 교정하자고 해야 한다. 교정이 거의 불가능에 가까운 것이라면 고치려 하기보다는 그에 적합한 시스템을 구축해 주는 것이 현명한 일일 것이다. 학부모의 교육열이 그런 것이다. 교육열 그 자체는 고쳐질 대상이 아니라, 만족시켜져야 할 대상이다. 우리는 그동안 '왜곡된' 교육열을 고쳐보려고 노력해온 경향이 있다. 그러나 중요한 것은 교육열을 왜곡되게 나타나게 하는 교육 환경을 고치는 일이다. 수요자중심교육의 진정한 의미는 바로 학부모 교육열을 수용하고 만족시켜주는 데에 있는 것이다.

그림을 진정으로 사랑하는 어느 산수화가가 말했다. "만 리를 직접 걸어서 산하를 감상하고, 만권의 책을 섭렵해야 그림다운 그림을 그릴 수 있다"고, 또 영화 리베룽겐의 반지에는 이런 대사가 나온다. "검을 사용할 줄 모르는 사람은 검을 만들 수 없다." 교육에 대한 안목과 감각이 부족한 사람들이 교육정책 결정에 과도하게 영향력을 행사하고 있는 것이 우리 현실이다. 우리는 학부모, 학생으로부터 더 많은 것을 배울 줄 알아야 한다. 우리 교육자들은 교육을 위해 학부모와 학생이 있는 것이 아니라, 학부모와 학생을 위해 교육이 있다는 원초적인 사실을 잠시라도 잊지 말아야 한다.

이 종 각 씀

백령골 작업실에서

2014. 2.

문제제기: 학부모와 교육열 그리고 교육정책

이 책이 던지는 화두는 '교육을 세우려면, 학부모를 세우고, 학부모를 세우려면 교육열도 알아야 한다'이다. 이 화두를 논의하는 3가지 키워드는 학부모, 교육열, 교육정책이다.

학부모와 교육열은 서로 떼려야 뗄 수 없는 한 묶음의 것이다. 주체와 그 주체에 흐르고 있는 심리적·행동적 에너지이다. 따라서 이 책에서 말하는 학부모와 교육열은 한 몸통에 대한 다른 측면이다. 학부모 연구와 교육열 연구는 떼어서 생각할 수 없는 것이고, 그래서도 안 된다.

'한국교육 읽기'에서 코리아디스카운트를 걷어내자

삼성, 엘지, 포스코 등의 주식 가격은 기업의 실제 가치보다 저평가되어 있다. 외국바이어들이 그렇게 평가하고 있기 때문이다. 남북대치로 불안이 상존하고, 국가브랜드가치가 낮다는 등의 이유로 저평가 되어 있다. 저평가되어 있다는 말은 이런 회사들이 미국회사이거나 일본회사일 경우 그 보다 훨씬 더 높은 주식가격이 형성된다는 말이다. 이것이 바로 코리아디스카운트(Korea discount)이다.

필자가 보기에는 한국의 교육열문화에도 코리아디스카운트 현상이 나타난다. 외국인에 의한 것도 있겠지만, 한국인 스스로 깎아내리는 코리아디스카운트가 많은 것 같다. 그런 현상의 배경에는 다음과 같은 두 가지가 작용한다. 첫째로, 한국교육의 특성을 있는 그대로 살펴보자는 문제의식 또는 학문의식 자체가 결여되었다. 즉 한국적 현상은 학문적 연구 대상으로서의 가치가 높다고 인정하지 않는 자세이다. 한국이라는 국가에 대한 자존심도 약했고, 한국 교육에 대해서도 자신감이 부족했고, 한국문화에 대한 자부심도 없었다. 그러므로 한국교육의 특성에 대한 연구 관심을 갖기 어려웠다. 삼성, 엘지, 포스코 등의 주식 값에만 코리아디스카운트가 있는 것이 아니라, 학자들의 의식 속에, 학문 활동에 더 많은 코리아디스카운트가 있는지도 모른다. 둘째로, 코리아디스카운트에는 부정적, 패배적 관점이 더 지배적으로 나타난다. 많은 외국인들이 한국인들의 자녀교육지원행위를 보고 놀라기도 한다. 냉소적이기도 하다. 그러나 더 많은 한국 학자들에 의한 평가절하와 비판은 더욱 심한 편이다

교육연구와 담론에서 소외된 주체, 그러나 중요한 주체 - 학부모!

교육열연구도 어떤 의미에서는 학부모에 관한 연구이다. 그 많은 교육연구물 중에서 학부모 관련 연구의 비중은 그리 높지 않다. 우리가 하고 있는 교육학(교육연구)을 교육행위의 주체별(교사, 학생, 국가, 학부모)로 살펴보면 다음과 같다.

먼저, 우리가 가장 많이 하고 있는 것이 교사에 관한 그리고 교사를 위한 교육학이다. 그동안 '교직교육학'이라고 부르며 논의해온 바로 그것이다[1]. 둘째, 많은 연구가 학생에 관한 교육학이라고 할 수 있다. 학생에 관한 연구는 양적으로 많기는 하지만 대부분 교사교육학의 하위 영역으로서 위치한다. 즉 교사가 학생을 어떻게 이해하고 다루어야 할 것인가라는 관점에서 학생이 연구되어지고 있다. 즉 학생이 아직은 교육의 주체적 위치에서 논의되는 것은 찾아보기 힘들다. 셋째, 국가의

1) 교육학 패러다임 논쟁에 대해서는 이종각(1994)의 『교육학논쟁』을 참조

역할에 관한 교육학이라고 표현해 보자. 우리나라의 경우 국가의 교육 정책 역할이 점점 증가해가고 있으며, 이와 관련한 정책연구의 비중이 점점 증가해 오고 있다. 대부분의 정책연구들은 국가중심교육학이라고 말 할 수 있는 특성을 띠고 있다. 각종 권력과 연구비를 장악하고 있는 정부에서 발주하는 정책연구들에 국가적 관점이 반영되는 것은 당연하게도 보인다.

그런데 필자가 여기서 강조하고 싶은 중요한 주체가 남아있다. 바로 학부모이다. 사실 교육 실제에 교사 못지않게 영향을 미치는 주체가 바로 학부모이다. 학부모는 다음과 같이 교육에 국가인적자원양성에 결정적으로 중요하다. 첫째, 학부모는 학습자가 태어나자마자부터 그의 담임과 같은 역할을 하고 있다는 점에서 최초의 담임이다. 둘째, 학부모는 학습자를 평생 동안 돌보며 책임의식을 느낀다는 점에서 평생담임이다. 학교의 교사는 극히 일시 담임일 뿐이다. 셋째, 학부모는 교육열덩어리이다. 이 교육열은 각자가 선택한 것이 아니라 학부모가 됨과 함께 주어지는 강렬한 자녀교육에너지이다. 넷째, 제도적 측면에서 볼 때 가장 중요한 사항으로 학부모는 교육권의 원천적 소유주이다. 즉 敎育權在學父母(교육권재학부모)이다.

이와 같이 교육연구는 특정 교육주체에 과도하게 집중되어 있다. 과거 학교중심-교사중심의 교육전통을 그대로 답습하고 있는 이러한 집중에 대해 몇 가지 비판이 가능하다. 첫째, 교육에 실제로 영향을 미치는 크기에 상응하지 못하는 연구비중이다. 둘째, 교육민주화와 교육주체간의 (권력)관계의 변화를 반영하지 못하는 연구비중이다. 셋째, 좀 더 분권화되고 소비자중심사회로 변화되어갈 미래사회의 교육환경에 대응하기 위한 연구 분위기로도 바람직하지 않다.

교육열의 가능성을 매몰시키지 말자

교육열은 학부모의 "자녀교육애"이며, 이것은 부모의 자녀교육지원 행위의 동력으로 작용하며, 그 작용방향은 자녀의 성공을 향하고 있다. 자녀의 성공은 교육적 성공과 사회적 성공으로 나누어 볼 수 있는데, 이 둘 사이의 상관관계가 높은 사회일수록(즉, 학력사회일수록) 학부모교육열의 표현 강도가 높다. 학력·학벌사회적 성격이 강한 우리 사회에서 교육열의 표현이 강도도 높고 치열한 방식으로 나타나는 것은 당연할 수도 있다. 중요한 점은 여기에서 발생하는 각종 비교육적인 행동이나 현상들은 교육열 본래의 모습이 아니라는 점이다. 교육열이 좀 더 교육적으로 작용할 수 있도록 환경을 조성하는 정책적 노력이 필요하다.

이 책에서 논의하고자 하는 것은 그동안 교육열 연구에서 느낀 두 가지 문제의식으로부터 나온 것이다. 하나는 교육열에 대한 부정적 인식을 극복하는 연구가 필요하다는 문제의식이다. 교육열의 부작용이 만만치 않게 나타나게 되면서 교육열에 대한 인식이 부정 일변도로 흐르는 경향이 많아지면서 연구에서도 이런 경향이 그대로 반영되고 있다. 다른 하나는 이론적 기반이 좀 더 강화된 연구가 필요하다는 문제의식이다. 교육열 연구의 이론적 기반이 취약하기 때문이다. 교육열 연구에 이론적 기반을 강화하고 교육열 연구의 다양성을 촉진하기 위해 이론적 인식 기반 확장의 가능성을 살펴보는 장도 첨부하였다.

목 차

제1장
교사의 질보다 더 중요한 학부모의 질

- 학부모의 질에 대한 관심은 한국교육 변화의 핵심주체와 핵심동력에 대한 재발견의 시작이다 -

Ⅰ. 학부모의 질은 교사의 질보다 더 중요하다
Ⅱ. 학부모에 대한 관심은 교육열에 대한 관심으로 연결된다
Ⅲ. 한국인의 교육열, 국제적 관심사로 등장하다
Ⅳ. 교육열의 새 시대가 열리고 있으나 교육열지체 현상이 심각하다

교육은 교사의 질을 능가할 수도 없지만, 학부모의 질을 능가할 수도 없다. 학부모는 최초의 담임이자 일생의 담임이다. 학부모는 교육열 덩어리이자 교육권의 원천이다. 그럼에도 불구하고 이토록 중요한 학부모의 중요성을 그동안 간과해왔다. 학부모의 교육적 노력이 한국교육의 성장과 변화의 핵심동력이라는 사실을 잊고 지내왔다. 학부모의 자녀교육은 국가 입장에서 보면 국민의 교육에 해당한다. 국민의 교육에 학부모의 영향력이 이렇게 크다면, 국가는 학부모 교육열의 질 관리에 관심을 기울여야 함이 옳지 않은가! 교육의 질은 학부모의 질을 결코 넘어설 수 없다.

I 학부모의 질은 교사의 질보다 더 중요하다

교육은 교사의 질을 능가할 수도 없지만, 학부모의 질을 능가할 수도 없다. 교육이 교사의 질을 능가할 수 없다는 말은 일정한 공간(학교)에서 일정한 기간(재학기간)에 적용되지만 학부모의 질은 모든 공간에서 일생 동안에 걸쳐 적용된다.

'교육은 교사의 질을 능가할 수 없다.' 이 말은 교육계에서 오랫동안 진리처럼 통해 왔고 지금도 역시 옳은 말이다. 그런데 이 말에 두 가지 측면을 따져 볼 필요가 있다. 하나는 시대상황으로서, 교육이 학교중심으로 이루어지던 시대에 적합한 말이다. 학교 이외의 조직이 교육의 기능을 모두 학교에 위임하던 시절에 적절하던 말이다. 교사가 지식의 보고이던 시절이 지나간 지는 이미 오래 되었다. 지금은 교육이 모든 곳에서 이루어지는 시대이다. 평생학습과 평생교육의 시대이고, 사회의 모든 조직이 학습조직의 성격을 갖는 시대이다. 언제 어디서나 학습하는 학습과 교육의 유비쿼터스시대이다.

두 번째 측면은 교육의 주체에 대한 인식이다. 교사가 교육의 주체임은 틀림없지만, 학부모나 학습자의 주체적 측면은 가리워진 말이다. 즉, 이 말에는 교사의 힘이 다른 집단의 힘보다 강하게 반영되어 있다. 교육에 있어서 학생이나 학부모의 힘보다 교사의 힘이 더 큰 모습을 반영한 말이기도 하다.

부모의 입장에서 보면 자녀교육의 질, 국가의 입장에서 보면 국민교육의 질은 공교육시스템과 교사의 질에 큰 영향을 받는다. 그런데 한국과 같이 학부모의 교육적 관심과 자녀교육지원이 엄청난 나라에서는 학부모의 질이 교육의 질을 결정하는 중요한 요인이다. 이는 한국 교육의 실제에서는 오래된 사실이지만, 교육연구에서는 명확하게 인식되지 못한 사실이다. 안타깝게도 지금도 이 사실은 제대로 인식되지 못하고 있다. 이론가에게도, 교육실천가에게도, 국가교육정책수립자에게도 제대로 인식되지 못하고 있다.

교육의 질은 명백히 학부모의 질을 능가하지 못한다. 사실이 이러함에도 불구하고 학부모 연구는 별로 없고 긍정적이지도 않다. 주변인이나 보조자로서의 학부모를 다룬 연구는 상당히 있으나, 학부모를 주체로 취급한 연구는 거의 찾기 힘들다.

그렇다면 학부모 입장에서의 교육이론의 구축과 국가의 학부모에 대한 적극적이고 정책적인 관심이 필요하다. 이 책은 바로 이 두 가지 과제의식을 담기 위한 것이다.

학부모를 주체로 삼는 학부모중심의 교육인식은 가능한 것인가? 학부모중심교육학이라는 것은 왜 없을까? 최근의 쟁점인 '시간선택제교사'의 경우에 적용시켜 생각해 보자.

요즈음 '시간선택제교사'의 제도적 도입에 대해 정부 입장과 달리 교사의 반대가 만만치 않다. 교직단체인 교총도 반대하고 전교조도 반대한다. 이 두 단체는 교육문제에 대해 많은 경우 서로 다른 의견을 내놓지만 이 경우는 의견의 일치를 보고 있다. 전국의 교대생과 사대생들도 반대의견을 내놓고 있다고 한다. 이 모두들의 공통점은 명백하다. 이들은 현직교사 혹은 미래의 교사이다. 같은 직업지위를 공유한 집단의 인식이 반영된 의견이다.

그런데 학부모의 입장에서 보았을 때에도 '시간선택제교사'가 그렇게 문제점이 많은 것으로 보일지는 미지수이다. 그러나 학부모의 입장에서, 학부모의 이름으로는 시간선택제교사에 대한 의견이 제기된 것이 거의 없다. 그 이유를 두 가지로 생각할 수 있다. 하나는 학부모 입장을 대변해 줄 조직이 발달하지 않았다는 점이다. 다른 하나는 학부모 입장을 대변할 학부모 입장에서의 논리나 이론이 발달하지 않았다는 점이다. 전자는 조직의 문제이고 후자는 관련 지식의 문제이다.

학부모 입장에서의 교육관련 지식이 부족하다는 점은 다음과 같이 교육지식을 분류해 보면 아주 명확하게 나타난다. 교육연구와 담론의 경향을 교육주체를 기준으로 분류한다면 아래와 같이 분류할 수 있다.

- **국가중심교육학**
  국가의 관점에서 국가교육정책을 구안하고 지지하는 교육학
- **교사중심교육학**
  교사의 관점에서 교육을 논의하고 개선하려는 교육학/교직교육학
- **학부모학생중심교육학**
  학생학부모입장에서 교육을 논의하고 개선하려는 교육학/수요자중심교육학

우리들이 익숙하게 알고 있고 주로 교류하는 교육지식은 대부분이 교사중심교육지식이고 국가중심교육지식이다. 이중에서 가장 취약한 것은 물론 학부모학생중심교육학이다. 이런 지식의 창조는 우리들의 과제이며 이 책이 추구하는 방향이다.

Ⅱ 학부모에 대한 관심은 교육열에 대한 관심으로 연결된다

> 국가 입장에서 보면 학부모의 자녀교육은 '국민'의 교육에 해당한다. 국민의 교육에 학부모의 영향력이 이렇게 크다면, 국가는 학부모 교육열의 질 관리에 관심을 기울여야 할 필요가 있다. 국가인적자원개발정책의 대상 집단으로 '학부모'도 포함되어야 한다.

교육에서 학부모의 영향은 동서고금을 막론하고 강력하다. 그러나 학부모의 교육적 역할과 위상은 시대에 따라 변해왔고, 학부모 영향의 정도와 표출방식, 범위 등이 달라져 왔으며, 그에 대한 평가적 의견도 변해왔다. 세계적으로 자녀교육에서 학부모가 차지하는 위상과 역할은 점점 확대되고 있다(Brown, 1990).

부모와 교사의 관계를 학부모의 사회적 지위향상과 연결하여 설명하는 한 연구에 의하면, 학부모들의 교육수준이 향상되면서 교사의 권위에 대한 존중도가 낮아 졌으며, 자녀수의 감소로 인하여 가족이기주의적 경향이 높아졌다(류방란, 2001).

학부모에 대한 관심은 자연스레 교육열에 대한 관심으로 이어지게 된다. 왜냐하면 학부모의 자녀교육과 관련한 의식과 행동은 교육열에 기반한 의식이고 행동이기 때문이다. 따라서 학부모 연구와 교육열 연구는 따로 떼어서 생각할 수 없다.

한국인에게는 일찍부터 '교육열'이라는 언어가 독특하게 발달해 있다. (다른 나라에서는 이런 개념이 잘 발달되어 있지 않다고 한다) 한국의 교육현상을 표현해 내는 개념 중에서 '교육열'을 빼놓을 수 없다. 교육열은 자녀의 성취를 위한 교육 동기를 포함하는 복합개념으로서 한국의 교육체제 곳곳에 깊숙이 자리하고 있다.

한편, 교육열은 우리 교육의 미래를 이끌어갈 수 있는 에너지원으로 새롭게 해석해 볼 수 있는 여지가 있다. 특히 지식기반사회와 세계화 시대 그리고 소비자 시대의 도래가 한국인의 교육열에 어떤 의미를 주는지, 또 어떻게 이해되어야 하는지에 대한 재해석 작업이 필요하다.

1960-70년대의 인적자본이론, 발전교육론, 교육경제학 등은 세계 각 국 정부들에게 더 많은 교육투자를 해야 할 근거와 동기를 제공해 주었으며, 각국은 교육투자에 열을 올렸다. 국가의 교육에 대한 투자가 효과적으로 되려면 국민들의 자녀교육동기가 제대로 활성화되어 있어야 한다. 학부모의 질과 교육열의 질의 문제가 중요하다. 국가는 교육투자의 효과를 높이기 위해서라도 학부모의 질에 관심을 기울여야 한다.

각 가정이나 개인의 경우 교육투자 문제는 어떠한가? 학부모에게는 자녀교육을 향한 강력한 사회심리적 동기가 있으며, 그것이 '교육열'이다. 미국의 Michael Seth는 한국을 우수한 교육국가로 탈바꿈시키는 원동력으로서 한국의 교육열을 평가한 바 있다(Seth, 2005). '교육열'은 자녀교육에 대한 열망으로서 한국사회를 특징짓는 대표적인 사회문화적 코드 중 하나일 만큼, 국민 개인차원에서의 교육투자 동기는 충만해 있다.

한국의 많은 가정을 '자녀교육을 중심으로 하는 가정'이라고 규정할 수 있을 것이다. 각 가정 단위로 보여주는 다양한 방식의 교육열 표출 행동은 한국교육의 역사에 여러 가지의 사회적·교육적 결과를 초래해 왔다. 또한 교육열은 긍정적인 교육성과와 함께 많은 부정적인 기회비용도 지불해 왔으며, 지금도 지불하고 있는 중이다.

Ⅲ 한국인의 교육열, 국제적 관심사로 등장하다

1960년대 한국은 1인당 소득 면에서 아프리카의 가나와 비슷했는데 지금은 20배 이상 앞서게 됨을 지적한 헌팅턴은 그 이유 중의 하나로 한국의 뜨거운 '교육열'을 꼽았다(이종인 옮김, 2001). PISA나 TIMSS 결과에 나타난 한국 교육의 결과는 매우 우수하다(〈표 1-1〉과 〈표 1-2〉 참조). 최근 오바마 미국 대통령은 한국교육이 기초학력 교육을 잘 하고 있는데, 왜 미국이 하지 못하느냐는 어조로 한국교육에 대해 3번이나 언급한 바 있다. 헌팅턴이 지적하였듯이, '교육열'이 한국의 교육 및 사회의 성장과 변화에 커다란 영향을 미쳤음에 틀림없다.

〈표 1-1〉 학생 성취도 국제 비교

OECD PISA 2012	수학 1위, 읽기 1-2위, 과학 2-4위, (OECD 34개국, 만15세 대상)
OECD PISA 2009	수학 1-2위, 읽기 1-2위, 과학 2-4위, (OECD 34개국, 만15세 대상)
OECD PISA 2006	수학 1-2위, 읽기 1위, 과학 5-9위, (OECD 34개국, 만15세 대상)
OECD PISA 2003	수학 3위, 읽기 2위, 과학 4위, (OECD 30개국, 만15세 대상)
OECD PISA 2000	수학 2위, 읽기 6위, 과학 1위, (OECD 32개국, 만15세 대상)
TIMSS 2011	수학 1위, 과학 3위, (세계 42개국, 중2대상)
TIMSS 2007	수학 2위, 과학 4위, (세계 50개국, 중2대상)
TIMSS 2003	수학 2위, 과학 3위, (세계 50개국, 중2대상)
TIMSS 1999	수학 2위, 과학 5위, (세계 38개국, 중2대상)
TIMSS 1995	수학 3위, 과학 4위, (?)
그러나 해당과목에 대한 흥미와 자신감은 최하위	

* 한국교육과정평가원 연구보고서를 참고하여 연구자가 재구성함

〈표 1-2〉 국가경쟁력 순위(IMD)

	07	08	09	10	11	12	13
- 국가경쟁력 순위	29	31	27	23	22	22	22
* 아시아 · 태평양 국가 중 순위	10	11	10	8	8	6	7
* 인구2천만명이상 국가 중 순위	12	13	11	9	9	8	9
* G20 국가 중 순위			8	7	7	6	7

* 출처: 기획재정부 보도자료(2013. 5. 30)
* IMD 2012 국가경쟁력 22위, 교육경쟁력 31위, 대학교육 경쟁력 42위(총 59개 국가 대상)

1. 주의를 끄는 동서양의 학부모

동서양을 막론하고 극성엄마는 있다. 미국의 극성엄마들은 교과성적을 위한 과외활동 보다는 명문 대학에서 요구하는 기타활동 등을 충족시키기 위해 아이들을 데리고 동분서주한다. 아이들 축구활동을 정성껏 지원하는 사커맘, 미니밴으로 아이들을 데리고 이리저리 과외 활동에 데려다 주는 미니밴맘, 아이들의 안전을 위해 애쓰는 시큐리티맘이 있다. 아이의 주변에 늘 맴돌면서 아이를 지휘하는 헬리콥터맘도 있다. 또한 캐나다의 부모들은 자녀가 하키에 소질이 있다거나 즐겨한다면 하키훈련을 위해 모든 지원을 기꺼이 하는 하키맘이 있다. 캐나다에서는 하키 선수가 최고이기 때문이다.

한국에도 위와 유사한 극성엄마들이 많다. 최근의 대표적인 사례로 김연아 선수의 어머니를 들 수 있다.[2] 이 어머니는 '자식을 전공'한다

2) 2009 세계피겨선수권대회에서 선수권을 차지한 김연아 선수의 어머니에 대해, 뉴욕타임스에 실린 기사이다: "Mother's Love Becomes Obsession for Some South Koreans." 이 기사는 한국의 교육에 대해서 다음과 같이 언급하고 있다. "이런 열정과 헌신은 오로지 한국사회에서만 찾아볼 수 있는 현상 중 하나로 한국 부모들의 자식사랑 내지는 교육열은 거의 강박관념 수준이다." 김연아의 어머니는 스스로 자식을 전공하는 어머니라고 말하고 있다. "나는 김연아를 전공했다. 연아 때문에 학

고 말하며 자식에 대한 지원과 헌신이 지극했다. 이런 의식은 그 정도와 표현 방식이 여건에 따라 달리 표현된다 할지라도 모든 한국 부모가 가진 마음의 상태라고 할 수 있다. 자식교육에 대한 부모들의 이 같은 마음의 상태를 한국에서는 교육열이라고 부른다. 이러한 부모의 헌신이 우리나라에서 유독 많이 발생하고 있는 것일까? 그 결과는 어떻게 나타날까?

2. 교육열은 교육제도 유지의 원동력이며 다양한 모습으로 작용하는 역동성을 가진 에너지이다

교육연구에서 교육제도가 만들어지고 유지되는 데에 전형적으로 두 세력이 있는 것으로 꼽아 왔다. 하나는 공교육제도를 공급해 준 국가의 힘이고, 다른 하나는 계층질서 유지를 위한 지배층의 힘의 두 가지를 지적하는 것이 정형이었다. 서양의 교육연구 영향을 많이 받은 인식방식이다.

그런데 필자는 여기에 국민의 교육열을 하나 더 보태야 한다고 생각한다. 적어도 한국사회의 상황에서는 그러하다. 한국에서 국가나 지배층의 힘과 독립적으로 교육제도에 영향을 미치고 지탱하고 변화시키는 데 빼놓을 수 없는 중요한 요인이 바로 국민의 교육열이다.

교육분야에서의 교육열의 위치를 경제분야에서의 이윤동기의 위치에 비유할 수 있을 것이다. 경제활동의 근본으로 인정하는 '이윤동기'에 해당하는 (이윤)동기체제가 교육분야에서는 (학부모의) 교육열이다. 경제분야에서 이윤동기가 환경에 따라 다양한 모습으로 나타나듯이 교육열 역시 천의 얼굴을 가지고 환경에 따라 다양하게 나타난다. 그래서

교 다닐 때보다 더 열심히 공부해야 했다. 사랑에 빠졌을 때보다 더 열정적으로 내 자신을 헌신했다.…(중략)…내 자식들의 재능을 키워주는 것은 내 운명이다. 나는 내 딸이 내 자신이라는 생각으로 살아간다"고 김연아의 어머니는 말했다.

때로는 교육발전에 대한 설명력을 갖기도 하고, 때로는 교육문제의 원인으로 지목됨으로써 비난의 중심에 위치하기도 한다. 어떤 이에게는 선한 것으로, 또 다른 이에게는 편집증적이거나 모든 교육병의 근원으로 비쳐지기도 한다.

Ⅳ 교육열의 새 시대가 열리고 있으나 교육열지체 현상이 심각하다.

지식기반사회의 도래, 세계화의 심화, 평생학습의 시대 도래, 소비자시대의 도래는 학부모의 '교육열'에 기름을 붓는 시대 상황이다. 배울 것도 많고, 뻗어나가야 할 곳도 더 많아 지고, 취업하고 성공할 수 있는 노동 시장도 세계로 확대되고 있다. 이러한 상황이 우리 국민의 교육열 발산의 폭, 깊이 그리고 넓이를 더해주는 시대상황으로 전개되고 있는 것이다.

문제는 이와 같이 교육열의 표출환경은 개방화·평생화·지식정보화·초국경화로 변했는데 교육열의 발산방식은 여전히 폐쇄적(신분사회적)·일시적·산업사회적·국경내적 모습으로 그대로 남아있다는 점이다. 이러한 상황을 '교육열의 지체현상'이라고 볼 수 있다. 교육열의 부작용 문제의 핵심은 이와 같은 교육열 지체현상에 있으며, 이는 빨리 극복해야 할 실천적 과제이자 연구과제이기도 하다. 한국의 교육제도는 진화하고 있는 학부모의 교육열을 제대로 수용하지 못하고 있다는 문제의식이 필요하다.

• **지식기반사회** | 한국인의 교육열은 인문숭상적 전통에 있으며, 지식에 대한 추구를 강조한다. 이 점에서 교육열과 지식기반사회는 시너지

효과를 가져올 가능성을 가지고 있다. 지식의 창조와 활용이 중시되는 지식정보화시대의 도래는 교육열의 새 국면을 여는 데 긍정적으로 작용할 수 있다. ICT의 발달에 따른 지식의 저장, 활용, 유통, 재창조 방식의 변화도 교육열 발산의 새로운 환경을 제공하고 있다. 이는 종래의 책 몇 권에 교육열 발산행위가 집중되고 그 지식을 암기하던 시절과는 완전히 다른 교육열의 새로운 발산환경을 제공하고 있다.

• **세계화** | 신분사회가 붕괴되고 개방사회가 되면서 과거시험에 한정되었던 교육열이 학교교육으로 확산되는 계기가 되었다. 이제 세계화라는 환경은 교육열의 표출 범위가 국내에 제한되었던 것을 국외 교육기관으로 확산되는 계기를 제공하고 있다. 또한 지위상승의 개방화가 국내뿐만 아니라 세계로 확산되듯이 한국인의 교육열의 효과는 세계로 나타날 것이다. 지금까지는 예술분야(특히 음악)와 체육분야(특히 골프)에 주로 나타났던 세계로의 진출 효과는 앞으로 다양한 분야로 확산되어 나타날 것이다.

전 세계 175개국에 퍼진 한국인의 디아스프라는 한국인의 교육열의 미래 가능성을 보여 주는 한 단면이기도 하다. 해외의 양질의 노동시장에 진출하고, 해외의 좋은 직장으로 취업해 나갈 역량을 기르는 데 교육열이 뒷받침 되어야 할 것이다. 따라서 세계화시대의 교육열은 종래의 단일국가중심적 폐쇄적 교육열이 세계로 향한 개방적 교육열로 바뀌어야 하며, 국내용 학력주의 사회로부터 국제적으로 통용될 수 있는 능력주의로 전환되어야 할 것이다.

• **수요자시대** | 수요자 시대의 도래는 교육열에 대한 관심을 불러일으키는 또 다른 측면이다. 교육열은 교육정책 수요자의 열이기 때문이다.

교육열에 대한 각종 비난은 정책수요자에 대한 비난이기도 하다. 반면에 교육제도와 정책 등이 수요자에의 부적합성을 지적하는 경우는 매우 드물다. 그러나 이러한 것은 수요자시대에 적합하지 않은 담론 상황이라고 볼 수 있다. 물론 수요자들도 분명 잘못하는 부분이 있을 것이므로 소비자행동에 대한 비판이 필요한 부분이 있다. 그러나 수요자에 대한 포괄적 비난이나 수요자보다 더 우월한 집단이 존재하는 듯한 방식의 비난은 수요자시대에 통용될 수 없다. 오히려 수요자를 더 만족시켜주기 위한 각종 노력을 강구해야 한다. 수요자를 기준으로 한 적시맞춤형품질교육을 제공하기 위한 노력이 필요하다.

• **평생학습시대 |** 평생학습시대는 교육열을 평생 동안 어떻게 활용하고 관리할 것인가라는 과제를 준다. 우리는 이러한 과제를 그동안 별로 생각해오지 않으면서 살았다. 그러나 앞으로는 국민의 교육열을 일생동안 어떻게 잘 관리 할 것인가의 문제는 연구대상이 될 것이다. 학부모 또는 일반 국민, 학생들에게 중요한 상담의 내용으로 부각될 것이다.

• **교육열 (표출) 지체현상의 극복 |** 지식기반사회, 세계화, 소비자시대, 평생학습시대로 살펴 본 사회변화에 비추어 볼 때, 우리사회의 교육열의 큰 문제점은 대학입시 시기에 절정을 이룬 후 급격한 하락을 보인다거나 암기형지식수준의 학습에 집중한다는 점 등등이다. 그러나 다행스러운 것은 그것이 '지체현상'의 문제이지 교육열의 본질적인 문제는 아니라는 점이다.

한 가지 예를 들어보자. 사농공상의 신분사회는 철폐된 지 이미 오래이고, 과거제도가 철폐된 지도 매우 오래되었다. 그러나 전통적(전근대적) 성공관은 여전히 남아 있고 그러한 성공관과 교육열이 만나(결합되어) 지금의 교육현상을 만들어내고 있다. 즉 과거시험합격이 지상목표이던 시대와 유사한 교육열 발산행위를 하고 있다. 지식기반사회, 세계로 개방된 사회, 관료지배보다는 소비자들이 중요한 사회로 변화되어 가고 있지만 교육열의 표출행위는 시대변화에 부합하지 못하고 여전히 제자리걸음을 하고 있다. 자녀는 지식기반디지털 시대, 세계화시대의 한가운데에 있다. 그러나 학부모가 교육열은 표출하는 모습은 봉건시대적 또는 산업시대적 상태로 지체되어 있다. 교육열 표출행위의 지체현상이 심각하다.3)

이러한 상황에서 해야 할 중요한 일은 글로벌디지털시대에 적합한 학습방법 혹은 교육방법을 학생과 학부모에게 컨설팅해 주는 것이다. 어떤 능력을 갖추어야 하고, 그런 능력을 갖추기 위해서는 어떤 학습을 해야 하고, 그런 학습을 하기 위해서는 교육을 어떻게 이용해야 하는가에 관해서 효과적으로 전해 주는 일이 필요하다.

한편, 이런 컨설팅을 위한 지식의 형성에서 중요한 것은 수요자입장에서 상황을 이해하고, 수요자입장에서 지식을 구성하고, 수요자를 위한 제안을 하는 입장을 유지하는 일이다. 학부모의 교육열 행동에 대한 비판을 하더라고 그 저변에는 앞서 지적한 입장을 견지해야 한다. 공급자적 시각 혹은 교육지배자적 시각에서 학부모들이 잘못하고 있다는 비판을 하는 것은 교육발전에 도움이 별로 안 된다. 이상적 교육을 기준으로 한 학부모 행동에 대한 비판도 별 도움이 안 된다. 학부모들은 학부모 입장에서 학부모의 눈으로 재해석된 교육론을 원할 것이다. 이

3) 이런 표출행위를 일으키는 사회의 기회구조와 교육선발제도와 평가제도 등의 문제점도 당연히 지적되어야 한다. 즉 학부모들에게 그런 표출행위를 유도하는 교육제도나 정책이 아직 남아 있거나, 그런 취업구조나 승진구조가 남아 있다는 증거이기도 하다. 여하튼 이런 변화들 사이의 비동시화에 따라 발생하는 충돌과 지체의 문제가 빠른 변화에 시대에 새롭게 주목을 받아야 할 것이다.

런 류의 교육학적 지식은 별로 형성되어 있지 못한 것이 현 상황이다. 그동안의 교육학은 국가입장의 교육학과 교사입장의 교육학이 대부분이다. 학부모를 위한 교육학이나 학부모입장에서의 교육학, 더구나 교육수요자로서의 학부모를 위한 교육학은 아직 없다고 말해서 무리가 아닐 것이다.

제2장
학부모의 교육적 지위 재확인

- 민주국가에 시민이 있다면, 민주교육의 그 위치에 학부모가 있다. 학부모는 막강한 교육개혁세력이 될 수 있다. 그러나 한국교육의 핵심주체와 핵심동력인 학부모가 소외되고 있다 -

교육에서 학부모·학생은 국가의 시민에 해당된다. 그러나 그에 걸맞는 위상을 부여받지 못해왔다. 학부모에게 학부모로서의 역량을 강화시켜주고 힘을 실어 주는 일(empowerment)은 매우 중요하다. 학부모의 힘은 국가도 관리하기 버거운 공교육의 질 개선을 위한 핵심세력이 될 수 있다. 국가는 왜 이 일을 게을리 하는가?

I 학부모의 교육적 지위

학부모는 다음과 같이 교육에 국가인적자원양성에 결정적으로 중요하다. 학부모는 적어도 다음과 같은 4가지 중요한 교육적 의의를 가진 교육주체이다.

첫째, 학부모는 학습자가 태어나자마자부터 그의 담임과 같은 역할을 하고 있다는 점에서 최초의 담임이다.

둘째, 학부모는 학습자를 평생 동안 돌보며 책임의식을 느낀다는 점에서 평생담임이다. 이에 반해 학교의 교사는 극히 제한된 기간의 담임일 뿐이다.

셋째, 학부모는 교육열덩어리이다. 이 교육열은 각자가 선택한 것이 아니라 주어진 강열한 것이다. 교육열의 힘은 국가 교육정책의 힘보다 강하다. 학부모교육열은 교육정책정보의 활용방향과 강도를 정하는 에너지 역할을 한다.

넷째, 법적-제도적 측면에서 볼 때에 가장 중요한 사항인 학부모는 원래 교육주권자이다. 즉 교육권의 원천적 소유주이다. 주권재민(主權在民)이듯이, 교육권(教育權)재학부모(在學父母)이다(국가나 교사의 교육권도 학부모의 교육권으로부터 위임받은 것이다). '부모'는 자녀에 대해 친권을 행사하는 자(민법 제909조)이며, 자녀가 바른 인성을 가지고 건강하게 성장하도록 교육할 권리와 책임을 동시에 가지는 존재이다(교육기본법 제13조).

그렇다면 '대상화된' 학부모론이 아니라 '주인' 학부모론의 입장이 되어야 한다. 학부모지원을 위한 조직도 역시 시혜형 조직이 아니라 임파워형 조직이 되어야한다[1]. 학부모가 어떤 정보를 원하는지를 정하

1) 이런 학부모 조직은 관료적 통제의 대상기관이 되어서는 안 된다. 오히려 이 기관이 교육부, 교육청, 교육기관, 교수 및 교원단체에 대한 독자적 연구와 평가 및 의견제시할 기능을 가져야 한다. 즉 정보창출권 자체가 학부모에게 보장되어야 한다.

고 학부모가 주도하여 정보를 생산하고(학부모가 전문연구자를 선정하고 감독할 권리를 가질 것) 보급할 때 진정한 정보제공서비스가 될 것이다. 전문상담서비스형 조직을 통해 학부모들이 계속 지도받는 것도 필요하지만, 더욱 중요한 것은 국민, 학부모, 학생 등은 수요자로서의 역량을 강화하는 것이다. 임파워먼트(empowerment)를 통한 역량강화가 매우 중요하다. 학부모는 좋은 교육을 요구할 권리가 있고, 똑똑한 교육소비자는 똑똑한 교육을 만들 수 있다.

1 최초의 담임
2 평생담임
3 교육열의 주체
4 교육권의 원천

[그림 2-1] 학부모는 누구인가?

학부모의 지위와 교육적의의에 대한 재인식과 학부모 중심적 교육(정책, 행정) 지식 구성의 필요성을 확인한다. 교육열의 기능과 주체에 대한 인식에 바탕을 둔 학부모 중심 교육(정책, 행정) 지식의 구성이 필요하다. 교육열의 정책에 대한 영향 기능, 교육열 주체인 학부모의 위상 인식의 재조정, 학부모 중심 교육지식의 구성이 필요하다. 우선적으로 교육정책 연구와 교육행정 연구에서 '학부모중심성'을 확보하여 교육정책과 교육행정에서 학부모의 요구와 평가가 좀 더 적극적으로 반영되는 이론적 기반을 제공해야 할 것이다.

Ⅱ 교육에 대한 통제권력의 이동

국가에 시민이 있다면, 교육에서 그 위치에 학부모-학생이 있다. 교육에서 학부모는 국가의 시민에 해당된다. 그러나 학부모는 그에 걸맞는 위상을 부여받지 못하고 있다. 학부모에게 학부모교육이나 학부모 상담도 중요하다. 그러나 더 필요한 것이 있다. 학부모에게 학부모로서의 역량을 강화시켜주고 힘을 실어 주는 일(empowerment)이다.

학부모가 교육 분야에서 보여줄 힘의 가능성은 열려 있다. 예를 들어 학부모의 힘은 국가도 관리하기 버거운 공교육의 질 개선을 위한 세력으로 작용할 수 있다. 왜 국가는 이런 강력한 교육세력을 외면하고 있는가? 국가와 교사와의 관계가 사용자와 노동자 관계라면, 학부모와 교사 관계도 고용주와 노동자 관계이다. 아니 그 이상이다. 교사에게는 교직단체도 있고 교원노조도 있고 교육연구소도 있다. 그러나 학부모에게는 변변한 학부모단체가 없는 상황이다. 학부모 입장에서의 연구기반도 없는 상황이다.

1. 교육에 대한 통제권력과 책임이 다시 학부모와 학생에게 이동하고 있다.

글로벌정보화 시대에 학부모와 학생의 교육적 지위의 이동현상이 일어나고 있다 이는 매우 중요한 교육학적 의미가 있는 변동사항이다.

학부모-학생의 교육통제권력의 강화를 예견하는 연구는 여러 곳에서 발견할 수 있다. 앨런 콜린스(Allen Collins)와 리처드 핼버슨(Richard Halverson)은 교육의 역사적 변화를 3가지 시대로 파악하고 있다. 그들에 의하면 도제교육시대로부터 보편적 학교교육 시대를 거쳐 현재의 평생학습 시대 교육으로 향해 나가고 있다. 농업사회에서는 도제교육 중심이었고, 산업혁명 후 산업사회가 되면서 학교교육 시대가 전개 되었고, ICT 등 커뮤니케이션 기술의 발달은 평생학습 시대로의 전환을 주도해 가고 있다.

그들에 의하면 도제교육 시대에서 보편적 학교교육 시대로 이행하면서 여러 주요 변화가 있었다. 예를 들어, 아동교육의 책임이 누구에게 있는지, 그들의 교육목적과 내용은 무엇인지, 어떻게 가르치고 평가할 것인지, 무엇을 학습하길 기대하는지, 학습이 일어나는 장소, 학습이 일어나는 문화, 교사와 학습자와의 관계에도 변화가 있었다. 이러한 변화 과정에서 교육에 대한 책임은 부모(도제교육시대)에서 국가(학교교육시대)로 변했다가 다시 학부모와 학생(평생학습시대)으로 넘어가고 있다. 평생학습 시대로 진입하면서 교육의 주요 측면들은 또 다시 새롭게 변화하고 있다. 콜린스와 핼버슨의 견해를 요약하면 〈표 2-1〉과 같다.

〈표 2-1〉 역사적으로 본 교육의 큰 흐름

	도제교육 시대	학교교육 시대	평생학습 시대
책임	부모	국가	개인과 부모
기대	사회재생산	만인의 성공	개인의 선택
내용	실제적 기술	학문적 지식	학습방법의 학습
교수방법	도제방법	강의방법	상호작용
평가	관찰	시험	내장형 평가
장소	가정	학교	모든 곳
문화	성인문화	또래문화	세대 혼합문화
관계	개인적 유대	권위적 인물	컴퓨터 중재 상호작용

* 출처: 앨런 콜린스(Allen Collins)와 리처드 핼버슨(Richard Halverson) 지음. 황기우 옮김. 제6장에 근거하여 작성.

또한 앞으로의 학부모는 학교에서 제공하는 교육프로그램을 수동적으로 받는 것에 만족하지 않을 것이다. 학부모-학생들도 점점 교육 프로슈머로 되어 가고, 공간적으로 점점 교육유목민적 성향이 높아져 가고, 시간적으로는 유목민적 이동의 횟수가 늘어날 것이다.

따라서 한국교육의 각 분야에서 학부모의 위상에 대한 재인식이 필요하다. 교육열에 대한 새로운 인식은 학부모에 대한 새로운 인식과 병행해야 한다. 왜냐하면 교육정책에 영향을 주는 행동의 뿌리는 교육열이기 때문이다.

2. 정책수립과정에서 학부모도 정책파트너로 격상되어야 한다.

정부가 교육분야에서 학부모를 둘러싼 교육환경의 변화를 교육정책환경의 중요한 변수로 인식한다면 더 늦기 전에 대책을 세워야 한다. 우선적으로 해야 할 일은 이 문제를 정부주도적으로 해결하려는 자세를 버리는 것이다. 민간영역, 교직집단 뿐만 아니라 특히 학부모집단의 자율성을 활용해야 할 것이다. 정부주도적으로 할 필요가 있는 경우일지라도 학부모를 정책파트너로 삼아야 할 것이다. 그렇지 않으면 정부관점과 교사관점이 과도하게 반영되고 학부모관점은 소홀히 다루어질 수 있기 때문이다.

정부의 교육역할은 교육정책으로 나타난다. 교육정책은 그 정책대상집단 (교사, 학생, 학부모 등)에게 어떤 종류의 신호(signal 행동신호)를 보내는 것이다. 각 정책대상 집단은 그 정책들이 보내주는 행동신호들에 따라 행동한다. 정책대응행동이 어떠하냐에 따라 교육정책의 성공과 실패가 갈라진다. 실제 교육 현장에서 교사 못지않게 영향을 미치는 주체가 바로 학부모이다. 그동안 정부는 1순위 정책파트너로 교직집단을 선택해 왔다. 그러나 앞으로는 학부모도 정책파트너로 선택해야 할 것이다.

정책대상 집단들 사이에 특정 정책에 대한 관점과 자세가 같다고 볼 수 없다. 교원승진정책에 대해 교사집단은 초미의 관심을 보이지만, 학생이나 학부모는 그렇지 않을 것이다. 입시제도정책이나 사교육정책에 대해서 교사집단은 직업적 반응을 보일 것으로 기대되지만, 학부모 집단은 본성적 반응(즉 교육열 반응)을 보일 것이다. 이런 점에서도 학부모를 정책파트너로 삼을 경우와 아닌 경우는 분명 다른 결과를 보일 것이다.

정부는 교육에 가장 적극적인 사람을 정책파트너로 삼을 필요가 있다. 한국사회에서 교육에 가장 적극적인 사람은 누구일까? 교사일까? 교육관료일까? 교육학자일까? 이들보다 더욱더 적극적인 사람이 있다. 그들은 학부모이다. 국가교육정책에의 민감도는 학교나 교사보다 학부모가 훨씬 더 높다. 교사는 국가의 교육개혁 정책에 직업적 반응을 보일 것이고, 학부모는 거의 본성적 반응을 보일 것이다. 관료제적-직업적 대응과 본성적-교육열적 대응은 그 차원이 다르다. 누구에게 더 간절할 것인가? 교사가 아니라 학부모가 간절하다. 학생의 인권, 권리의 향상, 학교폭력, 성폭력 등에 관한 문제에 대해서도 학부모가 더 진지한 관심을 갖는다. 학부모 권리가 향상되면 그들이 가장 먼저 해결하려고 노력할 대상들이다. 학부모의 가장 큰 과제가 자기 자녀 문제이기 때문이다.

교육에 대한 '진정성'은 학부모에게 더 많다. 그런데 그동안 교육열에 대한 부정적 이미지가 강하다 보니까, 학부모의 교육에 대한 '진정성'은 왜곡된 교육열로 인식되어 왔다. 이제 이런 부정적 인식의 고리를 끊어야 한다. 정부는 학부모를 교육정책의 핵심 타겟 그룹으로 간주해야 할 것이다. 정부는 교육정책을 입안할 때 학부모를 어떻게 정책파트너로 삼을 것인가에 대한 방안을 모색해야 한다.

이렇게 생각해보면 정부 교육정책의 주요 파트너에 대한 개념이 바뀌어야 할 것이다. 교사가 바뀌면 교육이 잘 된다는 기존 방향(개념)도 좋지만, 학부모가 바뀌면 교육이 더 잘 될 수 있다는 열린 새로운 방향(개념)으로 교육정책을 수립해야 할 것이다. 학교나 교사중심의 교육변화관으로부터 학부모 중심의 교육변화관과 병행하는 방향으로 바꾸어 나가야 할 필요가 있다. 즉, 학부모가 바뀌면 더 빨리 더 잘 될 수 있다는 관점이 추가되어야 한다.

그 이유는 학부모의 교육적 위상에 근거하고 있다. 학부모는 자녀교육에 대한 영향력과 결정력이 거의 절대적이다. 이외에도, 전 세계적으로 그리고 전 사회적으로 소비자중심시대로 전환해 가고 있으며, 학부모는 교육소비자의 핵심이다. 대량교육시대, 산업형교육시대, 표준형교육시대는 지나갔다. 개별화, 다양화, 창의교육시대의 적응은 대규모 관료체제 속의 학교보다 가족이 더 빨리 적응한다.

앨빈 토플러가 〈부의 미래〉 제5장 속도충돌론에서 언급하고 있듯이 학교의 변화대응 속도는 기업의 10분의 1, 가족의 6분의 1정도 밖에 안된다. 급변하는 시대에는 빠른 적응자 쪽을 선택하는 것이 옳다. 학교는 거대한 관료조직으로 느린 변화 반응을 보이지만, 가족과 학부모는 그보다 훨씬 빠른 변화와 적응 속도를 갖고 있다.

그동안 학부모를 정책파트너로 생각하지 않았던 것에는 기술적인 문제가 있다. 조직화되지 않은 학부모 중 누구를 파트너로 할 것인가가 모호하기 때문이다. 분명 이것은 문제이다. 그러나 연구하고 토론을 거듭하다보면 분명 좋은 방안을 마련할 수 있을 것이다. 지금까지는 이런 노력은 하지 않았다. 한 두 개의 학부모단체 의견을 들어 보는 맛보기 수준으로 참여시키고 있는 편의주의적 방법에 머물러 있다.

더욱 근본적인 문제점은 기술적인 문제 이상의 것이며 가려져 있다. 그것은 바로 학부모에 대한 경시적 자세이다. 이런 관점을 '문제학부모 관점'이라고 규정할 수 있다. 우리 사회에서 학부모는 문제투성이로 인식되는 경향이 크다. '욕심많고,' '맹목적이고,' '앞만 보라하고,' '가족이기적이고,' '과도하고' 등등의 수많은 부정적 수식어를 붙이고 다니는 학부모이다. 이명박 정부 시절, 공익광고 '부모와 학부모'에서도 학부모는 여지없이 문제집단으로 규정되고 있다. 학부모들이 문제가 있기 때문에 이런 일들이 벌어지는 것은 틀림없다. 공익광고에 반영될 만큼 그러한 관점은 지배적이었고, 또 방송이 그런 관점을 더욱 강화시킨 측면도 있다.

'문제학부모 관점'은 경제활동에 비추어 표현하면, 소비자의 소비태도가 나빠서 경제가 안 된다는 말과 같다. 경제학자들이나 경제정책담당자들이 이런 말을 얼마나 자주 하는가? 거의 안하는 것으로 안다. 오히려 깐깐한 소비자가 깐깐한 제품과 기업을 만든다는 생각이 지배적이다. 그런데 교육분야에서는 학부모의 관점과 방식이 잘못됐다는 비난이 난무하다.

학부모에 대한 이해를 새롭게 할 필요가 있다. 사실 교육 실제에서 교사 못지않게 영향을 미치는 세력은 바로 학부모이다. 학부모는 매우 중요한 교육주체이다. 학부모는 자녀에게 최초의 담임 같은 사람이며, 평생담임 같은 사람이다. 자녀교육에 큰 영향을 미친다면 이는 곧 국민교육에 큰 영향을 미친다는 말이다.

'문제학부모관점'에 근거한 교육정책이나 학부모정책은 애초부터 성공가능성이 적다. 학부모를 훈계하고 가르치려 드는 정책 이전에 학부모가 왜 저럴까를 이해하려는 자세가 더 필요하다. 학부모에 대한 적극적인 이해가 필요하다. 학부모를 재발견하려는 노력이 교육정책의 성공가능성을 높일 수 있다.

3. 학부모 행동에 대한 인식의 전환이 필요하다

학부모 자녀교육지원행위(교육열행동)의 합리성 문제

우리는 학부모에 대해 비현실적이고도 너무 많은 기대를 해오고고 있지는 않은가? 만약 학부모의 행동에 대한 인식의 기본자세가 바뀔 수 있다면, 학부모를 보고 평가하는 눈, 학부모에 관련 있는 정책을 세우는 입장 등에 커다란 변화를 가져올 수도 있을 것이다.

학부모의 교육열행동, 즉 자녀교육지원행위에 대해 많은 문제점을 제기한다. 학부모들이 '과욕이다', '맹목적이다', '비합리적이다', '비교육적이다'라는 등등의 문제점을 지적한다. 이처럼 우리는 학부모들의 비교육적인 행동을 보고 학부모가 문제라고 서슴없이 꼬집는다. 이런 문제점을 지적해 온지도 오래되었다. 그러나 학부모들의 행동에 이렇다 할 변화가 일어나지 않는 것 같다.

또 다르게 보면 교사, 교육학자, 교육관료들 역시 집에 가서 자녀들을 대할 때 일반 학부모와 별반 다를 게 없는 것이 대부분이다. 대학교수라고 해서 다르냐 하면 그렇지도 않다. 그러면서도 교육정책이나 학교운영에서 우리는 학부모가 매우 교육적이고 합리적이기를 과도하게 기대하는 경향이 있다. 이런 인식 경향은 비록 좋은 의도를 가졌다고 하더라도 좋은 결과를 얻어내는 데에는 한계가 있다.

좀 다른 각도에서 질문해 보자. 학부모에게 합리적이고 교육적이면서 합목적적으로 행동하기를 기대하는 것은 합리적이고 적절한 기대일까? 학부모들의 자녀교육지원행동을 비합리적이라고 규정하는 것에도 문제점이 있고, 합리적이기만을 기대하는 것에도 문제점이 있다. 이런 문제점과 그 해결 방법을 행동경제학적 사유방식으로부터 배울 수 있다.

학부모의 교육열을 좋은 방향으로 이끌어 내려면, 학부모의 행동에 대한 현실적인 인식에 바탕을 두는 것이 중요하다. 정부도 학부모정책을 세울 때 이 점을 매우 중요하게 인식할 필요가 있다. 교육열의 주체인 학부모에 대한 인식이 변해야 학부모 정책이 진정으로 학부모를 위한 정책이 될 수 있고 더불어 정책의 효율성도 높일 수 있다.

이를 위해 두 가지 인식전환이 필요하다.

- **학부모 행동에 대한 인식전환 - 합리적 교육론과 학부모교육 행동론**
- **학부모 위상에 대한 인식전환 - 교육열 연구와 교육주체의 설정**

이 두 가지 인식전환 작업을 수행해 가는 데, 영국 수상 데이비드 캐머룬의 정치철학은 한국의 학부모정책에 시사하는 점이 많다.

캐머룬 수상은 2010년 2월 런던에서 녹화한 TED강연에서 국민의 힘이 증가하고 변화하는 21세기에 정부가 해야 할 일을 크게 2가지로 정리하고 있다. 하나는, 국민에게 더 많은 권력을 줄 수 있도록 하는 정책의 지속 추진이다. 다른 하나는, 인간행동에 대한 인식의 대전환 즉 국민들의 행동방식에 대한 이해방식의 전환을 통한 적합한 정책의 수립이 필요하다는 것이다. 이를 위해 행동경제학자들의 견해를 받아들이고 그들의 정책적 조언을 적극 수용하겠다는 것이다(캐머룬 수상의 견해에 관한 상세한 논의는 제7장 2절 참고).

제3장
아래로부터의 교육혁명, 가능하지 아니한가?

- 민주국가에서 아래로부터의 시민혁명이 가능하듯이 민주교육에서 학부모로부터의 교육혁명이 가능하다. 이제 학부모의 질과 역량을 정책아젠다로 고려할 때이다 -

민주국가에서의 시민참여와 마찬가지로 민주교육에 학부모참여가 활성화 되어야 한다. 민주국가에서 아래로부터의 혁명이 가능 하듯이 민주교육의 변화도 아래로부터의 변혁이 가능해야 한다. 그것은 학부모 발(発) 아래로부터의 변혁이 될 것이다. 학부모의 교육참여와 수요자요구에 대한 탄력성을 갖는 교육거버넌스가 필요하다.

I 한국사회에서 교육운영의 두 모습에 숨겨진 것

주권재민국가인 대한민국의 교육은 그 주인인 국민에 의한 국민을 위한 교육이어야 한다. 너무도 당연한 이 말에 잔잔한 감흥을 느끼는 사람들이 적지 않을 것이다. 왜냐하면 이 말이 남의 나라 이야기처럼 들릴 만큼, 국민이 교육의 주인으로서 대접받지 못하고 있는 것이 우리 사회의 냉정한 교육 현실이기 때문이다. 교육권재학부모(教育權在學父母)임에도 불구하고 그것을 의식하는 사람은 거의 없을 정도의 열악한 학부모 환경이다.

우리 사회는 지난 60년간 압축적 고도성장을 지속해 오면서 교역량 규모로 세계 12~13위권의 경제대국으로 성장했다. 같은 기간 동안 세계에서 유례가 없을 정도로 교육의 팽창과 발전도 이루어졌다. 초·중·고 취학률 최고, 대학 진학률 최고인 나라가 되었다. 중등교육은 PISA나 TIMSS 등 세계적 권위를 가진 국제학력평가에서도 매우 높은 성취도를 보이고 있다. 그럼에도 불구하고 고등교육의 질은 하위권이며, 교육의 국제 경쟁력은 아주 낮은 수준이고(2011, 2012, 2013년 연속 22위), 국민들의 교육에 대한 불만은 매우 높은 형편이다.

왜 이런 불균형 상태가 되었을까? 이는 우리의 경제 규모와 교육 규모, 그리고 국민 의식 수준에 비해 부적절한 교육운영 구조를 가지고 있기 때문일 것이다. 경제수준과 의식수준을 따라가지 못하는 교육운영구조의 문제가 이 글의 문제의식이다. 대한민국 교육은 과연 누구를 위해 누가 통제하고 있는가를 묻고, 어떻게 하면 교육민주화가 이뤄진 나라, 국민이 교육의 주인으로 거듭나는 나라가 될 수 있는가를 논의한다.

1. 교육계 리더십의 새 모형 모색 필요

누구나 실패할 수 있음을 인정하자 | 우리나라에 누가 해도 욕먹는 자리가 두 개 있다고 한다. 그 하나는 축구국가대표팀 감독 자리이고 다른 하나는 교육부장관 자리라고 한다. 이런 지적에는 복잡다단하게 얽힌 한국의 교육계를 이끌어나갈 장관의 교육 리더십이 부재하다는 뜻도 담겨 있을 것이고, 또한 전통적인 리더십으로는 누가 해도 이제 감당할 수 없다는 뜻도 담겨 있을 것이다. 우리는 후자의 의미에 무게를 두고 논의하고자 한다.

국가(개입)의 실패, 시장의 실패, 시민사회의 실패(교원단체 혹은 전교조의 실패, 참교육학부모회 등 교육 분야 시민단체의 실패?)를 지적하는 때가 종종 있다. 이들 각 영역은 나름대로 공헌도 했지만 실패와 한계 또한 있었다. 이제 누구나 실패할 수 있음을 인정하고 새 길을 모색해야 할 때이다. 각 영역의 장점을 결합하는 교육운영 구조를 창출해 낼 수는 없는 것일까?

교육복잡계의 인식 | 교육부장관 자리는 하기가 어렵다는 말의 또 다른 의미는 우리의 교육문제가 그만큼 복잡다단하게 얽혀 있다는 말이기도 하다. 다양한 교육 현상들로 사회는 매우 복잡하여, '교육복잡계'라고 규정하는 것이 옳을 것 같다. 교육복잡계의 문제는 복잡계 식으로 해결해야지, 단순 논리 혹은 기계적 논리로 해결할 수 없다.

사회의 분화와 더불어 수천만의 국민이 관점과 이해관계를 점점 분화시켜 가고 있는 상황에서, 그리고 지역간 계층 간 문화 차이와 이견이 상존하는 상황에서 교육정책을 하나로 통일해 집행하는 것은 시대상황에 적합하지 않은 통치방식이다. 아니, 하나의 교육정책 솔루션을 찾으려는 것 자체가 잘못된 방향이라고 보아야 할 것이다. 지역마다,

계층마다, 교육관에 따라 다른 교육을 원하고 있기 때문이다. 보수주의적 인식을 가진 사람들도 있고 진보주의적 인식을 가진 사람들도 있다. 그들은 서로 한국(교육) 현실을 다르게 진단하고 전망한다. 그리고 다른 정책 대안을 제시한다. 그만큼 한국의 교육 현실은 국민들의 인식과 마음속에 복수로, 복잡한 양상으로 존재하고 있다. 여기에 하나의 솔루션을 제시하고 강요한다면, 그것은 억압이 되거나 갈등의 소지를 높일 것이다.

교육계는 분명 복잡계이다. 거대하며 길고 긴 행정위계 서열을 가진 관료제적 교육행정 체계로는 이러한 교육복잡계에 효율적으로 대응하기가 어렵다. 관료제적 요소만 증가하고 책임 전가, 요식행위, 전시행정 등만 증가할 가능성이 많다. 또 획일화를 점점 강화시킬 것이다.

복잡계에 적합한 운영 방안을 모색해야 한다. 교육에 걸린 복잡다기한 이해상충 구조와 해법의 다양성을 인정하고 열린 자세로 접점을 모색해 나가려면, 관료제적 통치보다는 협치의 방향으로 나가야 할 것이다. 단일제도(고교 체제, 입시제도, 학교제도 등등)나 단일 방안을 중앙정부가 찾아 전국적으로 시행해 해결하려 하지 말고, 각 지역 또는 단위 기관들이 가장 적합한 방안을 스스로 찾아갈 수 있는 환경을 만들어주어야 한다. 왜냐하면 복잡계에서 단일 방안의 획일적 적용은 제도적 억압이든지 이념적 강요나 폭력으로 비춰질 수밖에 없기 때문이다. 우리 주변에서 이미 많이 나타나는 것처럼, 이는 오히려 공동체주의를 해치거나 네트워크를 단절시키는 결과를 초래할 수 있다.

관료적 통치에서 네트워크형 협치를 지향하며 | 최근에 많이 언급되는 '거버넌스(governance)' 논의도 교육 리더십 문제나 교육복잡계 문제 논의와 연결된다. '거버넌스'는 공공 행정 혹은 국가 관리의 새로운 패러다임

으로 인식되고 있다. 기존 '정부(government)'의 한계점을 극복하는 개념으로 '거버넌스'라는 개념을 도입하고 있다. 우리말로는 아직 정립된 말이 없다. 어떤 이는 '신공공관리론'이라고도 하고 또 어떤 이는 '국정관리론'이라고도 한다. '협치(協治)'라고 하기도 하고, 또 '거버넌스'를 그대로 쓰는 경우도 많다.

어쨌든 국가 행정에 있어서 분권화, 민영화, 시장화, 세계화 등이 다양하고 심도 있게 진행되는 상황에서 전통적인 관료제적 통치 방식으로는 부적절하다는 것을 인식했다는 것은 정부가 국민을 동반자적 관계로 보고 자신의 역할을 바꾸어야 함을 자각했다는 것이다. 정부는 지속가능한 사회 발전이라는 목적 달성을 위해 민간 부문과 시민사회의 참여, 상호 협력의 중요성을 강조한다. 거버넌스의 가장 중요한 특징은 중앙정부, 지방정부, 정치적·사회적 단체, NGO, 민간 조직 등의 독립성을 가진 다양한 구성원들로 이뤄진 네트워크의 강조에 있다.

이와 같은 네트워크 구조에 대한 강조는 정부와 사회의 역할 분담에 변화를 가져오고 있다. 정부는 기본적으로 동등한 입장에서 전체 네트워크를 관리하는 조정자의 입장이 된다. 즉, 전통적인 하향적이고 집권적인 조향에서 자기조향능력(self-steering capacity)·공동규제(co-regulation)·공동조향(co-steering)이 강조되는 방향으로 이동되고 있다. 관료제 사회에서는 정부가 결정하고 지침을 내리고 경영까지 도맡아 한 데 비해, 거버넌스는 민간 영역과 시민 기구에 자율성과 권한을 더 많이 부여하는 운영 구조이다.

이와 같이 '거버넌스'라는 용어는 정부에 대한 의미의 변화, 또는 공적 업무의 수행 방법의 변화를 내포하고 있는 개념이다. 때로는 '정부에서 거버넌스로(from government to governance)'라고 표현하기도 한다. 이런 거버넌스 논의는 올바른 교육개혁을 위한 교육 거버넌스의 구축 방향을 제시하고 있다.

2. 정부 교육 전략의 부실한 기초

이명박정부 초기의 사례 | 이명박 정부 대통령직인수위원회가 선정한 5대 국정지표 중의 하나가 '인재대국' 지표이고, 이를 달성하기 위한 첫 번째 전략이 '수요자 중심의 교육경쟁력 강화 전략'이다. 그런데 이명박 대통령 취임 후 교육과학기술부의 첫 보고(2008. 3. 20)는 매우 중요한 것이었음에도 불구하고, 이 보고에서 대통령직인수위원회에서 그토록 강조하던 '수요자 중심의 교육경쟁력 강화 전략'이 통째로 빠졌다. 그 이하의 국정 과제들만 재편집되었을 뿐이었다.

이 누락은 분명히 의도적으로 보인다. 수요자 중심 정책에 대한 교육계 내부(주로 교원단체들)의 반발(신자유주의적 교육이라는 비판 등)을 교육과학기술부가 지나치게 의식한 조치로 읽혀지는 대목이다. 어쨌든 교육과학기술부의 이러한 입장은 (적어도 문구상으로는) 대통령이 결정했던 기존의 상위 전략을 포기하고 하위 과제들만 선택한 것이 된다. **공급자적 관점의 막강한 힘을 느끼게 하는 대목이다.** 또한 수요자 중심 교육정책이라는 방향에 소극적으로 임하겠다는 신호로도 읽힌다.

이 보고 과정에 나타난 누락 사건(?)에서 우리는 두 가지를 읽을 수 있다. 하나는 교육과학기술부나 교원집단이 공급자적 입장에 서 있다는 사실을 분명하게 보여주고 있다는 것이며, 다른 하나는 그들의 힘이 얼마나 큰지도 보여주고 있다는 것이다. 나아가 소위 신자유주의적 교육에 대한 비판 논리와 거부 운동도 (의도한 것이 아니라 할지라도) 결국은 공급자적 입장, 특히 교원집단의 입장을 강화하는 논리로 활용되고 있음을 보여주는 대목의 하나이다.

'수요자 중심의 교육경쟁력 강화' 전략의 부실한 추진 | '수요자 중심의 교육경쟁력 강화 전략'의 실천을 위해 고교 다양화 300 방안, 영어 공교육 완성, 대학 운영 자율화와 같은 과제를 제시하는 것으로 그치고 있다.

그런데 이러한 방식의 수요자 중심 교육 강화 전략은 기초가 부실하게 설계된 것이라고 할 수 있다. 고교 다양화 300을 지배하는 상위 규칙에 대한 정리가 만들어지고, 그런 규칙이 실제로 작동 가능한 체제가 구축되고, 그 다음 단계로 고교 다양화 300 같은 구체적 방안이 제시되어야 옳은 순서일 것이다. 바로 그런 체제의 핵심은 교육공동체 구성원들이 각각 자율적·지속적으로 제 역할을 할 수 있는 교육 거버넌스의 구축이 필수 사항이기 때문이다.

또한 3·20 대통령 보고 과정에서 대통령이 강조한 학교 간 경쟁 유도나 교사 간 경쟁 유도도 교육과학기술부가 주도해 간다면 명백한 한계에 봉착할 것이다. 현장에 잡무만 늘고 보고만 느는 전시행정이 이뤄질 가능성이 매우 높다. 이제까지 이런 결과를 초래한 경우가 흔히 있었음에도 불구하고 여전히 반복되고 있는 일이다.

이런 결과들은 장관이나 대통령에게 잘 보고되면 그것으로 끝나는 관료제적 통치구조의 산물이기도 하다. 정책 효과가 긍정적으로 나타난다고 과장해 보고하거나 때로는 허위 보고가 이뤄지기도 한다. 당사자인 국민이나 수요자가 실제로 개선을 확인하는 것과는 거의 관계가 없다. 이런 구조적 문제를 원천적으로 해결하고 지속적이고 자생적인 정화 능력을 가진 교육체제를 가지려면 수요자(학생·학부모)들도 요구하고, 감시하고, 참여하는 새로운 교육 거버넌스를 모색할 필요가 있다.

Ⅱ 아래로부터의 교육 혁명에 대한 기대

1. 학교 현장의 불만 요소와 학부모 지위의 문제

부실한 수업이나 불친절에도 저변에는 권력 문제가 깔려 있다. 수업을 제대로 하지 않는 학교가 있다면 어떻게 할 것인가? 학생과 학부모의 말을 들으면 교사의 수업은 없고 자습하는 경우가 많다고 한다. 심지어는 학원가서 배워오라고 하는 교사들도 있다고 한다. 개중에는 수업을 '안 하는' 교사도 있을 것이다. 잦은 출장도 부실수업에 한 몫 한다. 그러나 가장 많은 경우가 수업을 '할 수 없는' 교사라고 한다. 즉, 상급 기관에서 내려온 공문을 처리하느라 수업을 할 수가 없다는 것이다.

이런 공문 처리 우선·수업 후순위의 교육현장 상황은 유능하고 성실한 교사까지도 학생에게 피해를 주게 만들고 있다. 한 걸음 더 나아가 수업도 안 하고 행정도 안 하는 부적격 내지 불성실 교사가 기생(寄生)할 수 있는 환경까지 제공하고 있다. 이러한 학교 현장 상황이 발생하는 배경에는 수요자(학생·학부모)는 별로 중요하지 않고 상급 기관 지시는 매우 중요한 권력구조가 깔려 있다.

학교와 교사들의 '불친절함'은 어떨까? 교육자들이 강조하는 '교육적'으로 생각한다면 학교가 가장 친절한 조직이어야 할 것 같다. 그러나 교사와 학생 간의 관계는 여전히 권위주의적 요소들이 많으며, 교사와 학부모의 관계도 평등하지도 자연스럽지도 않다. 친절하거나 민주적이라고 보기에는 아직 멀었다. 보험회사 같은 곳의 친절성을 언급하지는 않더라도, 주민자치센터나 파출소에서도 고객에게 친절해졌는데 교육기관은 여전히 친절하지 않은 기관으로 남아 있다. 즉, '친절도 진화 속도'가 가장 느린 조직이다. 왜 그럴까?

이런 불친절에는 단순히 교육자적 사명감이나 서비스 정신의 부족으로만 설명할 수 없는 이상의 것이 개입되어 있다. 즉, 서비스를 안 해도 아무 상관없는 권력구조가 저변에 깔려 있기 때문이다. 지금 우리 교육계는 국가와 교원집단이 교육 권력을 양분해 점령하고 있다. 이런 권력구조 하에서는 국가와 교원 중심의 개혁 주체 세력이 형성되며, 따라서 수요자인 학부모와 학생의 영향력은 한계가 뚜렷할 수밖에 없다.

예를 들어보자. 교원(단체)들이 교육부와 국회에만 로비하고 운동을 할 것이 아니라, 국민(수요자·학생·학부모)을 설득해야 한다. 그런데 그런 노력을 거의 하지 않는다. 정부도 이런 노력에는 게으르다. 그만큼 국민을 존중하지 않는다는 뜻이기도 하다. 국민을 존중하지 않아도 되는 권력구조이며 정책 결정 체제이기 때문이다. 이런 통치구조와 체제를 바꾸기 전에는 친절도도, 교원 잡무 경감도, 수업 결손도, 교육민주화도 더 진전되기 어렵다.

이처럼 친절도와 교원 잡무·수업 결손에도 권력 관계가 저변에 깔려 있다. 아니, 다 아는 일인데 권력 관계라는 방면으로는 시선을 집중하지 못했다. 그 동안 누구도 의제를 이런 방면으로 형성하지 않았다(이것을 의식적으로 깨닫고 공개적으로 이야기하기까지 이렇게 오랜 시간이 걸린 이유는 무엇일까? 교육 담론은 그 동안 누구를 위한 담론이었을까?).

2. 부실수업과 교사 잡무의 연쇄 고리 그리고 권력 관계

'부실수업'과 교원잡무 | 위에 서술한 세 가지 문제에서 알 수 있듯이, 교육 복잡계의 여러 현상들의 저변을 살펴보면 교육권력의 구조가 서로 다른 모양으로 그러나 뿌리 깊게 개입되어 있음을 확인하게 된다. 학교 부실수업 문제와 교원 잡무 문제가 기존 관료제적 통치구조와 연결되어 있음에 주목하여, 아래로부터의 혁명을 가능하게 하는 새로운 교육

거버넌스 구축의 필요성과 실현 가능성을 가상 시나리오를 통해 살펴본다.

가상 시나리오 '부실수업신고제도' 도입 | '부실수업신고제도'를 도입하자고 제안한다면 아마도 필자에 대한 비난이 빗발치듯 쏟아질 것이다. 교원단체는 말할 것도 없고 학생·학부모들조차 비난하는 사람들이 상당수 있을 것이다. 교권이 붕괴되고 교육 질서가 무너질 것이라는 우려가 클 것이다.

그런데 필자는 이렇게 생각한다. 이러한 반응이 바로 우리의 교육권리 의식의 현재 수준을 보여주고 있는 것이라고. 그리고 교원의 입장에서만 학생·학부모를 보는 관점을 반영한 것이라고. 학교의 주 임무는 수업을 제대로 해야 하는 것이다. 교사들이 무슨 주장을 할 때에는 바로 '올바른 수업'을 위해서 필요하다고 하면 거의 다 정당화된다. 그런데 왜 학부모나 학생들은 수업이 제대로 안 되는 경우 신고하면 안 되는 걸까? 이렇게 볼 때 이유는 명확하지 않음이 분명하다. 다만 학생들과 학부모들에게 그런 권력을 주고 싶지 않을 뿐인 것이다.

그런데 한번 생각해보자. 학교는 무엇을 하는 곳인가? 교사가 수업하고 학생은 학습하는 곳이다. 공문은 왜 있는 것인가? 궁극적으로는 교사가 수업을 잘 해 학생이 잘 되게 하기 위해 공문이 있는 것이다. 교사가 수업을 안 한다는 것은 가장 기본적인 임무를 수행하지 않는 것이다. 그렇다면 무노동무임금에 해당하는 것 아닌가? 그런데도 수업은 안 하거나 부실해도 묵인되고, 공문 처리는 반드시 해야 하는 교육행정 관행과 제도는 분명히 문제가 있다. 왜 이런 교육행정 제도나 관행은 지금까지 바뀌지 않는 것인가. 교원인사제도 때문인가? 위계적 교육행정 조직 때문인가? 이 모두가 관계가 있을 것이다.

그 모든 이유 중에서 수업을 안 하는 가장 핵심적인 이유는 무엇일까? 그 답은 '수업은 안 해도 괜찮은' 상황 때문이다. 다시 말해서 수업을 안 해도 별 문제가 발생하지 않거나 불이익이 없기 때문이다. 그러나 공문 처리를 제때 안 하면 불이익이 생긴다.

그렇다면 개선 방법의 핵심은 수업을 안 하면 다른 일을 안 했을 때보다 더 큰 불이익이 생기게 만드는 데 있다고 봐야 할 것이다. 그리고 수업을 잘 하면 가장 이익이 가는 제도와 문화를 형성해 나가는 데 있을 것이다.

이것을 어떻게 만들어나갈 수 있는가? 세 가지 방식을 생각할 수 있다. 한 가지 방식은 교직단체 스스로 자율규제를 하게 하는 방법이다. 그런데 그 동안 이런 기대도 해보고 실제 정책으로 채택도 해봤으나, 선언적 수준에 그쳤지 현장 개선의 실질적 효과는 거의 없었다. 교총도 전교조도 이 방면의 자율규제를 잘 해왔다거나 성과가 있었다고 말하지 못할 것이다.

다른 한 가지 방식은 정부의 감독 강화이다. 가장 많이 사용해 온 이 방법도 규제의 강화와 공문의 증가, 전시행정 등으로 나타나고 극히 일시적인 효과는 있을지 모르지만 지속적인 효과는 없다. 그러면서도 교육현장에서는 규제와 지시에 대한 불만만 늘어난다. 무엇보다도 정부 자신이 끊임없이 각종 공문의 생산자 역할을 맡고 있다.

여기에서 학교 현장의 넘치는 공문에 권력 관계가 깊이 개입되어 있음을 명확히 할 필요가 있다. 교사가 공문 처리를 제때 안 해서 받는 불이익은 일련의 긴 연쇄 고리의 한 부분에 해당할 뿐이다. 그 많은 공문 처리로 대표되는 교원 잡무는 교과부장관, 국회의원, 청와대까지 연결되는 경우가 많다. 모두 대단한 권력자들이다. 학교 현장부터 국회나 청와대까지의 길고 긴 연쇄 고리 사이에 불이익을 받는 사람이 수없이 개입되어 있다. 이처럼 교원 잡무는 복잡한 권력 연쇄로 이어져 있는 것이다. 기존의 자료를 이용해도 지장 없는 경우조차 학교 현장에 새롭게 조사시키는 경우가 허다하다. 권력은 교육현장을 두려워하지 않고, 교육현장은 교육 수요자를 두려워하지 않는 구조에서 일어나는 비합리적인 현상이다. 그래서 교원 잡무는 줄지 않고 늘어만 왔으며, 말만 많았지 조금도 완화된 점이 없다.

3. 누가 이 길고 질긴 사슬을 끊을 수 있는가?

누가 이 길고 질긴 사슬을 끊을 수 있는가? 가장 약하면서도 4~5년에 한 번씩 가장 강한 역할을 하는 사람만이 할 수 있는 일이다. 그들은 국민이요, 교육 수요자이다. 바로 그들이 '마지막 남은 개혁 동력'이다.

건국 및 개발의 시대에서의 국가 중심의 개혁 그리고 민주화 단계에서의 교원 중심의 개혁, 모두 나름대로 시대적 역할을 했다. 그러나 이제 이 두 방식 모두 한계점에 도달했음도 인정해야 한다. 이제는 국민과 교육 수요자가 개혁 동력으로 동참해야 할 역사적 단계이다. 새로운 교육운영 구조는 그렇게 만들어나가야 한다.

새로운 교육운영 구조는 진정한 교육공동체를 추구할 수 있어야 한다. 그 동안의 교육공동체 논의는 진정성이 부족했다. 왜냐하면 교육공동체 논의에서 교육 수요자가 홀대받아 왔기 때문이다. 교육의 주인이 누구인데 교육 수요자를 홀대하거나 소외시키는 교육공동체 논의가 가능하단 말인가? 그런 논의는 원천적으로 문제가 있는 논의 방식이다. 교육공동체 담론 역시 교육자 중심의 교육공동체 담론이라는 비판을 받아 마땅하다. 수요자의 권리·참여·선택은 무시되어 왔다. 학부모가 참여하고 선택하면 신자유주의라고 몰아붙여 비판하는 것도 잘못된 것이다. 학부모의 참여는 실질적인 교육주체의 참여를 통해 그들의 권리를 보장을 하기 위한 노력이다. 학교 운영 편의에 따라 학생과 학부모를 타자화하거나 대상화시키면서 실질적으로 교육공동체에서 소외시킬 가능성을 가진 신자유주의 교육 담론과는 차별성이 있는 것이다.

부실수업과 교원 잡무의 길고 질긴 사슬을 어떻게 끊을 수 있는지, 그 방법에 대해 살펴보자. 부실수업신고제를 제안한다. 학생과 학부모가 그들의 안전이 보장된 상태에서 부실수업 신고를 하게 하면, 교원 잡무라는 거대한 괴물도 어느 정도 해결되고 덤으로 부적격 교사 문제 해결에도 도움이 될 수 있다.

그 시나리오는 다음과 같다.

① 학생·학부모가 부실수업 신고를 한다.

② 교사들이 수업을 우선시한다.

③ 교육행정 기관에서 공문 처리가 안 된다고 아우성을 친다.

④ 교사들이 공문 처리를 하느라 과로를 한다. 수업이 또 잘 안 된다.

⑤ 교사들의 공문 처리에 대한 불만이 점점 커진다. 법정 다툼으로 갈 수도 있다. 교원단체들의 최우선 투쟁 과제로 잡무 혹은 과다한 행정 업무가 다시 부각된다.

⑥ 학생·학부모들도 교사들을 적극 지지, 동참한다.

⑦ 교사들의 공문 및 잡무에 대한 불만이 사회적 쟁점으로 부각되고, 대책이 조직적으로 검토된다. 정치권에서도 나서 대선 공약으로 채택한다.

⑧ 정치권과 상급 권력기관에서 공문 및 잡무 처리에 대한 근본적인 개혁을 검토한다(주요 의제로 채택한다).

⑨ 새로운 교육통계 처리 기준과 기법이 도입된다. 교육현장 자료 요구 기준이 만들어진다. 자료 요구를 하는 사람과 집단의 무리한 자료 요구가 줄어든다.
⑩ 드디어 공문과 잡무가 줄어들고 정상수업이 이뤄진다. 교육의 질도 향상된다.
⑪ 이러한 과정에서 부적격 교사도 자연스럽게 퇴출될 것이고 교원의 자질 향상이 수요자들의 눈에 보이게 되면 교원의 권위 회복도 이뤄질 것이다.
⑫ 새로운 개념의 진정한 교육공동체가 형성되어 평등한 관계 속에서 신뢰와 친절이 있는 학교로 거듭날 것이다.

이리하여 교육현장의 가장 고질적인 문제인 수업 결손 해소, 잡무 경감, 부적격 교사 퇴출의 3대 과제 해결에 큰 영향을 미칠 수 있을 것이라고 생각한다. 이런 일을 가능하게 할 사람이 수요자 외에 누가 있을까? 교육 수요자, 즉 국민 대다수가 움직이지 않는데도 권력 기관과 교육계가 알아서 잘 움직이는 경우를 본 적이 없지 않은가?

이런 것이 바로 아래로부터의 혁명이고 아래로부터의 교육개혁이다. 그리고 그곳에는 바로 국민, 즉 학부모와 학생이 있다. 수요자가 아니면 할 수 없는 일이다. 그런데 아직 우리는 이런 생각을 하면 '너무 나가는 것 아니냐'는 질문을 던질 분위기이다. 그만큼 우리 교육계가 수요자가 아닌 다른 어떤 덫에 걸려 있는 것 아닐까? 그 덫은 무엇일까?

4. 과연 '교육의 특수성'은 문제를 얼마나 정당화할 수 있는가?

그 덫 중의 하나가 '교육의 특수성'이다. 부실수업신고제는 교육의 특수성을 무시하고 있다는 비판이 교육계로부터 당연히 나올 것이다. 그동안 이 특수성론은 일반적으로 상당히 설득력 있는 비판으로 인정받아 왔으며 혹은 '교육의 본질추구'는 상당한 약효를 본 논리이기도 하다. '교육문제는 교육논리로 풀자'가 그 논리의 핵심이다.

그러나 이렇게 생각해보자. 교육 외의 다른 영역에서 고객(교육에서는 교육 수요자)이 보는 앞에서 본업(수업)을 하지 않고 다른 일을 한다면 무슨 일이 벌어질까? 모니터하고, 고발하고, 현장에서 지적하고, 상관이나 책임자 불러내고, 손해배상 청구하고, 내부 고발자 보호하고, 하는 일들이 벌어질 것이다. 영업장 같으면 그런 영업장에 다시는 안 갈 것이다. 그런 학원이 있다면 환불을 요청하고 온 동네 소문내고 다시는 가지 않을 것이다. 그리고 이러한 행동들이 정당하고 잘하는 일이라고 모두 생각할 것이다.

그러나 학교에서는 이런 일이 발생하더라도 학생은 여전히 학교에 가도록 되어 있다. 이와 같이 원천적인 규제 상황임에도 불구하고 학교는 왜 '수업 제대로 못 받았어요'라고 신고하는 제도를 도입조차 꺼려할까? 교육의 특수성 때문이라고도 할 수 있다. 교육의 윤리적 특수성, 교사로서의 권위가 보호받아야 할 특수성, 사제간의 인간관계의 특수성 때문일 것이다.

이런 교육의 특수성을 부인할 사람은 없을 것이다. 문제는 교육의 특수성이 부실수업신고제 거부의 핵심적인 이유는 아니라는 점이다. 핵심은 딴 곳에 있는데, 특수성이 마치 핵심처럼 주장되고 있는 것이다. 부실수업신고제가 학교를 지배하고 있는 기존의 일방적 권력 관계를 건드리기 때문이다. 일방적 권력 관계의 붕괴가 두려운 것이다. 그러나 두려워할 필요가 없다. 교사의 참다운 권위는 일방적 권력 관계에서 나오는 것이 아니라 전문성과 서비스에서 우러나올 때 학생과 학부모로부터 참다운 인정과 존경을 받을 것이기 때문이다.

그 동안의 사실들과 '부실수업신고제'에 관한 가상 논의들에 비추어 볼 때, 교육 거버넌스의 새로운 구축을 통해 수요자들의 입지를 세워주고 그들을 존중하고 두려워하지 않는다면 더 이상의 교육개혁은 어렵다고 봐야 할 것이다. 한국교육은 교육개혁의 마지막 동력이자 가장 강력한 동력인 교육 수요자에게 기대를 해봐야 할 역사적 순간에 와 있다.

제4장
국민교육주권론의 실현을 가능하게 하는 교육거버넌스

- 단위학교의 자율적이고 지속적인 혁신이 가능해질 때 국민교육주권은 더욱 확보 된다. 민주국가의 시민참여와 마찬가지로 민주교육에 학부모 참여가 있어야 한다 -

교육정책가들과 교육실천가들이 국민(소비자)을 바라보면서 교육에 임하지 않고, 정치가와 교육행정 라인을 바라보면서 일하는 구조를 개혁해야 한다. 교육정책가들이 국민을 더 존중하고 의식하며 정책을 세우게 할 필요가 있다. 또한 교육실천가, 즉 교장과 교사가 지역사회를, 학부모를, 학생을 더 의식하고 쳐다보면서 교육에 임하는 구조와 문화를 형성해 가야 할 필요가 있다.

교육 수요자도 교육운영의 동등한 주체로 인정하고, 교육 수요자가 개혁의 동력 역할을 할 수 있는 새로운 교육 거버넌스를 구축해 나가야 한다. 이것이 지속가능한 자율 혁신 교육 체제 구축의 핵심이다.

우리 교육계는 교육 수요자도 교육운영의 주체로 인정받고, 나아가 교육혁신의 동력 역할까지 할 수 있는 새로운 교육 거버넌스를 구축해 나가야 한다. 이것이 지속가능한 자율 혁신 교육 체제 구축의 핵심이다. 그리고 동시에 교육민주화가 실현되는 방식이기도 하고, 여러 교육 갈등이 표출되기 전 사전 조정이 가능하게 하는 방식이기도 하다. 새로운 교육 거버넌스의 구축은 이런 필요들을 만족시킬 수 있는 방향으로 모색되어야 할 것이다.

새로운 교육 거버넌스의 구상에서 이런 필요들을 두 가지로 요약해 제시하고자 한다. 하나는, 원칙론으로서 국민교육주권론을 실현시킬 수 있어야 한다는 점이고, 다른 하나는, 현실대응론으로서 변화하고 성장하는 교육 수요자, 즉 학생·학부모를 외면할 때 당면하게 될 심각한 문제점에 대응 할 수 있어야 한다는 점이다.

I 국민교육주권론(혹은 학부모교육주권론)의 실현

> 주권재민(主權在民)이듯이, 교육권재학부모(教育權在學父母)이다. 주권이 국민으로부터 나오듯이, 교육권도 학부모로부터 나온다. 국가나 교사의 교육권은 학부모의 교육권으로부터 위임받은 것이다.

1. 교육에도 교육주권 운동이 필요

모 대기업 경제연구원 원장이 "까다로운 소비자가 일류 기업의 일등 공신이다"라고 말한 적이 있다. 글쓴이는 이 얘기를 듣고 '왜 우리 교육은 교육열도 높고 까다로운 소비자가 있는데도 일류 교육이 못 되는가?'라는 질문을 던져보았다. 왜 우리 교육 소비자들은 일류 교육의 일등공신 소리를 듣기는커녕, 오히려 공교육 망치는 주범이라는 소리나 듣게 되는 것일까? 한국 교육에 일류 교육도 고품질 교육도 별로 없어 보인다. 교육에 대한 불신과 불평불만이 매우 높다. 우리 교육은 세계 3위로 유학생을 배출할 만큼(인구 비례당으로는 단연 1위국) 자국의 교육을 탈출하는 교육이다. 교육 교역량도 많고 지식 교역량도 많으나 대표적인 적자 교역 사례가 바로 교육과 지식 분야에서 발생하고 있다.

기업체와 학교 사이에 무엇이 달라서 이렇게 서로 엄청나게 다른 결과를 나타내고 있을까? 교육정책가들과 교육실천가들이 국민(소비자)을 쳐다보면서 교육에 임하는 것이 아니라, 정치가와 교육행정 라인을 쳐다보면서 일하기 때문이라는 생각이 든다. 교육정책가들이 국민을 더 존중하고 의식하며 정책을 세우게 할 필요가 있다. 또한 교육실천가, 즉 교장과 교사가 지역사회를, 학부모를, 학생을 더 의식하고 쳐다보면서 교육에 임하는 구조와 문화를 형성해 가야 할 필요가 있다.

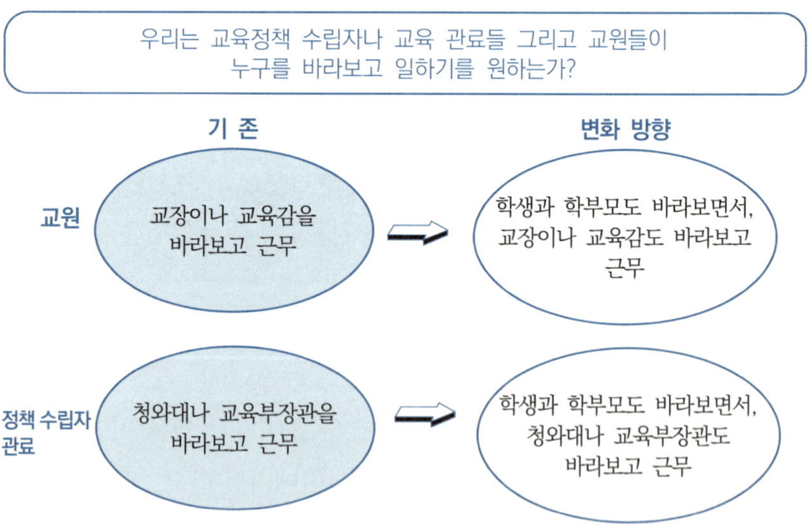

[그림 4-1]

더구나 교육의 소비자는 다른 소비자와 다르다. 교육의 소비자는 주인이면서 소비자인데도 제대로 대접을 못 받고 있다. 우리나라의 주권은 국민에게 있듯이, 우리나라의 교육권은 국민에게 있으며 그 국민은 학생·학부모로 수렴될 수 있다. 주권재민(主權在民)이듯이, 교육권재학부모(教育權在學父母)이다. 국가나 교사의 교육권도 학부모의 교육권으로부터 위임받은 것이다. 원리가 이러함에도 불구하고 학생·학부모는 법적, 문화적 위치가 매우 낮은 단계에 머물러 있다. 교육 소비자라는 말만 사용해도 '신자유주의적'이라고 비판받기 일쑤이다.

교육의 주인이자 소비자인 국민, 학부모가 한국사회의 교육운영 구조의 한 축이 되는 것이 지극히 당연한 일이다. 그럼에도 불구하고 우리 교육계에서는 학생·학부모들이 아직 힘을 받지 못하고 있으며, 이론적 뒷받침도 빈약한 상황에 처해 있고, 문화적으로도 취약하다. 새로운 교육 거버넌스에 관한 담론은 이런 상황을 전환시키는 데에도 공헌해야 할 것이다.

2. 교육 거버넌스의 구축과 교육민주화

외국 문헌에 따르면 '교육 거버넌스란 이런 것이다'라는 식으로 교육 거버넌스 논의를 전개한다면 의미 있는 논의가 될 수 없다. 국가 수준의 교육운영 구조에서 부족한 것들이 무엇인가부터 논의하는 것이 우리의 교육문제 풀이에 적합할 것이다. 가장 부족한 교육문제는 교육의 주인이(국민이) 주인 대접을 못 받는 것이다. 그것은 교육의 주인이면서도 교육에 대한 통제권이 거의 없기 때문이다. 이런 상황이 교육민주화의 진행이 낮은 수준에서 정지된 문제점과 직결되어 있다.

'교육민주화'는 누구나 알다시피 1980년대 이후 우리 교육계가 가장 우선적으로 가장 강력하게 주장해 온 사상이자 운동이다. 그러나 그 주장의 핵심 당사자인 전교조가 합법화된 이후에는 오히려 '교육민주화'라는 슬로건이 사라진 듯한 느낌이 들 정도로 잊혀진 담론이 되어버렸다.

우리는 이즈음에 교육민주화에 대해 다시 한 번 생각해봐야 할 필요가 절실하다. 민주(民主)란 민(民)이 주인(主人)이란 말이다. 즉, 국민이나 민중이 주인이 되게 하려는 사상이 민주주의이다. 교육민주화란, 교육에서 민을 주인으로 삼아야 한다는 사상이다. 교육에서의 민은 학생과 학부모일 것이다. 그렇다면 학생과 학부모가 교육에서의 주인 되기, 학생과 학부모를 주인으로 모셔주기가 교육민주화이다.

한국사회의 교육민주화가 어디까지 와 있나를 점검해 보자. 우리는 현대 한국에서의 교육 권력과 담론 그리고 교육권력 구조와 교육민주화와의 관계를 다음과 같이 파악할 수 있다. 〈표 4-1〉에서 보는 바와 같이 국가가 거의 독점적으로 가졌던 교육 통치 권력을 1980년대의 교육민주화 투쟁 과정을 거치면서 드디어 1990년대에는 국가와 교원단체가 교육정책에 대한 영향력을 양분해 가지게 되었다. 이로써 교원집단의 민주화는 성취되었다. 그리고 거기에서 멈추었다.

그 동안 보여준 교사에 의한 교육민주화의 추진은 여러 가지 성과에도 불구하고 한계가 있음이 명백히 드러났다. 이 한계의 핵심은 '중간 수준의 교육민주화 상태에서의 정지'에 있다. '국가 중심' 단계로부터 '교원과 함께' 단계를 거쳐 '학생·학부모의 참여를 통한 교육공동체 구성'까지 와야 할 교육민주화의 사상과 실천 방안들이 '교원과 함께' 단계에서 정지된 상태이다.

〈표 4-1〉 교육권력 구조와 교육민주화와의 관계

시기	교육권력의 중심 (교육 거버넌스)	교육담론의 중심	교육주체들 간의 관계	교육민주화의 단계
1단계 : 해방 후부터 1980년대 중반까지	국가의 절대권력에 의한 교육통치	국가 중심의 교육담론	-국가가 절대 우선적인 교육주체 -교사·학부모 학생 소외	교육민주화 이전 단계
2단계 : 1980년대 후반부터 현재까지	국가와 교원집단에 의한 교육 거버넌스	국가와 교원 중심의 교육담론	-교원의 교육주체 세력으로 진입 -NGO활동 일부 수용 -학부모·학생 소외	중간 수준의 교육민주화 단계
3단계 : 향후 교육민주화의 강화를 지향하며	국가와 교원과 수요자(학생·학부모)의 3자 간의 권력 균형과 협치	3주체 간 균형을 이루되 수요자 중심인 교육담론	- 3주체 간의 견제와 균형을 통한 권력의 황금분할과 협치	성숙 수준의 교육민주화 단계

교원 단계에서 교육민주화 열차는 고장이 나버렸다. 아무도 수리도 안 하고 연료도 공급하지 않고 있다. 일부는 교원에 의해 학생과 학부모에까지 민주화 물결이 전해오는 것이 저지되고 있는 측면도 있다. 교원평가에 대한 학부모 참여의 저지라든지, 교장 공모제를 교원 경력자에게만 제한하는 것도 모자라 무자격 교장론을 전개해 주민과 학부모의 선택을 제한하고 있는 것을 예로 들 수 있다. 이것은 '무자격'이 아니라 '자격 외 유능한' 사람을 교장으로 모시기 위한 제도인데 '무자격'이란 비판에 의해 무참하게 저지당하고 있다. 이는 교육계의 비민주적 폐쇄적 비극이다.

교육정책과 교육운영 전반에 대한 영향력을 교육 주권자이자 수요자인 학생·학부모들도 적정 수준으로 분담해 가져야 성숙수준의 교육민주화가 이뤄진 것이라고 볼 수 있다. 그래야 교사와 학부모가 서로 떳떳하게 웃으며 만나고 대화하는 문화가 형성될 수 있고, 상호 존중과 친절 문화가 형성될 수 있으며, 상호 견제와 균형 속에 교육의 질 제고를 위한 노력을 할 것이다. 이로써 교육민주화는 한층 더 성숙될 것이다.

Ⅱ '교육민주화'와 '교육경쟁력 확보'의 두 마리 토끼 잡기

1. 교육의 수요자탄력성 확보가 관건

우리 교육은 보수 정권이든 진보 정권이든 교육 수요자 요구에 대한 탄력성이 매우 낮았다. 국민이라고 표현하든 교육 수요자라고 표현하든, 학부모와 학생들은 더 존중받고 그들의 요구가 더 수용되어야 한다. 진정한 교육공동체의 형성을 위해서라도 교육 수요자의 위치를 국가나 교원과 대등하게 만들어주어야 한다.

그 동안 수요자 중심 교육이라고 하면 신자유주의 교육이라는 비판으로 포괄적 거부 반응을 보여 왔는데, 이도 시정되어야 한다. 신자유주의적 교육에 대한 비판론이 교원 입장을 두둔하는 논리로 둔갑해서도 안 되고, 수요자의 참여와 권리 요구를 묵살하는 논리로 둔갑해서도 안 된다. 수요자의 권리가 당연한 권리임에도 불구하고 교육 분야에서만은 유독 아직 확보되지 못한 권리이다. 미래 교육위기에 적절히 대비하기 위해서도 확보해 주어야 할 권리이다.

'지속가능한 수요자 요구 탄력적 교육'이 앞으로 교육의 살 길임을 명심하고, 교육 거버넌스의 개편으로 교육공급주의적 패러다임의 극복을 앞당겨야 할 것이다. 이는 또한 교육경쟁력 향상뿐만 아니라 교육복지의 향상에도 기여할 것이며, 교육 수요자를 책임 있는 수요자로 만드는 데 기여하는 등 교육개혁의 자율적 지속성도 어느 정도 확보할 것이다.

교육 거버넌스는 전통적이고 관료제적 교육통제 구조나 행정 구조로는 부적절하다고 판단하고, 새로운 운영 구조를 모색하려 하며 네트워크형 협치(協治)를 지향하고 있다. 그런데 진정한 협치 역시 균형 있는 권력 기반 위에서 가능한 것이기 때문에 교육민주화의 강화를 전제로 한다.

중간 수준의 교육민주화의 단계에서 멈춰진 교육민주화를 성숙 수준으로 강화시켜야 우리 교육을 한 단계 업그레이드 시킬 수 있다. 1980년대의 교육민주화 노력으로 우리 교육이 한 단계 업그레이드 되었듯이, 그 후 4반세기가 지난 이 시점에까지 낮은 수준의 교육민주화 상태에서 정차 중인 교육민주화 열차에 다시 시동을 걸어야 한다. 그리하여 국가와 교원과 교육 수요자의 협치적인 민주교육 운영 체제를 확립하고, 또한 진정한 교육공동체 형성의 기반도 마련해야 한다. 이를 통해 교육민주화와 세계적 경쟁력 확보라는 두 마리 토끼를 한꺼번에 잡을 수 있을 것이다. 이는 우리 교육을 한 단계 더 업그레이드시키는 계기가 될 것이다.

2. '진정한 교육공동체 구성'이 위기대비의 핵심

수요자 요구 탄력적 교육으로 방향틀기는 선택이 아닌 필수 | 우리가 학부모·학생을 강조하는 데에는 방금 살펴본 바와 같이 그들이 원론적·사상적·법적으로 교육 주권자라는 당위론 때문만은 아니다. 현실론 또한 매우 중요한 근거로 작용하고 있다. 현실적으로 이미 엄청난 학부모·학생이 이탈하고 있는 국내교육(외국으로)과 학교교육(사교육으로)은 그 자체로서 이미 교육 존립의 기반을 상당히 잃어가고 있는 것이다.

학부모들이 좀 더 존중받아야 할 이유는 앞서 지적한 학부모교육주권론 외에도 여러 가지가 있다. 가장 결정적인 이유는 미래 교육 위기의 핵심인 수공격차(需供隔差)에 있다(수공격차에 대해 제7장에서 상세히 논의하고 있다).

앞서 밝혔듯이 수요자 중심 교육이라는 개념은 그 의미가 교육현실에서 실현되는 과정과 방식에 따라 다양한 형태로 구현될 수 있어 신자유주의적 논쟁 등 여러 가지 복합적인 쟁점이 될 수 있다. 그러나 여기에서 우리가 말하는 수요자 중심 교육의 핵심은 교육에서 수요자 요구에 대한 탄력성이 높아지는 것을 말한다. 그리고 여러 번 지적했듯이 '진정한 교육공동체의 구성'에는 수요자들이 한 축을 구성해야 한다는 의미에서 학부모와 학생이 그 주요한 구성 축이 되어야 한다. 수요자의 요구와 무관하게 공급자 혹은 권력자의 생각과 편의대로 교육을 운영한다면 그 교육은 수요자요구탄력성이 제로라고 말할 수 있다.

국민, 즉 교육 소비자들이 중시되지 않으면 결국 그 화살이 부메랑이 되어 우리 사회에 큰 짐이 되어 되돌아와 돌이킬 수 없는 사태가 발생할지도 모른다. 미래 교육 위기의 핵심을 교육 수요자와 교육 공급자 사이의 점점 커져가는 격차, 즉 수공격차에 있다. 만약 지금과 같은 공급자 중심의 교육계 상황이 그대로 유지 된다면, 수요자의 이탈 상황은 더욱 심각한 국면으로 접어들 것이다. 정부교육정책의제 중에서 사교육 대책보다 수공격차 대책이 중심적인 의제가 되고 상위 의제가 되어야 할 시점이다.

앨빈 토플러가 미국 상황을 비유한 것이 우리에게도 타산지석이 된다. 그는 미국 사회에서 기업이 100마일 속도로 달려가고 있다면 가족은 60마일로 달려가고 있는데, 정부는 겨우 25마일의 저속으로 가고 있다고 한다. 그리고 학교는 부서진 자동차로 비유하면서 10마일 정도라고 지적한다. 이런 비유는 교육계의 수공격차를 웅변적으로 보여주고 있다. 아마도 한국사회에서의 진화 속도 격차는 미국에서보다 더 클 것이다.

수공격차의 심화는 공급자에게는 수요자가 없어져서 망하고, 수요자에게는 엉뚱한 공급처(외국 교육이나 사교육)를 비싸게 찾아가야 하기 때문에 망하는 형국을 만들어낼 수도 있다. 이 어찌 위기가 아닌가? 더 이상 방치하면 수요자와 공급자가 함께 공멸할지도 모른다. 그 전에 뭔가 심각한 조치가 이뤄져야 공교육계와 학부모·학생이 공생(共生) 혹은 윈윈 할 수 있을 것이다. 우리 교육의 위기는 사교육의 번성에 있는 것이 아니라 수공격차가 갈수록 점점 커져가고 있다는 데 있다. 그 원인도 사교육의 번성이 아니라 수요자의 요구를 무시하는 교육운영 구조에 있다.

우리가 교육 수요자에 대해 적극적인 관심을 가져야 할 이유가 두 가지 더 있다.

첫째로, 미래적 전망에서 볼 때, 국가나 관의 힘과 영향력은 점점 줄어들고 개인이나 조직의 영향력은 점점 커지는 시대가 오고 있다. 미래학자들은 힘의 변화를 국가로부터 기업, 그리고 개인으로 이동할 것이라고 예측하고 있다. 그들은 한결같이 개인의 힘(영향력, 선택적인 힘)이 증대할 것으로 예측하고 있다. 또한 수요자들은 점점 똑똑해지고 있다. 교육 분야에서의 수요자들도 마찬가지로 나날이 똑똑해지고, 힘이 강해지고, 선택 능력도 높아지고, 행동반경도 넓어지고 있다. 이런 상황에서 수요자 탄력적 교육을 하지 않는다면 공교육으로부터 수요자들이 이탈하는 것은 지극히 당연한 결과일 것이다.

둘째로, 교육 수요자들의 교육 의식과 권리 의식이 빠른 속도로 강화되고 네트워크도 더욱 더 촘촘하게 형성되어 가고 있음을 의식해야 한다. 2006년도 지방교육자치법개정네트워크는 현행의 교육자치제가 '교육자 자치제'라고 규정하고 국민의 교육 주권을 보장하는 방향으로 개정을 촉구한 바 있다(지방교육자치법개정네트워크, 2006년 11월 2일자 성명서).

이와 같이 지금 교육 수요자들은 교육민주화 운동이 한창이던 20년 전의 교육 수요자가 아니다. 서울과 대구를 KTX로 두 시간 만에 이동하면서 생활하고, 방학이면 자녀 교육을 위해 어렵지 않게 국내교육 유목민(예를 들면 대구에서 서울로 학원 다니러 오기)이나 해외교육 유목민이 되는 사람들이 많다. 법관 양성제도도 의사 양성제도도 이미 바뀌었다. 각종 직업 세계가 부침이 심하고, 세계 노동시장은 더 많이 개방된다. 우리도 외국의 노동시장에 진출할 수 있지만, 우리만의 노동시장이었던 것에 외국인이 몰려오기도 한다. 수요자들은 이런 것들을 각자 자기 일로 받아들이고 대응 전략을 마련한다. 그 중에 가장 중요한 것이 자녀교육 전략이다. 그러나 학교가 여전히 이런 변화들에 둔감하다면 무슨 일이 벌어지겠는가. 너무나 자명하지 않은가. 수요자의 이탈은 오히려 정당한 권리 행사처럼 보일 것이다.

공급자 중심 정책의 한계와 교육 주권자, 교육 소비자에 대한 새로운 인식 | 이명박 정부를 포함해서 보수 정부든 진보 정부든 역대 모든 정부가 취한 교육정책에 대한 기본자세는 한결같이 통치적이었고, 관료적이었고, 교육공급주의적이었다. 즉, 통치적 관점에서 교육 수요자들이 가려워하는 곳을 정부가 알아서 (고교 체제의 단조로움, 입시 고통, 영어 고통, 대학 고통을) 관료적으로 해결해 주려는 의지가 강력해 보인다.

이런 교육 통치적·공급주의적 정책 방향은 심각한 부적절성을 내포하고 있다. 하나는 정부가 수요자의 요구를 알아서 다 해줄 수 있다고 생각하는 시각의 부적절성이고, 다른 하나는 국민 수요자를 공식적인 파트너로 존중하지 않는 시각의 부적절성이다. 이처럼 교육공급자적 관점에서 만들어지고 집행되는 정책은 아무리 수요자 중심 정책이라는 간판을 내걸고 정책을 추진하더라도 '교육 공급자적 입장에서의 수요자 중심 정책'이라는 한계를 노정할 수밖에 없다.

이런 입장에는 큰 결함이 있다. 즉, 수요자들은 결코 어리석지 않으며, 지금의 시대는 수요자의 다양하고 변화무쌍한 욕구를 정부가 알아서 해결해 줄 수 있는 시대가 아니라는 인식이 부족하다. 더 나아가 정부가 알아서 해주는 수요자 중심 교육은 성공해 봐야 일회성 수요자 중심 교육에 지나지 않는다. 빠르고 다양하게 변화하는 수요자 요구를 관료제적 정부가 수시로 알아서 해줄 수는 없는 노릇이기 때문이다.

복잡계 논의에서 지적했듯이, 국가가 관료제적 통치로 국민의 교육을 일일이 끌고 가던 시대는 지나갔다. 오히려 국가가 국민의 (교육적) 요구가 어디 있는지를 빨리 파악해 폭넓게 수용하려는 자세를 갖추어야 한다. 경제 발전의 결과에 따른 교육 요구의 다양화·고품질화와 함께 세계화 시대의 도래, 지식기반 사회의 도래 속에서 수요자들의 교육 요구는 다양화·고급화·광범화·선택성 강화의 방향으로 이동하고 있다. 아니, 이미 이동해 있다. 앞으로는 더 많이 이동할 것이다. 사실 거버넌스에 대한 논의 역시 세계화·분권화 등의 주장이 제기되면서 역동적이고 다양하며 복잡해진 사회관계를 전통적 의미의 정부가 조정·해결하는 데 한계를 드러내자 이에 대한 대안적 국정관리 메커니즘에 관한 담론으로 주목받기 시작한 것이기도 하다.

수요자 요구 탄력성이 보장되는 교육 거버넌스로 | 교육 거버넌스의 개편은 교육공급주의적 패러다임의 극복을 앞당기는 방향으로 이뤄질 필요가 있다. 중요한 것은 '지속가능한 수요자 요구 탄력적 교육'이 이뤄질 수 있기 위해서는 수요자들의 요구·참여·평가에 의해 자율 혁신이 지속될 수 있는 체제의 확립이 선결 요건이라는 점이다.

우리의 교육복잡계는 협치를 지향하는 교육 거버넌스의 새로운 구축을 절실히 필요로 한다. 국가의 교육적 필요 역시 수요자의 필요와 결합되고 수요자의 필요로 해석되어 정책 수단이 개발될 때 정책 효과가 나타날 것이다. 그렇지 못할 경우 개혁 정책은 수요자로부의 이탈이나 저항과 반란은 계속될 것이다(예를 들어 이공계 기피, 치의계로의 집중, 해외로의 교육 유목민 되기 등). 여기에 교원의 전문성을 바탕으로 한 전문적 교육 실천이 뒷받침될 때 국가 교육은 올바른 방향으로 효율성 있게 추진될 것이다. 관료제적 통치보다 네트워크형 협치가 이런 과제들을 더 잘 수행할 것이다.

제5장
학부모·학생을 교육주체로 세우는 방법

- 학부모·학생을 임파워링시킬 수 있는 제도의 도입으로 교육공동체성을 강화할 필요가 있다. '어리고 깨우침의 대상'으로서의 학부모가 아니라 '교육주체'로서의 학부모관에 입각한 참여제도의 확립이 필요하다 -

I. 새로운 거버넌스 구축의 방법론

우리나라의 현 교육권력 구조 상황에 비추어 볼 때 교육주체 중에서 가장 취약한 집단인 교육 수요자 집단을 임파워링시켜 주는 것이 새로운 교육 거버넌스 구축의 핵심이 되어야 한다. 선언적으로는 학부모·학생을 교육주체의 하나로 말하지만, 실질적으로는 교육주체로서의 응당한 대우를 하지 않는 것이 현실이다. 교육권력을 강력하게 쥐고 있는 소수 권력 집단의 전횡을 막기 위해서라도 수요자 집단의 권력을 강화시킬 필요가 있다.

I 새로운 거버넌스 구축의 방법론

우리나라의 현 교육권력 구조 상황에 비추어 볼 때 교육주체 중에서 가장 취약 집단인 교육 수요자 집단을 임파워링시켜 주는 것이 새로운 교육 거버넌스 구축의 핵심이 되어야 한다. 교육권력을 강력하게 쥐고 있는 정치권력 집단의 전횡을 막기 위해서라도 수요자 집단의 권력을 강화시킬 필요가 있다.

수요자들이 제대로 임파워링되면 왜곡된 수요자 참여나 권력자들의 비합리적인 정책 개입에 대한 조정 역할도 가능할 것이다. 이는 수요자에 대한 또 다른 역할을 기대하는 것이다. 예를 들어, 국회의원 등 정치가의 개입과 청와대의 개입은 종종 기존의 정책을 뒤집기도 한다. 특히 정권이 바뀌었을 때 이런 경우가 많다. 이런 활동 자체는 국회의원이나 청와대 관계자의 정당한 역할이다. 그러나 전문성에서 뒤떨어지고, 정책의 안정성과 체계성을 위협하는 경우가 종종 있다. 또한 그 역할이 때로는 교육현장을 더 어렵게 만들고 정책에 대한 불신을 가중시키는 주요 원인을 제공하기도 한다.

이런 부적절한 정책뒤집기 같은 결과가 생기지 않도록 하기 위해서는 견제 세력이 필요하다. 그 세력은 결국 학부모·학생이 될 수밖에 없지 않은가? 그들이 수시로 의견을 낼 수 있는 체제를 만들어 수요자 참여에 의한 간접적 통제가 이뤄질 수 있도록 하는 것이 교육민주화의 길일 것이다. 그들 간에 네트워킹을 잘 할 수 있는 여건을 조성하는 것 또한 중요하다. 다음과 같은 방법들을 생각해볼 수 있다.

1. 학부모·학생을 임파워링시킬 제도 도입으로 실질적 교육공동체의 구성

앞에서 지속적으로 지적했듯이, 가장 핵심적인 사항은 교육 수요자를 존중하지 않아도 불이익이 별로 없는 체제와 문화를 개선해야 한다는 점이다. 이를 위해서는 학부모·학생을 임파워링시켜야 한다. 국가, 교원, 학부모(학생 포함) 사이의 3균분의 교육권력 균형화가 필요하며, 이는 참다운 교육공동체 형성을 위해서도 필요한 사항이다. 교육정책 결정이 주로 교육관료나 교원단체에 의해 좌우될 때는 학습자·수요자의 다양한 요구, 선택, 평가가 존중되지 못한다. 그러나 새로운 거버넌스가 구축되고 교육정책 결정에 학부모·주민의 참여가 보장되면, 학부모·학생의 교육적 요구는 물론이고 기업이나 지역의 인재 육성 요구가 교육정책에 더욱 적절히 반영될 것이다. 임파워링을 통한 학습자·수요자 요구 탄력적 교육체제의 구축이 우선적 과제이다.

교육장면에서 권력구조에 가장 큰 영향을 미치는 제도는 이미 시행에 들어간 교육감 및 교육위원에 대한 직접선거권이다. 교육감주민직선제는 학부모의 교육적 지위를 향상시켜 주는 조치이며, 교육의 주인이 누구인지를 확인시켜 주고, 주기적인 평가기회를 보장하는 제도로 작용한다. 교육감주민직선제는 종전의 교육위원들에 의한 간선제나 그 후의 학교운영위원에 의한 간선제의 경우와는 매우 다른 상황을 가져올 것이다. 교육감의 의식, 행동방식, 지향 방향이 달라질 수밖에 없고 그 중심에 교육 수요자들이 설 수 있는 것이다. 종전에 외면되었거나 관념적이었던 교육 수요자에 대한 관심이 아주 현실적인 관심으로 부각되게 된다. 드디어 교육 수요자들이 지방교육 수장의 실질적 관심 영역 안으로 진입하게 되는 것이다. 이런 점에서 교육감주민직선제는 계속 유지되는 것이 바람직하다.

그리고 이제야 제대로 된 교육공동체를 형성할 여건이 되었다고 볼 수 있다. 왜냐하면 그동안은 교육공동체의 구성원(국가, 교원, 학부모·학생) 사이의 권력 불균형이 너무 심했기 때문에 상하관계의 양상을 띠어왔다. 이는 평등한 관계에서 서로를 존중하는 파트너십에 기초한 공동체적 관계가 아니었기 때문이다.

아래에 제시되는 방안들은 모두 학부모·학생을 임파워링시키는 방안과 관련이 있는 것들이다.

2. 공식적 소통 통로와 소통 기회의 제도화

교육 지도자의 선출을 위한 투표권의 행사 이외에도 국민, 학부모, 학생이 국가 교육에 대한 모니터 요원이 되게 하고 혁신 제안자가 되게 만들어, 그들의 교육주권(교육권과 학습권 등)을 주기적으로 행사할 소통 기회를 보장하는 시스템의 설계가 필요하다. 이런 소통 체제와 법적 지위가 가장 취약한 집단이 바로 학부모·학생 집단이기 때문이다.

교육 현안 및 교육정책 방안에 대해 학부모 및 시민단체에게 공식적이고 공개적인 발언권과 기회를 주고 대정부 비판뿐만 아니라 학부모들 상호간 토론의 장 그리고 협상의 장을 만들어줄 필요가 있다. 학부모 및 시민단체 교육 대토론회 개최의 정례화, 제도화도 긍정적으로 검토해 볼 만하다. 학부모 및 시민단체들이 거리나 종합청사 앞으로 시위를 나가기 전에 그들 간에 충분한 토론과 협의를 해야 할 것이다.

또한 배우는 자가 무엇을 원하고 무엇에 불만을 갖고 있는지를 알아보기 위해, 학습자 요구 조사를 주기적으로(예를 들어 매 3년, 첫 해 초등학교, 둘째 해 중·고등학교, 셋째 해 대학교) 실시해 정책에 반영하는 시스템을 갖출 필요가 있다. 이 때 학부모 및 시민의 교육 요구 조사도 함께 제도화하는 것이 바람직할 것이다. 그리고 이 조사의 주체를 관이나 관 주도 연구기관이 할 것이 아니라 학부모가 중심이 된 기관에서 할 필요도 있다.

이런 토론회와 요구 조사를 바탕으로 '교육민심지도'를 제작해 그

변화 추이를 파악하고 정책에 반영할 필요도 있을 것이다. 이러한 조치들은 국가 교육에 대한 평가권의 일부를 수요자들에게 보장한다는 의미가 있다.

이미 실시하고 있는 교육정보공개제도도 교육지배권 균형화에 공헌하므로 이 제도의 실질적인 활성화를 꾀해야 한다. 정보 제공에 관해서도 학부모가 어떤 정보를 원하는지를 정하고 학부모가 주도가 되어 정보를 생산하고(학부모가 전문 연구자를 선정하고 감독할 권리를 가질 것) 보급해야 진정한 정보 제공 서비스가 되는 것이다.

3. 로컬 거버넌스의 구축

광역지방자치단체 규모의 교육에서 로컬 거버넌스는 매우 중요하다. 초·중·고등학교의 교육은 사실상 교육감의 정책 의지와 판단이 결정적이기 때문이다. 지방교육행정의 수장인 교육감을 주민직선제로 뽑는 것은 앞서 본 교육주체들 간의 권력 균형을 이룬다는 것 외에 로컬 거버넌스에서 몇 가지 중요한 측면이 있다. 첫째로, 중앙으로부터의 상대적 행정 자율성의 확보라는 의미가 있다. 둘째로, 교류와 활동 기반의 확대이다. 종래 투표제도에서 교원들의 영향력이 절대적이었던 상황에서 교육감(그 입지자들 포함)의 주요 활동은 주로 교원들과의 교류와 의견 수렴이었다. 그러나 직선제에서는 일반 학부모와 지역사회 주민에 대한 폭넓은 교류와 의견 수렴 그리고 설득이 중요하게 된다. 셋째로, 협력적 네트워크 강화의 필요이다. 교육문제 해결을 위해서는 지역사회의 각 영역에 더 적극적으로 협력적 네트워크를 구축해야 갈등도 줄이고 협력도 얻고 결과적으로 효율성도 확보할 것이다. '로컬 거버넌스'는 단순히 중앙정부로부터의 자율성 확보 차원 이상의 의미를 갖는다. 즉, 지방정부와 지역 기업, 학계, 비정부기구(NGO), 언론

등 지역사회 구성원들 간 협력적 네트워크의 구축을 의미한다.

지방권력(즉 주민생활과 밀착된 권력)이 교육 거버넌스에 더 큰 영향을 가져서 지역의 교육적 요구에 대한 탄력성을 높여야 할 것이다. 1990년부터 지방자치제가 전면 시행되어 왔지만 (15년이 넘은) 2005년경에도 교육의 지배 구조는 중앙-지방의 수직 구조를 면치 못하고 있었다. 교육이 국가의 것이 아니고 주민의 것이라면 점점 더 주민에 직결되어 의사결정이 이뤄지는 지방자치적 요소가 강해져야 할 것이다. 교육자치와 일반 자치가 통합될 필요가 있다. 서구에서 새로운 학교 형태로 운영되는 지역사회통제학교의 한국화 방안을 모색해 볼 필요가 있다.

교육자치와 일반(행정) 자치의 통합은 협력적 네트워크의 구축과 교육에 대한 지역주민 통제를 강화하는 효과가 있다. 우리나라에서는 교육의 정치적 중립성이라는 명분하에 일반 행정과 교육행정의 분리를 당연시하는 경향이 형성되어 있다. 물론 그 중심에는 교육계가 있다. 우리나라의 이러한 분리 정책은 다른 선진국들과는 다른 정책이다. 그동안 정부 차원에서 이 둘을 통합하려는 시도가 여러 차례 있었지만 교육계의 집단적 반발과 저항으로 관철되지 못했다. 그러나 최근 들어 지자체의 교육지원 사업이 늘어나고, 학교의 지역학습센터로서의 기능이 강조되면서 일반행정과 교육행정의 분리로 인한 비효율성 문제가 다시 논의되고 있다. 우리가 지금까지 논의한 협치의 원리에 따르면 일반자치와 교육자치는 통합되는 것이 바람직하다.

4. 교원 인사 영역과 교육 거버넌스

거시적 차원에서뿐만 아니라 교육행정의 구체적인 수준에서도 균형 있는 권력구조가 형성되어 견제와 균형 상태에서의 참여와 상호 협력을 유도해 낼 수 있어야 한다. 대표적인 영역이 교원인사 영역이라고 볼 수 있다.

교육의 질은 교사의 질을 넘지 못한다는 오래된 담론이 의미하는 것처럼, 교사는 교육의 질을 구성하는 핵심이라고 할 수 있다. 그러나 교원에 관한 인사제도에서 학부모·학생의 영향력이 완전히 배제되어 있다는 점은 교육공동체를 구성하는 중요한 주체의 목소리를 배제시킨다는 문제를 낳고 있다. 교원인사제도 혁신에 교원의 의견을 반영하는 것은 중요하다. 그러나 더 중요한 것은 국민들의 의견이다. 왜냐하면 교원도 국민의 교원이기 때문이다. 학교는 국민의 세금으로 운영되고 있으며, 국민의 자녀를 가르치는 곳이다. 더구나 교총과 전교조 교원들 사이에 의견이 갈라져 있을 때에는 국민들의 의견이 더욱 중요하다. 따라서 제대로 된 교육 거버넌스가 구축되려면 교원인사제도에도 그동안 전무했던 학부모·학생의 영향 요소가 반영(국가·교원·학부모 영향력의 균형화)될 필요가 있다.

교원평가나 교원성과급과 관련해 교육계에 평균주의가 팽배해 있다든지, 나눠먹기식이라는 등의 비판이 국민들로부터 높게 일고 있었다. 이 두 정책 과제는 장기간 지지부진한 상태로 남아 있었다. 교원들이 계속해서 교원평가를 반대하고 성과급까지 평균주의로 분배하고자 한다면, 이것도 국민의 허가(동의)를 받고서 해야 할 것이다. 교원평가 결과를 연수와 인사에 반영한다고 반대를 하는데, 국민이 안 된다고 하면 수용해야 할 것이다. 평가를 하면서 인사에는 반영하지 않는 조직은 드물 것이다. 평가 결과를 교원 능력개발에만 적용하라고 하는데, 인사에도 반영하면 교원 자질 향상에 더 큰 효과를 발휘할 수 있는 것 아닌가?

그런데 현재의 교육권력 구조로는 국민들이 그렇게 할 만한 영향을 갖고 있지 못하다. 국민들이 여러 가지의 교육정책에 대한 혁신 의견을 모아낼 수 있는 법적·제도적 기반도 없고 네트워크도 충실하지 못한 상태이다. 이러한 것들이 구비되어야 교육 거버넌스가 새로 구축되었다고 볼 수 있을 것이다. 그래야 국민이 교육정책에 제대로 나설 수 있고, 정부와 교원단체 사이에 유효한 조정자 역할을 할 수 있을 것이다.

5. 단위학교별 거버넌스의 문제와 자율 혁신 역량 강화

단위학교의 자율 혁신 역량을 강화하기 위해서는 단위학교의 자치가 실질적으로 가능한 환경을 만들어주어야 한다. 학교단위 책임경영제의 성공적 정착에는 교육 거버넌스의 변화가 필수이다. 왜냐하면 현재와 같은 행정제도 혹은 관료 중심 교육행정에서는 학교장이 상급 관청을 주로 쳐다보고 일을 하게 되므로, 학교단위 책임경영의 의미가 별로 없다. 시키는 대로 하고, 안 시키면 안 하고, 부당한 지적을 해도 어쩔 수 없이 따라가야만 하는 상황 등에 그 이유가 잘 나타난다. 외국의 예를 살펴보면, 프랑스와 핀란드 같은 유럽 국가들의 경우 전체 교육 시스템을 관장하는 교육 원칙을 제외하고는 학교 유형과 운영에서는 지자체의 특성을 고려한 자율성과 다양성을 존중하고 있다.

중앙으로부터의 지시에 따른 획일적 학교 경영보다도 지역사회와 학부모·학생의 요구에 부응하는 학교 경영을 해야 한다. 이러한 경영을 적절히 지원할 수 있는 학교지배 구조가 필요하다. 학교(교육자치)와 지역사회 리더(일반자치)와 학부모(학생 포함)의 3자가 의사결정 구조를 형성해야 할 것이다. 홍콩과 프랑스의 제도가 참고가 될 수 있다. 홍콩의 학교 운영에 대한 학부모의 실질적인 참여 제도와 지방자치단체 대표 1/3, 교사 대표 1/3, 학부모와 학생 대표 1/3로 이뤄져 있는 프랑스의 학교사회를 참고 할 수 있다. 그러나 학교운영위원회가 사사건건 세부적인 사항에 대한 의사결정을 하는 것은 바람직하지 않다. 연중 주요한 의사결정 위주로 운영하고 나머지 구체적인 사항은 학교에 맡겨야 할 것이다. 학교운영위원회 개선과 활성화를 통한 학부모 참여를 강화할 필요가 있으며, 학교운영위원에 대한 연수를 실시하고 이 연수의 주관 기관을 교육청이 아닌 제3의 기관이 맡는 것이 바람직할 것이다.

제6장
학부모의 또 다른 지위: 담론적 지위

- 시민론에 의해 시민의 이론적 지위가 확보되고 있듯이 학부모에게도 이론적 지위가 있다. 그러나 학부모의 이론적(담론적) 지위의 현황은 턱없이 열악하다. 이론적 지위의 열악성은 현실적 지위의 열악성과 무관하지 않다. 이론이 없다는 것은 무관심의 표현이고, 적다는 것은 소홀하다는 증거이고, 부정적이론이 지배적인 것은 무시하고 있음의 표현이다 -

Ⅰ. 학부모의 지위: '부모와 학부모' 공익광고의 경우
Ⅱ. 학부모의 지위: 교육학 담론의 경우

2장에서 다룬 학부모의 실제 교육적 지위의 중요성과 함께 교육담론상의 지위 혹은 교육이론상의 지위도 매우 중요하다. 이론적 뒷받침 없는 지위는 선언적 수준을 넘어서기 힘들며, 현안이 등장할 때 담론에 충분히 뛰어 들지 못한다. 따라서 한 집단의 이론적 지위, 혹은 담론적 지위를 논의해 보는 일은 매우 중요하다. 마르크스는 노동자의 담론적 지위를 이론세계에서 확립시켜 주었다. 학부모학 연구를 통해 학부모의 이론적 지위를 정립시켜야 할 때가 되었다.

2006년 강원용 목사가 의식을 다하기 닷새 전 인터뷰 기록중 다음과 같은 내용이 있다.

> "한국 사람은 돈이 없어 옆집에 쌀 꾸러 가는 일은 창피하게 여기지 않는다. 그러나 글을 몰라 글 꾸러 가는 건 창피하게 여기는 민족이다. 그래서 교육수준도 높다."

강 목사는 또 한국 사람의 신바람을 살려내는 지도자가 필요하다고도 했다. 교육분야에서 한국인의 신바람은 교육열이라고 생각한다. 교육지도자들은 신바람 교육열을 옳게 살려내기 위한 노력이 필요하다. 교육신바람을 살리기 위해 3가지가 필요하다. 지도자(대통령, 교육부장관, 민간지도자), 기구(조직, 단체), 이론(담론, 지식, 방법론)이 그것이다.

앞에서 학부모의 교육적 지위를 살펴보았다. 여기에서는 좀 다른 각도에서 학부모의 지위를 논해 본다. 그것은 담론상의 지위 혹은 교육연구에서의 지위를 살펴보는 것이다. 이론적 뒷받침 없는 지위는 선언적 수준을 넘어서기 힘들며, 현안이 등장할 때 담론에 뛰어 들 준비가 부족하여 제대로 참여하지 못한다.

우리가 그동안 형성해온 학부모에 관한 지식지도(知識地圖)에 문제점을 제기한다. 우리는 학부모에 관한 지식을 새롭게 형성할 필요가 있다.

Ⅰ 학부모의 지위: '부모와 학부모' 공익광고의 경우

'부모-학부모' 공익광고를 통해 엿볼 수 있는 학부모 지위

1. '부모와 학부모' 공익광고와 학부모의 위상

이명박 정부는 '부모와 학부모' 공익 광고를 라디오 및 TV를 통해 대대적으로 장기간 내보냈다. 각계각층으로부터 상당한 호응도 얻었다.[1] 이 광고 카피의 전문은 아래와 같다.

> 부모는 멀리 보라하고
> 학부모는 앞만 보라합니다.
> 부모는 함께 가라하고
> 학부모는 앞서 가라합니다.
> 부모는 꿈을 꾸라하고
> 학부모는 꿈꿀 시간을 주지 않습니다.
> 당신은
> 부모입니까 학부모입니까?
> 부모의 모습으로 돌아가는 길
> 참된 교육의 시작입니다.

이 광고는 교육열이라는 단어를 쓰지는 않았지만, 누가 보아도 학부모의 교육열을 직접 다룬 공익 광고이다. 공익광고인만큼 교육열에 대한 주류적 사고방식과 정부의 사고방식을 담고 있다고 보아도 전혀 무리가 아니다. 공익광고는 정부와 무관한 광고가 아니다. 그런 점에서 이 공익광고 자체가 정부정책의 하나이다.

---

1) 인터넷 검색을 해보면 이 광고로부터 감동을 받고 각성했다는 글이 많이 보인다. 국민 대다수에게 다소간의 공감과 반향을 일으키는 데 성공한 공익광고이다. 그러나 부모와 학부모는 구분이 안 된다는 지적도 일부 있다.

부모와 학부모를 대구(對句)와 대조(對照)를 사용해서 당장의 성적에만 관심을 가지는 부모들에게 강한 메시지를 던지는 광고이다. (부모는 좋지만) 학부모는 나쁘거나 문제가 많다는 관점을 강력하게 부각시키는 광고이다. 또한 생각의 기준점을 제시한 광고이기도 하다. 즉 (좋은) 부모답지 못하고 (나쁜) 학부모다워지는 스스로의 모습을 돌아보고 반성하게 하는 광고이다. 교육열을 부정적으로 인식하여 나온 부정적·교정적·계몽적·캠페인성 정책의지가 강하게 담긴 광고이다.

2. '부모-학부모' 광고의 정책적 함의와 한계성

'부모와 학부모' 공익광고가 성공적이라는 것이 일반적 평가라고 볼 수 있지만, 그 이면에 내포되어 있는 함의를 비판적으로 살펴봄으로써 이 공익광고의 문제점과 함께 정부정책으로서의 한계점도 지적해 본다.

첫째로, 이 광고는 기존의 학부모에 대한 부정적 이미지를 더욱 강화시키는 결과를 초래했다. 치맛바람, 사교육 앞잡이, 극성 엄마 등등으로 그렇지 않아도 좋지 않은 학부모에 대한 부정적 이미지를 이 공익광고에서 더욱 강화하고 있다. 학부모의 교육열을 옳지 않은 것으로 보고 가치 없는 것으로 보고 있다. 이런 나쁜 이미지를 가진 학부모가 교사와 떳떳한 대화를 나누기 쉽지 않을 것이고, 교육권을 떳떳이 주장하기도 쉽지 않을 것이다. 자녀와의 관계에서도 학부모 입지가 편안하지 않은 광고이다. 부모뿐만이 아니라 학부모 역시 좋은 이미지로 형성시키는 것이 올바른 방향이다. 이 광고는 '학부모는 본래 그리 잘못된 마음을 가진 존재'인 것처럼 인식한 것에서 오류를 범하고 있다.[2] 만약

2) 만약 '스승은 훌륭하되 교사는 문제가 많다'라고 공익광고를 냈다면 교원단체로부터의 항의가 빗발쳤을 것이다. 학부모는 그렇지 못한 이유가 뭘까? 조직화 되어있지 못한 점, 학부모 권리의식이 낮은 점, 잘못을 인정하는 점 등이 있을 것이다.

학부모가 어떤 환경 하에서 그런 생각과 행동을 하게 된 것이라고 인식한다면, 그런 환경을 고칠 노력을 하게 될 것이다.

둘째, 이 광고는 학부모책임을 강조하는데 여기에는 약자책임론이 은연중에 반영되어 있다. 즉 자녀 혹은 학생 교육의 잘못에 대해 정부의 책임은 언급하지 않고, 학부모의 책임만을 크고 강하게 부각시키고 있다. 당연히 학부모가 책임질 만큼은 져야한다. 그러나 어느 학부모도 그 광고에서 말하는 부모처럼 되고 싶지 않은 학부모는 없을 것이다. 그럼 누가 혹은 무엇이 학부모를 부모와 결별하게 만들었을까? 정부의 교육정책을 비롯한 관련 정책들이 학부모들을 부모와 결별하게 만든 부분이 많을 것이다. 그렇다면 정부도 함께 책임질 생각을 국민들에게 밝혀야 옳다. 강자인 정부가 약자인 학부모보다 더 많은 책임을 지는 것이 옳은 자세이다. 정부는 아무 약속 없이 학부모에게 계몽만 한다는 것은 약자(학부모, 보통사람)에게 교육문제의 책임을 지우는 강자(정부, 엘리트)의 태도를 보이는 것이다.

셋째로, 이 광고에는 정부와 학부모와의 역학관계(力學關係)에서 계몽적 정부관이 반영되어 있다. 정부가 학부모를 계몽하고 훈계하는 내용으로 가득 차 있다. 학부모에게 필요한 계몽적인 역할을 정부가 하는 것은 바람직하다. 그러나 이것도 정부가 할 일을 충실히 한다는 전제하에 그러하다. 정부에 필요한 자세는 학부모를 그렇게 앞만 보지 않게 하도록 하기 위해 정부 몫을 책임지는 자세, 적어도 함께 노력하자는 자세와 의지를 보여야 한다. 그것이 학부모를 교육의 주체로 인정하는 정부의 자세이고, 납세자요 유권자요 주권자인 국민을 주체로 인정하는 자세이다. 주권(主權)이 재민(在民)이듯이, 교육권(教育權) 역시 재학부모(在學父母)라고 봐야 할 것이다. 그렇다면 부모-학부모 광고는 민주사회의 공익광고로는 결함이 있는 반쪽짜리 광고이다.

Ⅱ 학부모의 지위: 교육학 담론의 경우

우리의 교육연구는 특정 교육주체에 과도하게 집중되어 왔다. 과거 학교중심-교사중심의 교육전통을 그대로 답습하고 있는 이러한 집중에 대해 몇 가지 비판이 가능하다. 첫째로, 교육에 실제로 영향을 미치는 크기에 상응하지 못하는 연구비중이다. 둘째로, 교육민주화와 교육주체간 (권력)관계의 변화를 반영하지 못하는 연구비중이다. 셋째로, 좀 더 분권화되고 소비자중심사회로 변화되어갈 미래사회의 교육환경에 대응하기 위한 연구 분위기로도 바람직하지 않다.

학문은 각 시대와의 교섭을 통해 학문 자체가 진화하는 동시에 그 시대에 적합한 시대적 역할을 수행해야 한다. 학문이 시대의 상황을 정의하고, 문제를 진단하며, 해결방안을 제시하는 역할을 제대로 수행할 때, 학문의 사회적 존재가치가 있다. 교육학과 학부모와의 관계는 어떠할까?

학문은 온갖 질문에 열려있을 때 학문자체의 발전도 있고 사회적 공헌도도 높아진다. 탈무드에는 질문과 답의 연속된 토론으로 되어 있으나 최종적 답은 없다. 매우 시사하는 바가 많다. 그런데 교육학이 교육주체 중에서 국가와 교사에게 크게 열려있으되, 학부모나 학생에게는 상대적으로 닫혀있는 자폐증을 보이고 있다. 이런 닫힘성의 저변에는 최종적인 답이 확고하게 자리잡고 있기 때문에 더 이상의 문제제기도 없고, 논의의 다양성도 없고, 새로운 가능성 모색이 차단되어 있다. 그리하여 교육학이라는 등잔 밑에 질문의 사각지대가 생기고, 탐구의 사각지대가 생기고 있다. 학부모에 관한 논쟁, 분석, 대안 논의 등이 바로 그 사각지대이다.

1. 교육담론의 특정 교육주체에의 쏠림과 닫힘

학문도 고객지향성을 갖고 있다. 청소년학은 청소년지향적이고, 경영학은 경영인지향적이고, 여성학은 여성지향적이고, 사회복지학은 사회적약자지향적이다[3]. 교육학은 어떤 고객지향성을 가지고 있는가?

교육학은 교육적 규범과 사실과 현상을 취급하는 연구를 한다. 그런데 그 규범과 사실과 현상을 누구의 입장에서 어떻게 취급하느냐에 따라 달라질 수도 있다. 이런 점에서 교육학에서의 연구중심성이 어느 교육주체를 주요 고객으로 가정하고 있는 연구들인가를 살펴보는 것도 의미 있다. 예를 들어, 발전교육론은 교육을 경제발전의 수단으로 보는 관점에 바탕을 둔 교육이론이기도 하지만, 국가중심의 교육이론이다. 민족교육론은 민족국가중심의 교육이론이다. 이런 이론에서 교사나 학생, 학부모의 이론 내 공간은 별로 크지 않다. 발전교육론은 공급자(국가)중심교육학이다. 그리고 각종 정책연구들은 국가관점에서 국가중심의 정책을 구상하고 있다는 점에서 기본적으로 국가중심교육론을 벗어나기 어렵다.

지금의 주류 교육학은 흔히 교직교육학 혹은 학교교육학이라고 불려지고 있으며, 교사지향적이다. 산업혁명 이후 교육에 대한 책임과 교육공간이 가정의 울타리를 벗어나 국가 혹은 사회의 책임으로 전환되면서 교육의 새로운 공간(학교)의 증가(대중화)와 아울러 교육학이 발달하게 된다. 이 새로운 교육공간(학교)에 필요한 교사들을 양성하기 위한 교육학으로 발달해 왔다. 이런 점에서 교육학은 태생적으로 교사중심

3) 물론 고객이 불특정 다수 집단인 학문도 있다.

교육학이며, 이런 전통은 지금까지 계속 유지되어 왔다.

문제는 이런 교육학으로 21세기의 시대적 역할을 하기에는 적절하지 않다는 데 있다. 교육학의 현 상태를 주체중심성으로 파악한다면, 교사주체에 대한 쏠림과 학부모주체에 대한 닫힘으로 표현할 수 있다. 그리하여 학부모-학생 수요자에 대한 교육학적 관점의 형성과 분석을 별로 누적해 오지 못했다. 교육이론에는 경영학에서의 마케팅이론과 유사한 관점조차 없다. 그만큼 공급자중심이고, 교사중심의 교육학이론이라고 말할 수 있다. 행정학이 공무원조직과 공무원에 집중한 연구를 하듯이, 교육학은 학교조직과 교직원에 관한 연구에 집중하고 있다.

산업화시대의 교육제도와 상황에는 이러한 교육학이 국가사회적 필요 및 개인적 필요까지 어느 정도 충족시켜 주었으나, 정보화사회가 심화되면서 그러한 교육학은 점점 한계를 노출하고 있다. 교육은 교사의 질을 능가할 수 없다는 말은 교육계의 진리로 통한다. 그러나 교육은 학부모의 질을 능가하기도 어렵다. 그러나 우리는 이런 말은 안한다. 지금부터는 그 말을 자주 해야 할 것이다. '교육은 학부모의 질을 능가하기 어렵다.'

누가 행복교육을 위해 가장 목말라 하면서 교육변화의 주체가 되고 싶어 할까? 그 사람을 위한 교육학, 그 사람에게 필요한 교육학을 공급해 줄 수 있는 교육학연구가 활성화 되어야 한다. 바로 교육주체 중에서도 학부모-학생이 가장 간절한 사람들이다. 그러나 교사의 시각에서 한국교육을 대변하는 교육학이 주류이고 대부분을 구성하고 있다. 학부모의 시각에서 한국교육이 무엇인지를 대변하는 교육학도 필요하다. 그러나 이런 교육학은 거의 없다.

이처럼 교육주체별로 본 교육학의 상황을 점검해 보면 적어도 3가지 이점을 가질 수 있다. 첫째로, 교육본질이나 교육본위 등의 기준으로 한국교육을 분석할 때의 추상성에 비해 주체별로 본 교육학은 더 실질적이고 구체적이며 현실감을 줄 수 있을 것이다. 둘째로, 교육민주화의 성숙을 촉진하는 교육학이 될 수 있다. 교육학연구는 교육민주화의 지속적 진화에 공헌해야 한다. 학교중심교육학의 등잔 밑 그림자에 가려진 주체(즉 학부모)가 있기 때문에 교육민주화는 정체되어 있다. 셋째로, 21세기의 시대 급변에 적응하고, 소비자시대의 도래와도[4] 조화로운 교육학이 될 수 있다.

〈표 6-1〉 교육권력과 교육담론과 교육주체의 관계

시 기	교육권력의 중심	교육담론의 중심	주체들간의 관계	교육민주화
1단계: 해방 후부터 1980년대 중반까지	국가의 절대 권력	국가중심의 교육담론	교사와 학부모 소외	국가권위주의
2단계: 1980년대 후반부터 현재까지로	국가와 교원집단의 양분	국가와 교원 중심의 교육담론	학부모와 학생 소외	국가-교원간 2주체 교육민주화
3단계: 현재 이후로 교육민주화의 심화 지향	국가와 교원과 학생-학부모간의 3 주체 권력균형	3주체 균형적 교육담론	3주체간의 견제와 균형	국가-교원-학부모 3주체 교육민주화

4) 21세기가 개개인의 영향력 증대와 함께 소비자시대가 될 것이라는 예측은 많은 미래학자들의 공통된 것이다. 21세기 사회변화와 조화로운 교육학으로 될 수 있다는 말은 이런 말이다. 사회전체가 수요자중심사회로 변해가고 있다. 국민들의 소비자의식은 매우 빨리 확산되고 있다. 교육이 상품이냐 아니냐, 특수성을 가진 상품이냐 등에 대해 어떻게 논의되든 상관없이, 국민들의 눈에는 교육도 소비품목의 하나로 보일 수밖에 없는 시대가 오고 있다. 이런 새 시대를 반영하는 교육학이론이 필요하다. 교직은 그냥 '전문직'이 아니라 '교육수요자를 위한 전문 서비스직'이라고 인식해야 할 시대로 진입해가고 있다.

교육권력과 교육담론과 교육주체간의 관계를 다음과 같이 파악할 수 있다(표 6-1 참조). 1980년대 후반까지는 국가가 절대권력을 가진 교육주체였고, 권위주의적이었다. 교육민주화 투쟁의 결과 1990년대에는 국가와 교원단체가 교육정책에 대한 영향력을 양분하여 가지게 되는 '2주체 교육민주화'의 성과를 이루었다. 그러나 교육민주화는 교원집단까지 오다가 학부모-학생에게 까지는 오지 못하였다. 학부모-학생에게까지 내려와야 '3주체 교육민주화'가 이루어지는 것이다. 종합적으로 균형 잡힌 교육이 되기 위해서는 3주체의 관점, 발언권, 영향력이 균등하게 확보되어야 한다.

2주체중심 담론은 공급자 중심의 담론이며, 이는 공급자중심의 개혁세력 형성에 유리하다. 이런 이론과 담론이 지배하는 상황에서는 학부모-학생의 소외가 이론적 뒷받침까지 받으며 아주 자연스럽게 정당화될 위험성이 있다. 교사와 학부모가 서로 떳떳하게 웃으며 만나고 대화할 수 있는 문화가 형성되어야 교육민주화는 완성되는 것이라고 볼 수 있다. 여기까지 가기에는 아직 갈 길이 멀다. 여전히 교사와 학생간의 관계는 권위주의적 측면이 많으며, 교사와 학부모와의 관계도 평등하지도 자연스럽지도 않다. 민주적 교육조직문화라고 보기에는 아직 멀었다.

국가, 교원, 학부모(학생포함) 3주체 사이의 교육문제인식과 발언권, 교육권력, 정책영향력 등의 균형화가 필요하다. 교원이 교육부와 국회에만 로비하고 운동을 할 것이 아니라, 국민(학부모-학생)에 대한 설득작업도 해야 한다. 그런데 여전히 그런 노력을 찾아보기 힘들다. 정부조차도 그런 노력에는 게으르다. 그만큼 국민을 존중하지 않는다는 신호이기도 하다. 국민을 존중해야 한다는 담론이 적다는 뜻이기도 하다. 국민을 존중하지 않아도 되는 권력구조이며 정책결정체제이며 담론상황이다. 이런 구조와 체제에서 만들어지는 개혁안이 학부모-학생을 충분히 고려할 이유가 없다. 이런 구조와 체제를 바꾸기 전에는 3주체 교육민주화가 이루어질 수 없다.

3주체 균형적 교육학은 바로 이런 시대적 역할을 할 수 있고, 이론적 기반을 제공할 수 있다.[5] 교육학을 전체적으로 보았을 때 3주체에 대해 무게중심이 골고루 가 있는 다양성을 보이는 멀티패러다임적 학문으로 발전하길 기대한다. 물론 개별학자는 국가중심, 교사중심, 학부모-학생중심 교육학자가 될 수 있다. 또 누군가가 이 셋을 종합-비교-통합하는 역할을 하면 더 좋을 것 같다.

2. 교육학자와 시대적 역할

교육학은 교육학자의 연구결과물로 구성된다. 교육학은 교육학자의 활동을 반영하고 있다는 점에서 교육학자의 거울이다. 교육학자가 무슨 질문을 하고, 어떻게 생각하고, 어떻게 소통하며, 무슨 꿈을 꾸고 있느냐가 교육학에 반영될 수밖에 없다. 좁은 소통을 하면 좁은 소통의 글이 나올 것이고, 질문의 발전과 진화가 없으면 제자리 수준의 글이 나올 것이다. 그리고 그런 교육학을 구성하게 한다. 또 교육학학문공동체의 활동에도 그 흔적이 지문처럼 남는다.

아는 만큼 보인다. 생각하는 만큼 보인다. 또한 우리가 보고 생각하는 크기만큼의 교육학지식을 생산해낸다. 우리의 교육학만큼 우리 교육을 볼 수 있다. 보는 만큼 행동(개혁)한다. 교육이론은 교육문제와 현

5) 수요자중심교육론은 아주 많이 쓰이면서도 정작 이론적 체계가 정리되어 있지는 않다. 그러나 수요자중심교육이란 개념은 반신자유주의자들로부터 '낙인'이 찍혀 이 용어에 대한 저항감이 교육계에 풍미해 있다. 본고의 논의에 대한 또 다른 반론으로는 부모주의(오욱환, 2008)의 경계와 학부모주의(강순원, 2012)에 대한 비판이 있다.

상을 알게 하고 보게 하는 눈 역할을 한다. 교육학자만 그런 것이 아니라 교육학자의 말을 듣는 사람들도 그렇게 된다. 교육학자들의 인식이 어떠하냐에 따라 그들이 만들어내는 교육학이 달라진다. 일례로, 입시제도개선에 관여하는 학자들의 관점이 공급자(국가와 학교)편향성을 띠게 되면, 입시제도사용자들을 소외시키거나 억압하는 제도를 부지불식간에 만들게 된다[6](이종각, 2009). 케인즈의 다음 말이 의미심장하게 다가온다. 우리 모두는 그 원천이 흐릿해진 과거의 이론을 자신의 생각으로 신봉하며 자발적인 포로로 살아가고 있다는 것이다. 과거 교육의 거울이자 학교교육의 거울인 현재의 교육학을 통하여 21세기 급변사회에서 치열하게 살아갈 국민들에게 교육을 보게 할 수는 없지 않은가?[7]

교육학자의 관심과 회의(懷疑)와 질문의 수준이 교육학의 수준을 결정한다. 질문하는 만큼 더 알게 된다. 논쟁하는 만큼 앎이 탄탄해진다. 교육학계에 질문도 반론도 반론에 대한 반론이나 비판이 적다는 것은 학문(공동체)의 핵심구성요소인 '조직화된 회의주의' 문화가 성숙되어 있지 못함을 보여주고 있다. 양미경(2011:27)은 학회지 인용분석을 통한 우리나라 교육학 학문공동체의 특성에 관한 연구에서 "바람직한 수준에 크게 못 미쳤다"고 지적하였다[8]. 연구물의 상호고립현상이 발생

---

6) 상세한 분석에 대해서는 2009년 교육학회 춘계학술대회에서 대학입시제도에 대한 토론문 참조.

7) 오늘날의 학교는 산업사회의 도래에 따른 교육문제를 해결하기 위한 방안으로 디자인 된 것이다. 새로운 사회가 도래하고 새로운 교육필요나 교육문제가 발생하면 새로운 교육디자인이 필요하다. 기존의 학교교육학으로는 이런 시대적 역할을 하기에는 부적합하다.

8) "각 학회지는 주로 자체 학회지의 연구자에 의해서 활용이 되고 다른 학회지의 연구자에 의해서는 지극히 제한적으로 활용되지만, 정작 각 학회지의 연구자들은 자체 학술지로부터 큰 도움을 얻고 있다고 보기는 어려웠다. 심리학, 사회학, 행정학 등 모학문의 학회지에 대한 의존도가 높았고, 외국 문헌까지 포함한 전체 인용 문헌 수와 비교했을 때 약 5% 정도의 비중을 차지하는데 그쳤다."(양미경, 2011:27).

하여, 좋은 연구들조차도 다른 연구자들에게 별로 활용되지 않는 것은 심각한 일이다.

하인리히 법칙(Heinrich's Law)에 의하면, 대형사고가 발생하기 전에 그와 관련된 수많은 경미한 사고와 징후들이 반드시 존재한다. 그가 제시한 통계치에 따라 1:29:300법칙이라고도 부른다. 큰 재해와 작은 재해 그리고 사소한 사고의 발생 비율이 1:29:300이라는 발견이다. 미래교육의 위기는 다양한 방식으로 우리에게 신호를 보내고 있다. 아마도 300:29:1로 그 신호를 보내고 있을 것이다. 우리 교육학자는 이 신호를 빨리 읽어서 대형 이탈, 저항, 붕괴가 오기 전에 예고하고 대비할 수 있어야 한다. 우리 교육계에서 발생하고 있는 수많은 사건, 사고, 불만족 사항, 비교육적 사항 등등은 바로 이런 300과 29에 해당되는 예고지표들 아닐까? 하나의 대형사고로 진행되어 가고 있는 것 아닐까? 이 진행을 미리 읽고 막을 수 있는 교육학이 되려면 교육학에 중대한 변화가 필요하다고 생각한다.

앨빈 토플러의 주장을 예를 들어 본다. 앨빈 토플러는 "한국은 단순히 교육제도의 개선 수준이 아니라, 교육의 의미를 바꾸는 수준의 개혁을 할 필요가 있다."고 말했다. 토플러가 한국에 와서 가장 중요하게 제시하고 있는 것으로 교육관료제의 철폐라든지 미래에 존재하지도 않을 직업을 위해 하루 13시간 이상 열심히 공부하는 문제점의 해소를 주장했다. 그러나 핵심적인 지적이 신문기사 정도로 나왔을 뿐 그 이상의 주요 담론으로 떠오르지 않았다. 왜 이런 담론들은 쟁점화되지 않았을까? 문제가 덜 중요해서였을까? 그 보다는 기존 담론의 장막과 그 담론을 유지하고 있는 요인의 장막에 가려 더 이상 뜰 수 없었던 것 아닐까?

전통적으로 학문은 고유탐구대상과 방법론과 발굴한 지식을 주요 요건으로 논의했다[9]. 그러나 지금은 학문에서 더 중요한 것은 문제해결 능력이다[10]. 교육학도 교육문제를 창의적으로 잘 해결하는 학문으로 진화하는 것이 중요하다. 모두가 교육문제를 가장 잘 해결하는 학문은 경제학 등이 아니라 역시 교육학이라는 인정을 받는 것이 중요하다. 이것이 교육학이 할 일이고 교육학의 존재에 대한 대가를 사회에(국민에) 지불하는 방식이다. 이렇게 되면 교육학의 정체성은 저절로 형성된다. 그리고 교육의 본질은 그 문제해결안(그 이론)을 포함하고 있어야 한다.

---

9) 세계적으로 동의하고 있는 학문의 기준을 요약하면 1) 독자적인 연구 대상 영역 2) 연구의 대상 영역에서 수행될 수 있는 독특한 연구과제 3) 연구대상에 접근할 수 있는 독특한 연구방법 4) 연구를 통해 얻어진 인식들의 체계 (Willmczik, 1980:345). 정기섭(2001:251)에서 재인용.

10) 일부 대학에서 사회학과를 자진 폐과시키고 사회복지학과로 변경한 것의 의미를 생각해보자.

제7장
학부모·학생의 진화와 수공격차의 심화, 교육적 대응의 방향

- 교육행정과 정책은 학부모·학생의 변화 속도를 반영해야 한다 -

I. 교육위기의 핵심 진원지 - 수공격차

II. 교육공급자와 수요자 간 진화격차의 심화와 교육정책의 방향

학부모와 학생들이 교사와 정부 교육관료들보다 더 빨리 진화하고 있다. 교육수요자와 공급자 사이의 진화 속도의 차이에 따라 양자 사이에 격차가 점점 더 크게 발생하고 있다. 이는 교육에서 '수공격차의 심화'라는 새로운 문제를 제기하고 있다. 커져만 가는 수공격차는 우리에게 어떤 교육적 과제를 제기하고 있는가? 정부도 교직사회도 수공격차 문제를 심각하게 인식하고 대비해야 한다. 우리는 교육에서의 수공격차 심화문제에 어떻게 대응해야 하는가?

I 교육위기의 핵심 진원지 - 수공격차

수요자의 협조 없이 교육정책의 성공은 없다. 수요자의 진화 속도를 따르지 못하는 교육운영 방식은 수요자의 협조를 얻기 힘들다.

1. 수요자시대의 도래, 그러나 공급자 중심 교육현실 ⇨ 비동시화 효과로 인한 교육기능의 저하

지금 세계는 전반적으로 수요자의 시대로 빠른 속도로 변해가고 있다. 국가가 국민을 일일이 끌고 가던 시대는 지났다. 안타깝게도 교육계는 수요자 중심의 변화를 가장 느리게 반영하는 분야이기도 하다. 그러나 교육계라고 하여 수요자 시대라는 대세를 벗어날 수 있는 것은 아니다. 그렇다면 수요자 중심 교육체제로의 전환이 무엇보다 시급하다.

나아가 수요자의 협조 없이는 교육정책이 성공할 수 없다는 사실과 교육의 현재와 미래는 수요자 중심교육을 통하지 않으면 문제해결이 불가능하다는 점을 분명하게 인식해야 한다. 국가의 교육적 필요 역시 수요자의 필요와 결합되고 수요자의 필요에 부합하는 정책수단이 개발될 때 그 효과가 나타날 것이다. 그렇지 못할 경우 수요자의 이탈, 저항, 반란이 생길 것이다(예, 이공계 기피, 치의계로의 집중, 해외로의 교육이동 등).

교육정책의 실패를 수요자의 입장에서 생각해 보면 수요자들의 불만, 불이익 등이 있을 때 정책저항이 크게 발생하며 교육정책은 실패한다. 조기유학 급증, 기러기 가족의 증대, 특목고 등에서의 자퇴(학생을 학교로부터 쫓아내는 제도로 변질 됨)의 증가 등은 해당 정책에 대한 교육수요자의 저항행위라고 볼 수 있다. 쉬운 수능시험 정책을 취해도, 내신

반영 비율을 상향조정해도 사교육은 오히려 늘어나고 있다. 이런 현상들은 교육정책에 대한 교육수요자 나름대로의 재해석에 입각한 행동들의 결과로 읽혀진다. 그 중 일부는 정책에 대한 저항행위나 부작용으로 나타나기도 한다.

2. 수요자시대의 도래에도 불구하고 공급자중심교육학으로 남아 있는 것은 담론지체

우리 교육정책의 역사에서 겪었던 여러 가지 정책수립과 집행의 경험들을 수요자의 시각에서 분석한다면, 우리 교육의 행정과 정책에 관한 연구에 새로운 시각과 측면을 추가할 수 있을 것이다.

교육은 교사의 질을 능가할 수 없다는 말은 교육계에서 오래 동안 진리처럼 통해 온 말이다. 그런데 필자는 이 말에 숨어있는 또 다른 측면을 지적하고 싶다. 이 말에는 교사의 힘이 다른 집단의 힘보다 강하게 반영되어 있다. 즉 학생이나 학부모의 힘보다 교사의 힘과 영향력이 더 큰 것으로 인식하고 강조한 말이다.

전통적으로 교사에 관한 언급에 비해 수요자에 관한 언급은 그 무게가 가볍게 취급되어 왔다. 즉 교육이론 혹은 교육담론에서 수요자의 위상은 매우 낮다. 학습자중심교육에 관한 논의까지도 교육공급자들과 공급자지향적인 학자들이 중심이 되어 논의해 온 한계를 보여 왔다.

반면, '교육은 수요자의 협조 없이는 교육성과 얻기를 기대하기 힘들다'라는 명제를 생각해보자. 이런 말을 우리는 별로 하지도, 들어보지도 못했다. 그러나 교육 실제에 있어서 수요자의 협조는 매우 중요한 사항이며, 그런 점에서 이 명제는 사실을 말하고 있다. 그럼에도 불구하고 이런 말이 적은 이유는 수요자는 약자이며 시키는 대로 하는 대상으로만 여겨졌던지 또는 수요자의 힘이 그동안 무시되어 왔다는 반증

이기도 하다. 학계의 학문적 논의에서도 수요자의 힘과 가능성은 상대적으로 무시되어 왔다.

1995년 5.31교육개혁방안 발표와 함께 수요자중심교육이 널리 회자되긴 했으나 20여년 가까이 된 지금 시점에서도 수요자중심교육은 아직 갈 길이 멀어 보인다. 이와 관련해 두 가지 점은 생각해 볼 가치가 있다.

하나는 여전히 수요자인 학생과 학부모에 대한 존중심이 별로 없다는 점이다. 수요자에 대한 존중심이 없이 수요자중심교육을 한다는 것은 생각하기 어렵다. 학생은 여전히 어리고, 무지하고, 미숙하며, 훈육과 지시의 대상일 뿐이다. 그 동안 수요자 담론형성에 성공한 부분이 있는데 그것은 학생인권존중에 관한 담론이다. 학술적 연구도 뒤따르기는 했지만 무엇보다도 사회적 담론으로 형성되어 공감을 이끌어 낸 점이 다행스런 일이다. 그럼에도 불구하고 전반적으로 학생은 아끼고 존중하고 만족시켜야 하는 대상으로 인식되기보다는 길들여져야 할 대상이고 어른(특히 교사)들이 정해 놓은 것을 따라야 할 대상으로만 인식되는 경향이 많다.

둘째로, 수요자중심교육을 선언한 이후 20여년 가까이 되었지만 교육연구가 그 동안 수요자중심적으로 진화한 흔적을 발견하기는 쉽지 않다. 다시 말해서 수요자중심교육을 지지하고 정당화하고 분석하며 수요자중심적인지 아닌지를 판단하고 개선방안을 내놓을 수 있는 근거가 되는 지식을 그 동안 거의 생산하지 못했다는 말이다. 이론적 뒷받침 없이 수요자중심교육의 실제가 발달하기는 쉽지 않을 것이다.

그렇다면 각종 교육담론에서도 수요자의 위상이 지금 보다 더 높아져야 할 것이다. 이를 위해서는 수요자에 대한 기본관점이 어떠한가가 매우 중요하다. 수요자와 관련해서는 교육학은 대부분 권위주의적이었다고 볼 수 있다. 경영학에서의 marketing이나 marketization 같은 개념이 교육학에는 거의 없다. '고객이 왕이다'라든지 '고객감동'이라든지 등의 개념이 거의 없는 것이 교육학이다. 교육정책의 경우에도 예컨대 '조세저항' 같은 개념은 없다. 수요자의 떳떳한 권리로서 '교육정책저항'이라는 개념을 사용하지는 않는다. 이와 같이 교육학은 전반적으로 국가, 교육행정가, 교사 등의 공급자중심의 관점과 논리로 구성되어 있다고 말할 수 있다. 이런 공급자중심의 관점이 지배적인 상황은 수요자의 욕구인 교육열에 대한 부정적 인식의 근본 배경이라고 볼 수 있다. 수요자중심교육담론을 추구한다면 수요자의 심리적, 문화적 특성에 대한 분석은 매우 중요하다. 교육열에 관한 연구를 수요자중심교육론 형성의 중심에 세울 수 있다.

3. 수요자의 이익과 입장에 대한 배려가 있는 교육정책

교육정책이 성공하려면 수많은 고려가 필요하다. 그 중의 하나가 정책대상 집단 즉 정책수요자에의 적합성을 갖는 것이다. 수요자의 이익과 입장에 대한 배려가 없는 교육정책은 성공하기 어렵다. 그런 정책은 일시적으로 잘 집행이 되는 듯하더라도 지속가능하기는 어렵다. 이 점은 수요자시대의 도래가 정책수립에 주는 중요한 시사점이다.

교육정책이나 행정 분야의 연구처럼 우리 교육실제에 가장 큰 영향을 미치고 있는 연구일수록 교육수요자의 특성에 대한 고려가 더 필요하다. 앞으로 교육수요자에 관한 분석과 논의가 지금보다는 더 분화, 심화되어야 할 것이다. 이러한 방향으로 가기 위해서는 한국인들의 교육희망이 담기고 자녀교육에 관한 해석지도를 제공하는 교육열에 관한 연구가 필요하다.

정책대상 집단(정책수요자)들의 행동원리의 핵심은 기본적으로 각자의 이익을 추구하는 데 있다. 교육정책의 최종행위자는 교사, 학생, 학부모이다. 정책대상 집단이자 최종행위자이자 교육수요자인 학생이나 학부모의 행동을 이끄는 원리는 그들의 이익에 적절한가와 관련이 있다. 정책의 최종행위자의 이런 행동원리는 종종 정책수립의 취지나 목표와 불일치하는 경우가 발생할 수 있다. 수요자에 대한 고려가 적은 정책일수록 이런 불일치는 더 커질 가능성이 높다.

또한 교육정책의 수립과 집행 과정에도 수요자들이 더 많이 참여하고 권한을 부여 받아야 할 것이다. 국민이, 즉 수요자가 국가 교육에 대한 모니터요원이 되게 하고, 혁신 제안자가 되게 만들고, 그들의 교육권과 학습권을 행사하게 만들어 줄 필요가 있다. 이것은 자율적 혁신을 위한 교육개혁의 목표이자 또한 그런 목표를 달성하기 위한 전략이기도 하다.

수요자에 대한 배려가 있는 정책이 고려해야 할 사항을 몇 가지 제시할 수 있다. 첫째로, 중요한 것이 국가의 주요 정책들을 효과적으로 집행하기 위해서는, 국가의 이익과 필요와 학생과 학부모의 이익과 필요를 접합시킬 수 있는 지점에서 정책수단을 마련하는 일이다. 즉 국가의 필요를 설정한 다음, 이런 국가적 필요가 국민 개개인들의 어떤 이익을 만족시켜가면서 달성할 수 있는가를 파악하여 정책 목표와 수단의 선택을 조정해야 한다.

둘째로, 정책목표에 적합한 정책대상집단들을 명확히 규정하고 그 집단에 중점을 둔 정책수단을 개발하는 일이다. 다양한 교육수요자들을 동일한 정책대상 집단으로 취급해서는 성공하기 어려울 것이다. 고도로 분화된 현대 사회에서 획일적인 수단의 제시는 수용되기 어려울 것이다.

셋째로, 정책목표는 고상하게 유지하되 수요자들의 행동방식을 존중하여(무시하거나 도덕적으로 비난하지 않고) 그들이 잘 적응할 수 있도록 현실적인 정책수단을 개발해야 한다.

Ⅱ 교육공급자와 수요자 간 진화격차의 심화와 교육정책의 방향

1. 수공격차 문제의 심화: 교육문제와 갈등의 진원지이다

학교교육은 그 동안 국민으로부터 신뢰를 받았고 국가의 발전에도 크게 공헌했다. 그러나 지금의 학교교육은 국민의 신뢰도 많이 잃고 선진국으로 가기 위한 국가발전에도 공헌하지 못하고 있다고 비판받기 일쑤이다. 학부모 수요자들의 눈에는 학교에서 제공하는 교육의 품질이 낮고, 다양성이 없으며, 제도가 경직되어 있고, 사교육비 부담이 크며, 쓸모 있는 교육보다는 오직 입시만을 위한 교육이며, 필요 이상의 소모적 경쟁을 일으키는 등 문제투성이로 보인다. 공교육, 사교육, 대안교육, 국외교육 등 온통 교육은 넘쳐나면서도 중복성과 경직성, 소모적 경쟁 등은 심하지만 적시에 필요한 교육을 학습자에게 공급하지 못하고 있다. 이런 문제들을 사안별로도 분석하고 대처방법을 찾아야하겠지만, 또한 이런 문제들의 진원지를 파악하고 대처방법을 찾기도 해야 한다. 즉 나무도 보고 숲도 보아야 하는데, 특히 숲은 잘 못 보고 있다.

오늘날과 같은 격변의 시대에 정부 교육정책의 진화, 학교제도와 운영의 진화, 학부모의(교육열의) 진화, 이 세 가지 변화의 속도 비교를 통해 이 문제를 생각해보자. 어느 것이 진화의 속도가 빠를까? 진화 속도의 격차가 커지게 되면 무슨 일이 발생할까? 이런 격차가 커지는 것은 정책적으로 어떤 의미가 있을까?

앨빈 토플러는 사회 각 영역간의 발전 속도의 차이가 부조화와 충돌을 일으킨다고 한다. 그는 혁명적 부 창출의 요인으로 시간, 공간, 지식을 꼽는다. 또한 자칫 평범해 보일 수도 있는 이 세 요인을 비즈니스는 물론 경제, 사회 전반을 주관하는 기반의 내면 깊숙한 곳에서부터 작용하고 있는 심층 기반으로 규정한다. 먼저 그는 세계가 직면하고 있는 위기 상황이 속도의 충돌 때문임을 밝힌다. 경제 발전의 속도에 사회제도나 정책 등이 부응하지 못하기 때문이라는 것이다. 이런 속도의 차이는 결국 교육관련 기관과 집단들 간의 상호 충돌을 야기하고 변화, 발전의 흐름을 저해하는 요소로 작용한다.

교육공급자와 수요자 간 진화 속도의 차이로 인해 발생하는 격차는 점점 더 커지고 있다. 필자는 이를 '수공격차' 문제라고 지적해왔다. 수요자들의 빠른 진화와 교육제도의 느린 진화에 대해서는 앨빈 토플러(Alvin Toffler)의 속도 충돌론을 들어 설명하는 것이 효과적일 것이다. 그에 의하면 세계적인 위기는 '비동시화 효과'에 기인하며, 이는 경제적인 진보를 제한하게 된다. 그는 다음과 같이 각 조직의 변화 속도를 비유하고 있다. 비동시화라는 말은 아래 각 조직들 사이의 변화 속도 차이로 인해 생기게 되는 조직들 간의 기능의 부조화, 불협화음, 갈등을 의미한다.

시속 100마일: 기업이나 사업체
시속 90마일: 비정부기구, 시민단체(NGO)
시속 60마일: 미국의 가족
시속 30마일: 노동조합
시속 25마일: 정부 관료조직과 규제기관

시속 10마일: 미국의 학교 - 부서진 고물자동차
시속 5마일 : 국제기구, 유엔, IMF
시속 3마일 : 정치조직
시속 1마일 : 법

이 비유에 따르면 미국의 학교는 시속 10마일의 변화 속도를 보이며 기업의 10분의 1 속도, 가족의 6분의 1속도의 변화속도 밖에 내지 못하고 있다. 정부의 변화 속도보다도 15마일이나 느린 거북이 속도가 학교의 변화 속도이다.

학부모와 학생 개개인은 거대한 관료제를 구성하고 있는 공교육조직보다 사회변화에 더 빨리 대응하면서 진화해가고 있다. 학습수요자 측의 요구는 다양하고 질적 수준이 높고 빠른 속도로 변해가고 있는데 반해 제도교육은 여전히 변화와 고객 서비스에 매우 둔감하다. 바로 여기에 문제의 핵심이 있다. 우리 교육에서 발생하고 있는 많은 문제현상의 저변에는 바로 이런 수공격차문제가 깔려있다. 우리 교육계가 이러한 수공격차문제를 심각하고도 중대한 문제로 인식하여 그에 대한 대책을 세우지 않는다면 우리 교육은 수요자로부터 엄청난 저항이나 반란에 부딪쳐서 심각한 위기상황에 봉착할 것이다.

2. 우리는 수요자의 정책저항권을 인정하고 있는가? 아니면 그들을 비난하기 바쁜가?

각종 교육정책과 교육제도가 진화해가는 학부모, 학생들의 요구에 부적합하면 수요자들의 저항이나 반란은 여러 가지 형태로 나타날 것이다. 수요자의 요구를 만족시키지 못하는 (공)교육정책은 수요자에게 대체 방안을 스스로 찾도록 요구하는 것이나 다름없는 것이다. 조기

해외 유학, 특목고나 외고 중퇴자 속출, 이공계 기피현상, 고시열풍 등은 적어도 부분적으로는 정부의 정책에 저항하는 수요자들의 모습을 드러내주는 현상들이다. 과학자가 대접받지 못하는 과학기술사회에서 교육열은 온갖 형태의 고시열풍의 현상으로 나타나고 있다. 이런 모습들은 정책저항인 동시에 수요자들이 스스로 찾은 대체방안들이라고 볼 수 있다. 현 상태를 방치한다면 교육제도에 대한 수요자들의 저항이나 반란은 시간이 지날수록 더욱 심각한 수준에 이를 것이고 부작용도 이만 저만이 아닐 것이다.

교육수요자들의 교육요구는 매우 빠른 속도로 변해가고 있다. 교육의 품질에 대한 요구로부터 시작하여 시간, 공간, 내용에 이르기까지 다양한 방면으로 교육요구가 진화하고 있음을 직시할 필요가 있다. 학습수요자들은 단순한 학교선택권을 넘어 교육내용 선택권, 교육시간 선택권을 요구하는 추세로 변해가고 있으며, 학교 내에서의 내용이나 시간 선택권을 넘어 학교 밖으로 그리고 국외 교육의 선택권으로 확장해 나가고 있다. 수요자들의 교육적 선택의 폭은 학교제도의 경계를 넘고 지역과 국가의 경계도 넘고 있다. 이런 상황에서 특정 지역이나 특정 국가의 교육이 규제적이고 품질이 낮고 선택의 폭이 좁다면 수요자들의 저항이 어떤 모습으로 나타날 것인지는 예측하기 어렵지 않다. 여러 다양한 형태의 저항들이 나타나다가 결국 공교육에서의 탈출로 연결되고 나아가 한국교육으로부터 외국교육으로의 엑소더스에 이르기까지 광범하게 일어날 것이다.

국민 혹은 학부모들의 이와 같은 교육 선택과 집중권을 원칙상으로 뿐만 아니라 충분한 수준까지 인정하는 단계로 끌어올려야 한다. 국가의 교육정책에서 선택과 집중이 필요하듯이, 교육 수요자들도 자신과 자녀의 교육 전략에서 선택과 집중하기를 원하고 있음을 인정해야 한다. 수요자들의 이러한 필요를 지원하기 위해 우리 교육이 가야할 길은 교육을 다양화하고, 선택권을 보장하고, 관련 정보를 충분히 공개하는 것이다. 지식기반경제에서 가장 핵심적인 분야인 인적자원의 개발도 수요자의 참여와 자기주도적인 학습을 통해서 이루어질 수 있는 것이다. 이와 같이 교육 분야에서 교육수요자의 필요를 인정하고 지원하는 의식전환이 반드시 필요하다.

그런데 우리는 국민 혹은 학부모들의 문제점을 지적하고 정부정책에 비협조적임을 지적하고 학교에 문제를 일으키는 문제집단군으로 보는 경향이 높다. 어느 나라, 어느 선진국이 학부모를 이렇게 부정적으로 볼까?

3. 학부모관의 대전환이 필요하다

학부모를 문제집단으로 보는 '문제학부모관점'에는 문제가 없을까? 학부모는 권력도 힘도 없는 평범한 국민 혹은 시민이다. 혹시 학부모들의 자녀교육 지원행동에 대해 아주 교육적이기를 기대하거나, 합리적이기만을 기대하는 것 자체가 문제가 되는 것은 아닐까?

영국 수상 데이비드 캐머룬(David Cameron)이 2010년 2월 런던에서 녹화한 TED강연에서 보여준 정치철학은 한국의 학부모정책에도 시사하는 것이 많다. 그의 정치철학은 역사인식에 근거를 두고 있다. 그는 오늘날과 같은 지식정보화시대를 후기관료주의 시대(Post Bureaucratic Age)라고 규정한다. 후기관료주의시대의 가장 핵심적인 특징은 시민(혹은 민중)의 통제력(people control)이 지방권력에 의한 통제(local control)나 중앙권력 통제(central control)보다 강한 시대라는 점이다. 캐머룬이 예견하는 이런 일반적인 변화는 물론 교육영역에도 나타날 것이다. 교육분야에서도 시민의 통제력이 점점 증가하여 다른 통제력보다 강해질 것이다. 결국 학부모-학생의 통제력이 점점 증가하게 될 것이라는 예측을 할 수 있다.

캐머룬 수상은 이처럼 국민의 힘이 증가하고 변화하는 21세기의 상황에서 정부가 해야 할 일을 크게 2가지로 정리하고 있다. 하나는 국민에게 더 많은 권력을 줄 수 있도록 하는 정책의 지속 추진이다. 그 주요 방법으로 ① 각종 정보의 더 많은 공개를 통한 투명화(trnasparency), ② 정보의 공개를 통한 선택권(choice)의 증진이다. ③ 책무성(accountability)의 증가를 통한 방법이다. 다른 하나는 인간행동에 대한 인식의 대전환 즉 국민들의 행동방식에 대한 이해방식의 전환을 통한 적합한 정책의 수립이 필요하다는 것이다. 행동경제학자들의 견해를 받아들이고 그들의 정책적 조언을 적극 수용하겠다는 것이다. 이런 생각이 종전과 획기적으로 다른 점은 시민의 행동을 (그것이 합리적이든 아니든 간에) 있는 그대로 인정하고 그런 인정위에서 국가정책을 세워야 한다는 관점이다. 국민을 훈계하거나 강제하거나 교화시키거나 거창한 도덕성에 호소하거나 하려는 것보다 자연스럽게 정부정책에 따라올 수 있게 '넛지(nudge)'할 수 있는 정책을 개발하겠다는 것이다.

2013년 2월 녹화된 알렉스 라스키(Alex Laskey)의 TED강연에서도 전기에너지를 아껴 사용하도록 만드는 데 효과적인 방법에 관한 연구를 소개하고 있다. 이 연구에 의하면, '절약하자', '지구를 살리자', '건전한 시민이 되자'와 같은 캠페인이나 호소는 거의 효과가 없고 '당신의 이웃이 더 잘하고 있다'라는 정보를 줄 때 가장 효과가 있는 것으로 나타난다는 것이다.

캐머룬 수상의 정치철학은 학부모와 관련하여 크게 2가지 시사점을 우리에게 제공해 주고 있다. '학부모에게 더 많은 권력을' 주고, '부모의 행동(즉 교육열행동)에 대한 새로운 인식틀을' 제공해야 한다는 점이다. 캐머룬 수상은 정부가 시민(국민)의 행동에 대한 이해방식을 획기적으로 변화시켜야 한다고 주장한다. 그러면서 그는 행동경제학의 관점과 이론을 적극 활용하는 정부정책을 수립하겠다는 입장을 취하고 있다. 서양시민과 한국인 사이에 문화적 차이가 있으므로 꼭 같은 반응이 나온다는 보장이 없다. 그럼에도 불구하고 매우 정책적 시사점이 많은 응답이다.

4. 수공격차 완화를 위해 무엇을 해야 하나?

캐머룬 수상의 정책방향에서 시사하는 것처럼 정부는 교육권력을 학부모에게 좀 더 많이 주려는 정책을 써야 한다. 교육정책과 행정이 수요자들의 진화속도의 차이에 따른 수공격차를 완화하기 위해서는 다음 세 가지 측면의 강화가 매우 중요하다. 하나는 수요자가 참여하는 수요자중심교육으로 구조전환을 해 나가야 할 것이다. 즉, 공급자들에 의한 수요자중심교육이 아니라 수요자의 참여가 보장되는 수요자중심교육 구조로 전환해가야 한다. 둘째로, 교육혁신에 대한 자율적이고 빠른 의사결정이 가능한 구조로 개편하여 각 단위 기관들이 자율적 혁신역량을 강화해야 한다. 셋째로, 유연한 스폰지형 교육체제로 변해야 한다. 넷째로, 국민모니터 시스템의 제도화이다. 이 네 가지 교육혁신의 핵심에 대해 논의해 보자.

첫째로, 수요자 참여형 교육혁신이 이루어져야 한다. 공급자 측이 중심이 되어 추진되는 수요자 중심개혁은 빠르게 진화하는 수요자들을 따라가지 못하며, 결국에는 양측 간의 갭(gap)은 점점 커지게 될 것이다. 교육소비자(수요자)들의 자기주도적인 참여에 의해 교육혁신은 더 빨리 더 타당하게 이루어질 것이다. 교육수요자의 요구가 고급화, 다양화되고, 선택성이 증진되어야 한다. 교육환경은 맞춤형 교육에 대한 요구의 증대, 즉시만족형 교육에 대한 요구, 원스톱서비스 등을 요구하는 모습으로 변해가고 있으며, 부모의 직업적 필요 혹은 더 좋은 교육을 위해 이동하는 교육유목민이 급증하고 있는 상황이다.

국가가 국민을 일일이 끌고 가려는 정부주도의 교육운영방식을 탈피해야 할 것이다. 경제 분야에서는 한국의 경제규모가 방대하게 되어 정권이 바뀌고 정부정책이 바뀌어도 큰 영향을 받지 않고 흘러간다고 한다. 교육계 역시 이런 면이 있지 않을까? 정부는 수많은 정책을 내놓지만 학교도 학부모나 학생도 중요한 부분은 정부정책에 크게 영향을 받지 않고 외형만 일시적으로 떠들썩하게 변화하는 것처럼 보이는 그런 정책들이 참으로 많은 현실이지 않은가! 정부주도적 정책의 한계를 보여주는 장면이다.

교육소비자(수요자)들이 자기주도적으로 혁신할 수 있도록, 정부는 넛지(nudge) 역할을 하여 교육혁신을 더 빨리 더 타당하게 추진해야 할 것이다. 이 넛지 방법의 핵심에는 교육열이 자리 잡고 있다. 시대의 변화와 함께 변화하는 교육수요자들의 교육열을 만족시켜 주는 넛지 방법을 디자인해내야 한다.

둘째로, 각 단위 기관들이 자율적 혁신역량을 강화할 수 있도록 체제 정비를 해야 한다. 수요자 중심교육이 제대로 이루어지고 변화하는 수요자의 다양한 요구를 효율적으로 반영하려면 상부로부터의 지시와 통제에 따른 운영과 개혁으로는 한계가 있다. 각 단위 교육관련 기관들이 스스로 학습조직이 되고 수요자의 요구를 질적으로 만족시키기 위한 자율적인 혁신능력이 형성, 강화되어야 한다. 언제까지 국가가 교육혁신의 내용을 일일이 세세하게 정하고 지시하고 감독할 것인가? 빠르게 변하는 학습자들의 교육필요성을 과거의 방식으로 만족시킬 수 없다. 교육기관에 대해서는 교직원들이 스스로 생각하고 결정하고 행동하게 하고 그렇게 하지 않으면 안 되는 문화와 구조를 만들어 가야 한다. 국민에 대해서는 수요자가 국가 교육에 대한 모니터요원이 되게 하고, 혁신 제안자가 되게 만들고, 그들의 교육권과 학습권을 행사하게 만들어 줄 필요가 있다. 이것은 자율적 혁신을 위한 교육개혁의 목표이자 또한 그런 목표를 달성하기 위한 전략이기도 하다.

셋째로, 교육수요자들의 다양하고 수시로 변해가는 교육요구들에 대해 적절하게 대응하기 위해서는 유연한 스폰지형 학습체제로 재구조화되어야 한다. 즉 스폰지가 다량의 물을 흡수할 수 있듯이 교육제도가 다양한 요구를 스폰지처럼 수용할 수 있는 유연성을 가져야 한다. 학제도, 교육내용도, 학습방법도 기본적으로 스폰지형의 유연성을 바탕으로 한 적시 학습체제가 구축되어야 한다. 교육요구가 점점 다양해지고 유목적 생활이 점점 증가하는 시대를 맞아 교육적 교류와 이동을 쉽게 만들어야 한다. 학교간, 학년간, 학과간 교류와 이동을 유연하게 하여 누구나, 언제나 교류와 이동이 가능하게 만들어 줄 필요가 있다. 학교내 학습과 학교밖 학습간의 교차학습도 가능하며 수월하게 해야 한다. 이런 것들이 스폰지형 교육체제의 예이다. 각종 사회 변화의 교육적 영향은 수요자를 통해 반영된다. 국가의 교육적 필요도 수요자를 통해 만족시켜야 한다. 여기에 국가의 필요, 국가의 교육제도 운영, 수요자의 교육활용 사이에 소통이 잘되고 조화가 이루어 져야 한다. 경직되고 수요자의 요구를 만족시켜주지 못하는 경직된 교육제도의 운영은 수요자들의 저항과 반란을 일으킬 것이다. 수요자들의 저항과 반란은 교육정책의 필요를 무색하게 한다.

넷째로, 국민(혹은 학부모)모니터 시스템의 제도화이다. 국민이 국가교육에 대한 모니터요원이 되게 하고, 혁신 제안자가 되어 교육권과 학습권을 행사하도록 해 줄 필요가 있다. 일부 이런 제도를 도입하여 시행하고 있지만 활성화되지 못하고 있다. 이런 좋은 제도가 활성화되지 못하는 데에는 분명 그 이유가 있을 것이다. 예를 들면 도교육청에서 교육현장모니터 요원을 구성하고 제도를 직접 운영하는 방식은 학부모들의 자유로운 의사표시를 방해하는 측면이 있다. 따라서 이를 보완하기 위한 제도와 문화형성이 필요하다. 이것은 자율적 혁신을 위한 교육개혁의 목표이자 또한 그런 목표를 달성하기 위한 전략이기도 하다. 지식기반경제에서 가장 핵심적인 분야인 인적자원의 개발도 수요자의 참여와 스스로 학습을 통해서 이루어질 수 있는 것이다. 이와 같이 교육 분야에서 교육수요자에 대한 의식의 대전환이 반드시 필요하다. 이를 위해서는 무엇보다 한국인의 교육정서를 가장 잘 담고 있는 '교육열'에 관한 심층적인 연구가 필요하다. 아울러 학부모의 행동원리를 적절히 이해하고 거기에 적합한 정책을 세우야 한다. 학부모의 행동체계와 그 원리에 관한 연구를 통해 정책적으로 활용할 방법을 찾을 수 있기 때문이다.

제8장
교육정책과 교육열

- 국민의 교육열을 거스르는 정책으로 창의인재대국이 가능하겠는가? 교육정책과 교육열은 뗄레야 뗄 수 없는 관계가 있다. 그러나 가장 간과되어온 관계이다 -

Ⅰ. 가슴이 하는 일을 머리가 막지 못한다
Ⅱ. 교육열을 거슬러서 창의인재대국 건설이 가능하겠는가?
Ⅲ. 국가 교육열 경영 시대를 열자: 이열치열 원리로 교육열을 경영하자!

학부모의 교육열을 거스르는 정책으로 창의인재대국이 가능하겠는가? 가슴으로부터 우러나오는 교육열을 머리로 막으려 하면 성공하지 못한다. 가슴이 시키는 일은 만족시켜야 할 일이지 막아서 되는 일이 아니다. 모든 교육정책은 교육열에 대한 고민을 더 많이 해야 한다. 교육열경영을 국가차원에서 고민하는 시대를 열어갈 필요가 있다.

I 가슴이 하는 일을 머리가 막지 못한다.

1. 교육열의 심층에 '가슴'이 있다

일반적으로 사회에 나타나는 다양한 교육현상과 행동, 국민들의 교육의식과 교육열정을 모두 포괄하여 두리뭉실하게 '교육열'이라고 인식하는 경향이 있다. 이와 같이 인식된 교육열은 여러 측면을 포함하는 개념이다. [그림 8-1]에서 보여주고 있는 것처럼 일상용어로서의 교육열은 적어도 네 가지 측면을 모두 포함하는 용어이다. 이와 같이 '교육열'이라는 용어에는 통합적이고 포괄적인 인식을 특징으로 하는 동양적 인식방식이 고스란히 반영되어 있다.

이처럼 교육열이란 용어는 여러 측면을 모두 포함하는 포괄적 용어로서 다소간에 애매성과 모호성을 포함한다. 따라서 교육열이 내포하는 여러 측면 중에서 쓰는 사람에 따라서 특정 측면을 염두에 두고 마음속에서는 그것을 강조하면서 겉으로는 '교육열'이라는 용어를 사용하는 경우가 대부분일 것이다. 그러다 보니 '교육열'이란 용어를 사용할 때 포괄적 의사소통은 대체로 잘 이루어지지만, 분석적이고 구체적인 의사소통에는 상당한 혼란이 발생되기도 한다.

이러한 이유 때문에 교육열 개념을 좀 더 분석적으로 정리할 필요가 있다. 일상적 용어로서의 '교육열' 개념이 포함하고 있는 요소들을 분류하고 위계화시킴으로서 개념상의 모호성과 혼란을 정리할 필요가 있다. [그림 8-1]은 우리가 일상적으로 사용하는 포괄적 개념으로서의 교육열이 지칭하는 내용들을 네 가지로 분류하고 그것을 다시 가시적이고 외현적 현상으로부터 비가시적인 심리내부적 작용에 이르기까지 단계별로 위계화시킨 것이다.

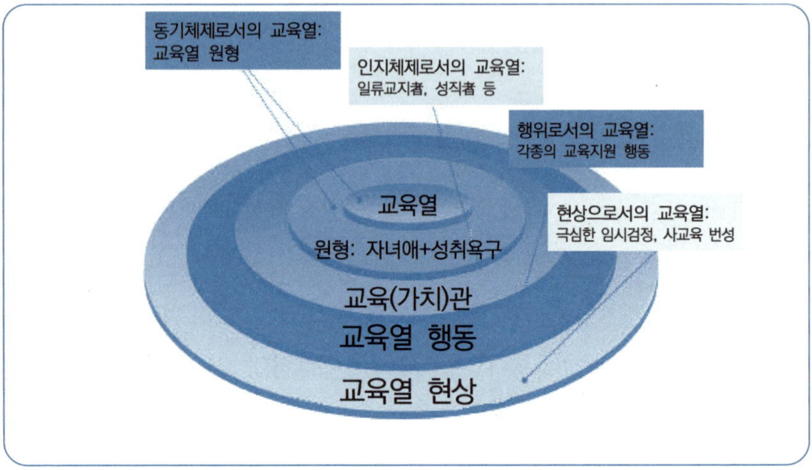

[그림 8-1] 교육열의 심층 구조

제일 표피에 교육현상으로서의 교육열이 자리하고, 그 안에 학부모들의 개별적인 교육열 표출행동들이 있으며, 이런 행동들은 행위자의 교육관(인지체제)이 어떠하냐에 따라서 영향을 받는다. 이런 것들의 근본적인 심리적 에너지는 자녀행복을 위한 교육동기로서의 교육열의 크기에 달려 있다. 이들 각각에 대해 교육열 현상, 교육열 (표출)행동 혹은 행동적 교육열, 교육관 혹은 인지적 교육열, 동기적 교육열이라고 부르고자 한다.

흔히 교육열이라고 인식되고 있는 많은 것들이 표피의 '교육열현상'과 '교육열행동'에 해당된다. 입시지옥, 치맛바람, 극성엄마, 촌지, 높은 취학율과 진학률, 위장전입, 과다한 사교육 등은 교육열 현상이나 행동의 부정적 사례들이다. 지위지향적 혹은 출세주의적 혹은 인문숭상적 교육열이라는 지적은 '교육관' 혹은 '인지적 교육열'에 해당되는 것이다.

그런데 교육열의 핵심은 [그림 8-1]의 동심원의 핵에 위치한 동기(혹은 에너지, 동력)로서의 교육열이다. 동기적 교육열은 자녀에 대한 교육지원동기로서 작용하며, 자녀교육지원동기가 지향하는 방향은 '자녀의 행복'이다. 즉 자녀의 행복을 위해 교육을 잘 시키고자 하는 동기체제가 교육열의 핵심이다. 이 동기는 언제든지 자녀교육에 대한 지원동기와 투자동기로서 작용을 할 준비가 되어 있다. 한국인의 교육열이 높다는 것은 바로 이 동기체제의 강도가 높다는 점, 전 인구 중 이런 높은 교육투자동기를 가진 사람의 비율이 매우 높다는 점, 계층과 지역의 구분에도 불구하고 별 차이 없이 골고루 높다는 점을 포함한다.

자녀의 행복 결정에 교육(특히 제도교육)이 얼마나 큰 비중을 차지하느냐는 그 사회의 성격에 따라 다르다. 행복결정에 교육의 비중이 큰 사회와 적은 사회는 교육열의 강도와 표출방식이 다를 수밖에 없다. 또 교육 이외의 또 다른 행복추구 수단 즉 행복추구의 대체수단이 얼마나 다양하게 존재하느냐의 여부에 따라 교육열 표출의 강도는 달라질 것이다. 우리 한국사회를 학력사회나 학벌사회로 규정하는 것은 그만큼 제도교육이 사회진출에 결정적인 영향을 미치는 사회라는 말이다. 사회진출이나 출세 등이 구성원의 행복지수에 얼마나 영향을 미치느냐도 그 사회의 제도와 문화의 성격에서 비롯될 수 있다. 예컨대, 우리 사회의 치열한 교육경쟁은 교육이 한국인의 행복결정에 미치는 객관적 사회환경, 역사적 경험, 그리고 국민들 마음속에 형성된 주관적 믿음들 사이의 상호작용의 결과이다.

2. 가슴이 시키는 일, 머리가 막지 못 한다.

교육열에는 자녀교육에 대한 한국인의 감성이 듬뿍 배어 있다. 교육열은 한국인의 교육정서의 덩어리이다. 교육열은 또한 한국인의 교육에 대한 일상적 인식론을 담고 있다. 즉 교육열에는 교육에 관한 한국인의 일상생활 문법이 담겨있다. 교육열이 인식론을 담고 있기는 하지만 더욱 중요한 부분은 감성적인 부분이다. 예컨대, 우리들의 어머니들이 하고 있는 교육열 행동은 머리도 작용하여 나타난 행동이지만, 머리보다는 가슴이 더 많이 작용하여 나타난 행동이다. 한국사회에서의 진학경쟁과 입시지옥, 치맛바람이나 사교육열풍, 해외로의 교육대탈출과 같은 교육열현상은 교육열행동이 집합적으로 나타난 결과이다. 한국인의 교육열행동은 머리보다는 가슴에서 더 많이 우러나오는 행동이다.

가슴이 하는 일을 머리가 막기 어렵다. 열정은 이성보다 우선하기 때문이다. 교육열이 그런 것이다. 그러나 열정도 이성의 인도를 받을 수는 있다. 따라서 머리는(즉 교육정책은) 가슴이(즉 국민의 교육열이) 원하는 것을 막는 데 쓰려 할 것이 아니라, 가슴이 원하는 일을 합리적으로 도와줄 방법을 찾는데 써야한다. 현재의 교육열 문화가 어떤 이념이나 도덕적 잣대에 비추어 정책입안자나 교육전문가들의 마음에 안들 수는 있을 것이다. 그러나 가슴으로부터 우러나오는 교육열을 이념이나 도덕적 잣대라는 이성(理性)의 날카로운 칼날로 막는데에도 한계가 있다. 이 사실은 그간의 입시정책과 사교육정책의 역사가 잘 보여주고 있듯이, 온갖 방법으로 막고 식히려고 해봤지만 막아지지도 않았고 식혀지지도 않았다.

그렇다고 방법이 없는 것은 아니다. 가슴이 하는 일을 머리가 막지는 못해도, 머리가 수용할 수는 있다. 즉 이성으로 교육열을 바르게 유도하고 수용할 수는 있다. 따라서 이제부터라도 **'비난하고 막는 이성'**으로부터 **'인정하고 수용하는 이성'**으로 교육열을 대해야 할 것이다. 교육열에 대한 패러다임의 대전환이 필요한 대목이다.

옛말에 수무상형(水無常形)이란 말이 있다. 물은 고정된 형태가 없다는 말이다. 교육열도 무상형(教育熱無常形)이다. 상황에 따라, 사회환경에 따라, 교육관점에 따라 교육열은 그 형태를 달리하고 표출되는 방식도

변한다. 이런 점에서 교육열에너지와 물에너지는 같은 성질을 가지고 있다.

3. 학부모 비난 ⇨ 엇나간 '교육열 무찌르기' 정책

입시정책이나 사교육정책 등 교육정책이 잘 시행되지 않을 때, 학부모의 비협조적 모습에 대해 비난하는 경우가 많다. 그 비난은 교육열에 대한 비난으로 이어진다. 우리가 학부모의 교육열을 비난할 때, 2가지 핵심 축이 있다. 하나는 욕심 혹은 이기심의 축이다. 다른 한 축은 무지의 축이다. 그래서 욕심과 무지로 가득한 우리 학부모들이 저리도 분주하게 한반도를 때로는 세계를 누비고 다닌다고 비난한다.

교육열에 대한 이런 비난성 인식은 당연히 교육열 무찌르기 정책으로 이어지게 된다. 고교평준화 정책, 과외금지조치, 3불정책, 사교육과의 전쟁 등에는 '교육열 무찌르기 정신'이 도도하게 흐르고 있다. 교육열은 욕심이기 때문에 무찔러야 하고, 무지의 소치이기 때문에 강제로라도 깨우쳐 주어야 한다는 정신이 깔려있다.

가장 안타까운 문제점은 국민의 교육열과 정부 정책의 엇나감 그리고 헛수고로 끝나는 결과이다. 즉, 국민들의 상태는 '교육열상황'인데, 정부나 교원집단, 학자들은 '교육열비난상황'이라는 점이다. 이것은 국민과 교육관계자들 사이의 소통단절 상태를 초래하게 되었다. 그리하여 국민과 교육정책과 교육담론은 서로 엇나가기 경쟁을 벌여 왔다고 생각한다. 이런 상태가 대강 반세기 정도 전개되어 왔다.

엇나간 정책이 국민들에게 잘 먹혀들어갈 리가 없다. 그러므로 정부의 교육정책은 번번이 실패하거나 효율성이 떨어진 정책으로 남거나 하였다. 그러면서 그 상대인 국민의 교육열을 한 번 더 비난할 근거를 찾는다. 즉 정책은 좋은 것인데, 국민들이 협조를 안 해서 정책집행이 안되며, 국민의 협조가 안 되는 가장 큰 이유가 욕심이나 이기심으로 가득 찬 교육열 때문이라는 비난이다. 교육열을 정책의 블랙홀이라고 일컫는 이유이다.

주객전도적 인식 | 그런데 이 상황에는 주객전도적 인식이 깔려 있다. 왜냐하면 잘못된 교육열 때문에 정책이 안 먹히는 것이 아니라 교육열을 무시하거나 잘 못 알고 세운 정책에 더 큰 오류가 있기 때문이다. 그 오류에는 교육열의 힘을 너무 얕본 죄도 들어 있고, 교육열이라는 우리 교육문화의 기본 텍스트를 제대로 읽지 못한 죄도 들어 있고, 교육열을 단칼에 때려잡겠다고 세운 욱~하며 만든 정책수립의 죄도 포함된다. 그 정책실패의 결과로 교육열을 점점 못된 놈으로 만들어 버린 죄까지도 추가된다. 애초에는 선했을 지도 모르고, 최소한 중립성은 있었을 법한 교육열을 이렇게 악한 것으로 지목되게 만든 데는 그동안의 교육정책과 제도의 영향이 매우 컸다.

교육열의 막강하고 끈질긴 힘 | 교육열은 생각보다 엄청 강하다. 국가보다 강하다. 왜냐하면 교육열에 어긋나는 교육정책은 결국에는 실패하기 때문이다. 또한 교육열은 시장의 힘보다도 강하다. 왜냐하면 교육 시장을 이끌어 가고 있는 힘이 바로 교육열이기 때문이다. 교육열은 정책이나 법으로 막으면 없어지는 것이 아니라 다른 곳으로 피해 가서 그 열을 발휘한다. 더 좋은 곳이 있으면 그곳으로 이동한다. 이 에너지의 힘은 어느 것도 막지 못한다. 막지도 못할 것을 '욱~'하며 막는 정책을 세운다면 되치기 당하는 수모를 겪는 것이 당연한 이치 아닌가! 교육열을 인위적으로 억제하려는 어떤 정책도 성공할 가능성은 희박하다.

한국교육의 문제는 한국인의 교육열의 문제이다. 한국인의 교육열을 정상화시킬 수 있으면 한국교육을 정상화시킬 수 있다. 한국인의 교육열을 생산적으로 유도할 수 있으면 한국교육을 생산적으로 유도할 수 있다.

4. 교육열 유통 고속도로는 왜 없을까?

물이 흘러야 썩지 않듯이, 교육열도 썩지 않으려면(왜곡되지 않으려면) 흐를 곳이 있어야 하고 주위 환경도 안정되어야 한다. 나는 이런 환경들의 상태를 '교육열생태환경'이라고 부른다. 시대와 환경에 따라서 교육열생태환경이 바뀌고 그에 따라 교육열은 운동성향도 달라진다. 불안을 조장하면(잦은 입시제도 변경으로 인한 입시불안 등) 운동성향이 갑자기 증가하는 경향이 있다. 막으면(각종 규제와 금지조치 등) 흐를 곳을 반드시 찾아내는 경향이 있고(풍선효과), 공식적으로 흐르는 것을 막으면 비공식적 흐름길을 찾게 되고(지하시장으로의 왜곡화), 국내의 흐름길을 막으면 해외의 흐름길을 찾게 된다(교육대탈출). 어쩌면 이는 만고의 자연법칙과 일맥상통하는 교육열 운동성향이다. 자연세계에서도 위기를 느끼면 꽃을 더 많이 피우고 더 많은 씨를 날리듯이, 교육열도 위기를 맞으면 운동성이 급격히 증가한다.

이렇게 볼 때, 우리가 왜곡된 교육열 이라고 부르는 대부분의 것은 왜곡된 교육열이 아니라, 사람들의 교육열을 왜곡되게 만들어 온 환경의 결과이라는 점을 알게 된다. 우리는 수많은 고속도로를 뚫어 왔고 고속 철도도 건설해 왔지만, 교육열 고속도로만큼은 건설하지 못했다. 아니 전혀 그런 발상조차 하지를 않았다. 오히려 이런 저런 이성적 혹은 이데올로기적 금기 사항을 읊어대면서 열정의 세계인 교육열을 막는데만 급급했다.

Ⅱ 교육열을 거슬러서 창의인재대국 건설이 가능하겠는가?

교육열은 그림에서 보여주듯이 우리 생활의 곳곳에 침투하여 영향을 미치고 있다. 그 영향력의 크기도 매우 크다. 교육열이 미치는 영향은 긍정적인 부분이 있음에도 불구하고 부정적인 측면만 언론에 부각되기가 일쑤이다. '사교육이 극심하고 사교육비 때문에 국민고통이 가중되고 있다', '치맛바람이나 입시위주 교육 때문에 학교교육이 정상성을 벗어난지 오래이다', '입시생을 둔 가정에서는 입시생이 왕노릇한다', '사회는 학력주의로 얼룩져 있다' 등등은 그 일부에 지나지 않는다. 그러다 보니 우리 사회에는 교육열에 대한 부정적인 인식 경향이 매우 강하게 형성되어 있다.

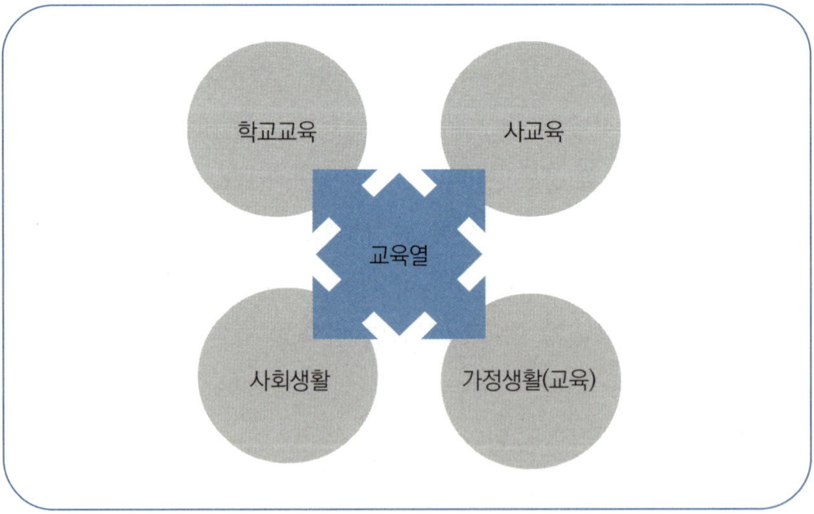

[그림 8-2] 교육열의 침투영역

교육열에 대한 이런 잘못된 정책적 인식을 재검토해야 한다. 이에 대한 새로운 정책방향으로 '교육열경영'을 제안한다. 국가는 국민의 교육열을 제대로 경영하고, 가정에서는 학부모가 자신의 교육열을 올바로 경영해야 한다. 옛날에는 나라에서 치산치수에 주로 신경 썼듯이, 오늘날의 국가는 국민의 교육열경영에 섬세한 신경을 써야 한다. 김대중 정부와 노무현 정부는 국가의 미래를 위한 인적자원개발정책에 많은 노력을 기울였다. 이명박 정부 역시 인재대국을 향한 인재양성정책을 강조했다. 박근혜 정부는 창의인재육성을 강조하고 있다. 사실 역대 정부는 강약의 차이는 있더라도 모두 국가적 인재양성에 주력했다. 그런데 이런 일들이 학부모의 교육열을 거슬러서 가능하겠는가? 아니면 학부모의 교육열과 잘 협력하여야 할 것인가? 답은 삼척동자에게 물어도 명백하다. 그러나 이렇게 명백한 답이 있음에도 불구하고 우리는 이 답과는 다른 일들을 많이 해 왔다.

역대 정부의 인재육성정책 중 어느 것도 국민의 교육열과 효과적으로 접속하는 방법에 관한 적극적 고민은 없었다. 오히려 교육열을 장애요인으로 생각하는 정책적 인식이 팽배하다. 여기에 인식의 한계점과 정책의 한계점이 교차한다.

앞으로 추구해야 할 인식의 방향은 그 반대이다. 예를 들어 보면, 국민의 교육열을 살릴 수 있는 대학입시제도는 무엇일까라는 각도에서 검토하고 생각하고 정책 방안을 모색해야 한다.

Ⅲ 국가 교육열 경영 시대를 열자: 이열치열 원리로 교육열을 경영하자!

교육열에 대한 부정적 시각에 입각한 입시정책의 너무도 잦은 변화와 연속된 실패가 보여주듯이, 교육열은 부정적인 시각에서 퇴치되지 않는다. 이열치열(以熱治熱) 원리로 접근해야 한다. 이열치열하듯이 이(以)교육열 치(治)교육열에 교육열경영전략의 핵심이 있다. 옛날에는 왕이 치산치수(治山治水)를 잘해야 했다. 오늘날의 대통령은 '치교육열전략' 혹은 '교육열경영(教育熱經營)'을 잘 해야 한다. 국민의 교육불만을 줄이고, 국민의 역량을 최대로 개발해 인적자원을 확보하고, 세계로 뻗어가는 한국인을 양성하기 위해서 말이다.

국가는 국민의 교육열을 현명하게 경영해야 한다. 모든 계층, 모든 연령층, 모든 지역의 인구의 지력과 인적자원을 최대한 개발해야한다. 그것이 교육열 경영의 목표이다. 한국인이 장구한 역사 속에서 형성시켜 온 교육열을 치산치수하듯이 치교육열하는 것이 수장의 할 일이다.

교육열에 대한 경영론적 관점, 즉 억제적 혹은 말살적 관점이 아니라 활용론적 관점을 가져야 하는 이유를 몇 가지 지적해 보자.

첫째로, 지적하고 싶은 것은 교육열을 억압하여 이길 수가 없다는 점이다. 국가의 억제적 정책으로 국민의 교육열을 성공적으로 억제할 수가 없다. 이는 지금까지의 입시정책, 사교육정책, 평준화정책 등의 수많은 실패사례들이 잘 말해주고 있다. 국민들이 가진 교육열의 목표달성에 어긋나면 국가의 어떤 강력한 교육정책도 위기국면에서 제 기능을 발휘하지 못한다. 1980년의 과외금지 조치가 그 대표적인 예라고 볼 수 있다.

그렇다면 어찌해야 하는가? 교육열에 대해 국가가 30년 이상 억제정책을 펴왔지만, 계속 실패해 오지 않았는가? 그 노력의 절반만이라도 교육열 활용방안 찾는 데 쏟아야 할 것이다. 교육열과 '싸워 이기지 못할 바엔 친구로 만들어 활용방안을 찾아라'가 그 답이다. 교육열을 이기지 못하는 적의 상태로 계속 두는 것은 불행한 일이기도 하고 위험한 일이기도 하다. 우리 교육계가 계속 그래왔다. 이제 교육열을 동반자로 인식하고 활용해야 한다. 그것이 교육열경영론의 첫 번째 핵심이다.

둘째로, 교육열은 양면성을 갖고 있다. 흔히 교육열이 여러 교육문제의 원흉인 것처럼 말하지만, 기실은 교육열이 나쁜 것도 아니고 나쁜 면만 있는 것도 아니다. 교육열은 환경에 따라 다양하게 나타날 수 있는 속성을 가지고 있다. 교육열이 나쁜 방향으로 나타난다면, 그것은 교육열 표출환경이 불량하기 때문이라고 볼 수 있다. 따라서 교육열경영의 두 번째 핵심은 교육열의 표출환경을 우호적으로 조성하는 대책이다. 그리하여 교육열이 나타내는 부정적 측면은 약화시키고 긍정적 측면은 활용도를 높일 필요가 있다.

셋째로, 교육열은 누구나 가지고 있다. 지천으로 많이 있다. 이 엄청난 교육열을 어찌할 것인가? 지천으로 많이 있다 보니 교육열 아까운 줄도 귀한 줄도 모르고 있는 것이 우리 현실 아닌가 싶다. 광물에 비유하면 여기 저기 흩어져있는 돌처럼 취급되고, 식물에 비유하면 잡초 취급을 받고 있다. 석유가 석유로서의 가치가 발견되기 이전에는 버려진 땅이었다. 약재로 발견되기 전까지의 풀은 잡초이다. 어느 날 그 중요성과 효용가치를 발견하고 그것을 세련되게 하거나 약물로 정제하는 방법까지 개발될 때 그 잡초는 귀한 약재가 된다. 지천으로 많은 잡초 취급받는 교육열에서 우리에게 유용한 엑기스를 뽑아 영양제를 만들어 낼 수는 없을까? 교육열의 경우, 그 열을 사회에서 어떻게 디자인해내느냐가 그 가치를 결정하게 된다. 그리고 그 디자인은 교육열을 어떻게 생각하느냐에 따라 달라진다. 이것이 교육열경영의 세 번째 핵심이다.

억압받는 교육열은 해방시키고, 왜곡된 교육열은 바로잡자. 낮은 단계의 교육열은 보다 성숙된 단계의 교육열로 업그레이드시켜 나가자. 그동안 물류유통을 위한 고속도로를 많이 뚫었듯이, 이제 교육열유통의 고속도로를 개통해 나가자. 한국교육의 새판짜기사업을 교육열경영의 관점에서 추진해나가자. 교육열유통의 고속도로를 국내에 뚫는 데만 그치지 말고 세계로 향한 교육열유통 고속도로를 뚫어 나가자.

한류 열풍을 일으킨 영화, 드라마의 소재, 난타의 소재 등은 한국인의 전통과 정서를 현대적 매체에 새로운 감각으로 살린 것들이다. 교육열도 한국사회의 풍부한 전통이고 정서이다. 교육열은 교육분야의 한류의 원천이 될 가능성을 품고 있다. 그 가능성을 현실화 할 수 있어야 한다. 교육열 흔할 때 귀히 알고 잘 활용할 줄 알아야 한다.

좁은 한반도 위에서만 교육열을 활용하려 하지 말고, 세계적으로 활용할 줄 알아야 한다. 이름하여 '교육열 세계경영'이라고 말해도 될 것이다. 당면한 세계화시대를 한국인의 교육열을 세계적으로 펼치는 시대로 삼아보면 얼마나 멋질까! 한국인의 교육열에 새로운 기회를 제공하는 시대변화가 아닐까. 누군가 말했다. 세상은 꿈꾸는 자의 것이라고. 우리 국민이 함께 '교육열 세계경영'의 꿈을 꿀 수 있도록 여건을 마련해 주어야 할 것이다.

명심해야 할 것이 있다. 교육열경영의 대원칙은 '국민의 교육행복추구에의 최대 공헌'이어야 한다. 다양한 국민들의 다양한 교육욕구를 최대로 만족시켜 줄 수 있어야 한다. 부족하거나 결핍되거나 약자인 즉 교육적 배려가 필요한 집단에게는 부가적 서비스를 하더라도, 어떤 명분으로도 어느 집단의 교육욕구를 억제하거나 박탈하지는 말아야 한다. 이는 교육열유통의 고속도로 설계의 핵심원리이기도 하다.

제9장
교육열 다시보기의 가능성과 필요성

-민주교육에서의 시민적 위치에 있는 사람은 바로 학부모이다. 그 학부모는 교육열덩어리이다. 학부모를 제 위치에 세우려면 교육열을 알아야 한다-

Ⅰ. 교육열 다시보기의 가능성과 필요성
Ⅱ. 교육열을 새롭게 봐야하는 이유
Ⅲ. 교육열이 비난받는 숨은 이유에 대한 논의

교육문제에 대한 분석은 그동안 교육전문가 중심의 분석, 국가나 권력입장에서의 분석, 그리고 교원집단입장에서의 분석 경향이 지배적이었다. 이러한 분석들은 나름대로의 이유와 장점이 있는 것은 틀림없지만, 한 가지 결정적으로 부족한 부분이 있다. 그것은 학생·학부모 입장이 경시 된다는 점이다. 이런 점에서 그것은 '편향된' 전문성이라거나 '결여된' 전문성이라고 비판할 수 있다. 교육권의 핵심이고 핵심교육수요자인 학생·학부모의 입장이 거의 반영되지 못한 점은 매우 중요한 결함 사항으로 지적받아 마땅하다.

I 교육열 다시보기의 가능성과 필요성

1. 교육열의 장면과 그 인식어들 : '광기' 가 아니라 치열한 삶

교육열(현상)을 '왜곡', '질병' 혹은 '광기'라고 비판하는 경향이 있다. 뭐라고 표현하든 교육열은 한국인의 치열한 삶의 한 가지 표현이다. 한국인들은 그동안 척박한 환경에서 치열하게 살아왔다. 생활의 각 장면에서 치열하게 살아왔으며, 교육장면에서도 치열하게 살아왔다. 도시로 도시로 이동해온 도시화, 산중턱까지 아니 꼭대기까지 무허가 천막 짓기, 부동산 투기, 전 세계에 선교사를 제일 많이 보내는 나라, 전 세계에서 민족이산성(diaspora)이 제일 높은 민족, 가장 짧은 기간에 민주화와 경제발전을 모두 이룬 나라, 빨리빨리의 나라, 살기위해 일하기보다 일하기 위해 사는 나라, 2002 월드컵 때 집단응원으로 세계를 놀라게 한 나라 … 이런 극성스런 모습들이 우리들의 치열한 삶의 모습이다.

교육열은 이런 극성스런 우리 국민들의 삶의 한 부분이다. 극성스런 사람들이 만들어 낸 여러 극성들 중의 하나가 교육열현상이다. 만약 교육열이 광기라면 그 광기는 교육열에만 있다기보다는 우리 국민들의 여러 생활에 광기가 넘쳐나고 있다고 해야 옳을 것이다. 부동산광기, 증권투자광기, 도시개발광기, 명품광기, 일중독 광기, 승진광기 등등 … 그래서 교육열을 광기라고 묘사해 낸다면, 한국인의 다른 많은 생활도 광기로 그려내야 공평한 인식일 것이다.

한국인의 교육관 역시 한국인의 인생관의 일부이다. 즉, 한국문화의 일부이다. 더도 아니고 덜도 아니다. 교육에만 나타나는 현상이 아니다. 예를 하나 들어 보자. 서열주의는 한국문화 전반(나이, 권위, 직위, 계급, 명예)에 깊숙이 스며있는 문화이다. 가족생활로부터 직장생활, 사회

생활 일반에 이르기까지 일상화된 생활방식이다. 그것이 교육분야에 들어오면 학교도 서열화가 되고, 성적도 서열화 된다. 이런 서열적 문화 속에서 한국인은 모든 것을 서열로 번역하여 인식하는 경향이 높다. 그리하여 다양성도 순수한 다양성으로 인식하기보다는 서열과 연관된 다양성으로 인식하는 경향이 높다. 교육의 다양성에 관한 정책도 서열적 요소를 읽어내고 서열적 교육을 조장한다고 비판하는 경향이 있다.

2. 한국의 교육열문화 다시보기

외국인들이 한국인의 교육열을 보고 놀라워하는 경우는 자주 있다. 물론 나쁜 의미와 좋은 의미를 모두 포함한다. 좋은 의미로 쓰인 예를 몇 가지 들어 보자.

하버드 대학의 사무엘 헌팅턴(Samuel Huntingon) 교수도 그의 저서 '문화가 중요하다'에서 "1960년대 한국은 아프리카의 가나와 비슷했는데 현재 1인당 소득 면에서 20배 이상 앞서게 됐다"며 "그 이유 중의 하나로 한국의 뜨거운 '교육열'을 꼽았다.

하와이 대학의 마이클 세쓰(Michael Seth, 2005) 교수는 교육열에 대해 "자원인가? 아니면 문제의 근원인가?(Resources or Sources of Problems)" 라는 질문을 던지고 논의한 끝에 자원으로 잘 활용할 지혜를 길러야 한다고 주문하였다.

주한이스라엘 대사를 역임한 아셀 나임(Asher Naim)은 재임 당시 우리 교육에 대한 조언을 했다. 그는 한국교육이 안고 있는 문제를 해결하기 위해서는 "한국사회의 교육열과 한국 어머니들의 헌신적인 태도를 개선하여 효과적으로 활용할 방안을 연구하는 것이 중요하다"고 지적했다.

외국인만이 교육열에 대해 긍정적 견해를 보인 것은 아니다. 어느 기업인의 다음과 같은 견해는 어떠한가? "과열된 교육열도 그것을 진정시키려는 수세적 입장에서 벗어나 활용하여 21세기가 요구하는 정보, 문화, 창의력을 갖춘 인간을 양성하는 적극적 입장으로 전환되어야 한다. 좀 문제가 있기로서니 배우고 가르치겠다는 욕심만큼 이 세상에 좋은 것이 어디 있는가? 무엇을 배우고 무엇을 가르칠 것인가라는 방향설정이 더욱 중요할 뿐이다"(고영목, 2002).

II 교육열을 새롭게 봐야하는 핵심 이유

교육열은 각 가정의 입장에서 보나 국가사회 입장에서 보나 양날의 칼과 같이 양가적인 측면을 갖고 있다. 투자적인 관점에서도 기회와 함께 위험요소를 안고 있다. 잘못 투자하면 교육열은 위험한 사업으로 전락한다.

그 동안의 많은 교육정책들이 시도한 교육열 억제 내지 경감정책들은 학부모들에게는 오히려 자극제로 작용한 경우가 많다. 이런 억제 내지 경감정책은 교육열에 대한 부정적 인식에 근거하고 있다.

교육열문화에 대한 읽기방식을 바꿀 필요가 있다. 교육열을 새롭게 봐야 할 이유를 실용적 이유, 철학적 이유, 이론적 이유의 세 가지 측면에서 정리할 수 있다.

1. 실용적(현실적) 이유

부작용이 많다고 하더라도 교육열을 현실적으로 막을 수 있는 방법이 없다. 교육열의 힘은 곧 수요자의 힘이고 수요자의 협조 없이 교육정책의 성공은 없다. 설혹 교육열이 많은 부작용을 일으켜 문제가 있다고 하더라도, 교육열투자행위를 멈출 학부모와 학생이 거의 없을 것이라는 점을 교육자와 정책가들은 명확히 인식해야 한다. 즉 교육열은 규제될 수 있는 투자가 아니라 계속 될 수밖에 없는 투자인 동시에 교육의 핵심동력이라는 점을 명확히 인식해야 한다. 따라서 교육열 문제를 억압적·규제적 정책으로 해결할 수 있을 것이라는 정책적 기대는 비현실적인 기대이다. 학부모들의 교육열이 최선으로 유익한 투자가 될 수 있도록 교육열생태환경을 지속적으로 개선해 나가는 일이 최선의 현실적 선택인 동시에 국가가 해야 할 일이다. 교육열 국가경영 혹은 치교육열정책이라고 말할 수 있을 것이다.

교육열 정책환경의 변화 | 교육열이 발산되는 방향과 범위, 강도 등에 영향을 미치는 각종 환경, 즉 교육열의 생태환경이 변화하고 있다. 교육열 억제를 강조해왔던 국가의 편이라기보다는 다양한 발산을 원하는 학부모 편으로 유리하게 변해가고 있다. 국가 간의 치열한 인적자원경쟁, 수요자존중 및 수요자주권시대의 도래, 개별화-개인화로의 사회변화 추세, 개방화와 세계화로 교육선택가능성의 확대 등의 변화추세는 교육열 발산을 더 자유롭고 다양하게 할 수 있는 환경으로 변하고 있다. 이런 교육열생태환경의 변화는 곧 교육열에 대한 정책환경의 변화를 의미한다. 교육열 억제정책을 고수해온 정부가 정책패러다임을 바꾸어야 할 이유이다. 또한 교육열에 대한 연구 관점과 방식을 검토해야 할 이유이기도 하다.

신재생에너지로서의 교육열 | 교육열은 새로운 에너지는 아니지만, 새롭게 인식할 필요가 있는 에너지이다. 그리고 새로운 방식으로 개입해야 할 대상이다. 특히 지식인이 새롭게 인식할 필요가 있다. 지식인들은 여론을 이끌고 정책에 영향을 주고, 관련 개념체계(사상)를 형성해 가기 때문이다. 우리의 교육열은 넘쳐난다. 넘쳐나는 것을 억지로 막으려는

노력보다는 그것을 효율화시킬 방법을 모색하는 것이 바람직하다. 한꺼번에 너무 많이 작동하게 하면 위험하지만 필요에 맞게 서서히 작동하게 하면 매우 유익한 핵에너지 같은 것이 교육열이다.

따라서 교육열에 신재생에너지 개념을 도입할 수는 없을까를 고민해본다. 신재생에너지는 자연스레 넘치는 것들을 에너지로 재탄생 시킨 것이다. 바람, 태양, 조력 등을 인간이 활용할 수 있는 에너지로 만들어 내는데 저절로는 안 된다. 활용장치가 필요하다. 교육열도 너무 많이 부는 바람 같은 것 아닐까? 넘치지만 제대로 활용하지 못하고, 활용하지 못하니까 거추장스럽고 말썽만 일으키는 것 아닐까? 수로가 막혀 물이 고였다가 한계를 넘쳐 뚝이 무너지면 물이 한꺼번에 넘쳐 엄청난 수해를 일으키지만, 용수로와 저수지를 잘 개발하여 물이 적절히 흘러갈 수 있게 하면 무한히 이득을 주는 것이 물길이다. 교육열 신재생에너지 활용장치의 개발은 교육열생태환경의 재조정 작업이 될 것이다.

2. 철학적 이유

교육열을 어떻게 볼 것인가의 문제에는 분명 철학이 관련되어 있다. 교육열의 문제점을 지적하는 많은 경우 전인교육 철학, 교육의 본질추구, 자기주도적 학습 강조, 창의적 학습 강조 등의 철학이 깔려 있다. 물론 이와 같은 철학의 강조는 중요하며, 그러한 점에서 학부모들이 교육열을 표출하는 방식에 문제가 있다는 것은 명백하다. 그러나 교육열의 문제와 교육열 표출의 문제 즉 교육열행동의 문제를 서로 구분할 필요가 있다. 또한 몇 가지 측면에서 교육열에 대한 관점이 바뀌어야 할 필요도 있다.

교육열과 질적 교육 지향 | 한국교육의 발전패러다임은 양적발전패러다임

에서 질적발전패러다임으로 전환되어야 한다. 이러한 필요는 자주 언급되었으므로 진부하게 들릴지도 모른다. 그럼에도 불구하고 여기에서 언급하는 이유는, 우리 교육이 양적발전패러다임에 집착하게 된 이유 중의 하나가 교육열에 대한 인식과 관련되기 때문이다. 즉, 교육열 욕구를 양적 확대로 해결하려고 했다는 점이다. 이는 교육열의 한 측면만 보고 다른 측면은 무시했기 때문이다. 점수와 등수에의 집착, 학력 및 학벌지향적 교육은 분명 문제가 있는 것이다. 그러나 이것을 교육열이 애초부터 그런 교육열이어서가 아니라, 오히려 교육열을 그런 쪽으로 발산하도록 만들었기 때문이라고 보아야 할 것이다. 학부모들은 분명 전인교육에 대한 갈망도 있고, 다양한 교육내용에 대한 선택권을 가지고자 하고, 교육의 질적인 수준, 즉 고품질 교육에 대한 갈망이 매우 높다. 양의 교육에서 질의 교육으로 가기 위해서도 교육열에 대한 관점이 바뀌어야 한다.

교육열과 교육에서의 자유민주주의론 | 학부모의 교육열을 긍정하는 자세는 학부모를 존중하는 자세와 연결될 수밖에 없다. 국가의 주인은 국민이요, 그 국민이 바로 학부모이다. 교육의 주인도 학부모이다(教育權在學父母). 국가도 교사도 주인은 아니다. 그들은 학부모의 교육권을 위임받아 교육을 수행하고 있을 뿐이다. 이런 점에서 학부모교육열에 대한 인식방향은 교육의 주인이 누구인가에 까지 이르게 된다. 교육열에 대한 존중은 교육의 주인에 대한 존중정신을 포함하며, 그들의 다양한 욕구를 자유롭게 만족시켜 줄 수 있는 교육자유구현의 정신도 포함한다. 한국은 자유민주주의 국가이다. 교육에서도 자유민주주의가 실현되어야 하며, 이는 국민의 교육열을 자유민주적으로 실현시키는 일이다.

교육열과 수요자중심 교육론 | 수요자 시대의 도래는 교육열에 대한 관심을

불러일으키는 또 다른 측면이다. 교육열은 교육 수요자의 열이기도 하다. 따라서 교육열에 대한 각종 비난은 수요자에 대한 비난이기도 하다. 수요자시대에는 적합하지 않은 수요자비난이다. 수요자들도 분명 잘못하는 부분이 있을 것이므로 소비자행동에 대한 비판이나 비난이 필요한 부분이 없는 것은 아니다. 그러나 수요자에 대한 포괄적 비난이나 수요자보다 더 우월한 집단이 존재하는 듯한 방식의 비난은 수요자시대에 부적절한 인식이다. 오히려 그들은 수요자를 더 만족시켜주기 위한 각종 노력을 강구해야 한다. 수요자를 기준으로 한 적시맞춤형 품질교육을 제공하기 위한 노력을 해야 한다.

3. 이론적 이유: 교육정서자본론

케빈 톰슨(Kevin Thomson)은 미래사회가 갖추어야 할 두 개의 핵심자본으로 지식자본과 정서자본을 지적하고, 지식자본 보다 더 중요한 것은 사람들의 '마음(heart)' 속에 감춰져 있는 감정, 신념, 지각, 가치관 등과 같은 '정서자본'이라고 역설하였다. 지식자본을 활성화하는 연료로서의 정서, 즉 사람의 '마음' 속에 있는 '정서자본'을 미래 사회의 숨겨진 핵심자산으로 활용해야 한다는 것이다.

필자는 기회 있을 때마다 교육열을 한국사회의 정서자본으로 인식하고 활용할 방안을 모색해야 한다는 주장을 해왔다. 교육열은 자녀와의 특별한 '토착적' 관계정서(박영신, 김의철, 2005; 2008)를 바탕으로 하고 있다. 교육을 통한 자녀성공에의 높은 기대치를 품고 있는 한국인의 교육열은 다가오는 시대에는 더 많은 가치를 발휘할 수도 있다. 인적자본의 시대이자 지식자본의 시대에 교육과 교육열의 힘은 더욱 커질 수밖에 없을 것이다. 이와 같이 교육열은 미래가치를 풍부히 가진 정서자본이므로, 활용할 줄 아는 혜안이 필요하다.

사실 따지고 보면, 전통적으로 "청년이여 야망을 가져라"는 충고도 정서의 중요성을 강조한 것이고, 1960-70년대 경제발전의 원동력으로 성취동기(achievement motivations)와 기업가 정신(enterpreneurship)을 강조한 것도 정서자본의 중요성을 잘 보여주고 있는 이론들이다. 톰슨이 강조하고 적용한 것도 기업조직에서 정서자본이 지식자본의 활성화 원동력이라는 주장이다. 톰슨의 주장을 조직을 넘어 폭넓게 한 사회 전체에도 폭넓게 적용할 수 있으며, 그런 점에서 성취동기나 기업가 정신 역시 톰슨의 언어로 표현하자면 정서자본의 한 종류라고 볼 수 있다. 교육연구에서도 포부수준이 높은 사람이나 그러한 집단에서 학업성취나 대학진학율이 높다는 연구가 많다. 이와 같이 교육에 있어서 정신적·심리적 상태의 중요성은 일찍부터 인식하였다.

Ⅲ 교육열이 비난받는 숨은 이유에 대한 논의

한국 학부모의 교육열은 교육팽창과 급속한 경제발전의 원동력을 제공하였다는 긍정적 평가와 함께, 다른 한편으로는 유난히 "높은", "과잉", "과열" 또는 "지나친" 등의 수식어와 함께 여러 가지 사회적·교육적 문제들의 원인으로 지목되어 비난의 대상이 되어왔다. 이처럼 한국 사회의 교육열은 오래전부터 양가적인 평가의 대상이 되어 왔다(박소진, 2003).

이런 한국의 교육현상을 하나의 풍경으로 비유해 보자. 이런 교육풍경은 사회적 풍경이기도 하고 문화적 풍경이기도 하고 시대적 풍경이기도 하다. 그리고 그 풍경은 우리가 만들어 낸 풍경이다. 뿐만 아니라 그 풍경을 해석하고 설명하고 비판하는 것도 우리들이다. 우리가 만든 풍경, 우리가 해석하고 우리가 개입해 왔다. 그런데 우리는 과연 이

풍경을 어떻게 읽고 해석하고 그려내고 있는가? 이 풍경에 대한 새로운 읽기를 시도하고 교육열에 대한 기존의 부정적 그림과 발전적 그림의 가능성을 함께 제시해 보고자 한다.

1. 부정적 기제로서의 교육열

한국인 또는 한국 사회의 교육열을 보면 과연 '광기'라고 부를 만한 현상이 꽤 있다. 특정 지역, 특정 계층에 더 많이 있다고도 한다. 2009년 가을 한국교육인류학회와 인류학회의 공동학술대회에서의 주제에도 '광기의 교육'이라는 표현이 등장했다. 정병호는 오늘날 한국사회가 겪고 있는 교육문제를 일종의 '문화적 질병'으로 진단하고 연구를 진행한 바 있다(정병호 외, 2008). "학력병 환자"(김용숙, 1986)라든지 "점수병 학교, 학력병 사회"(김용숙, 1990), "편집증적 교육열"(강창동, 2007) 등 역시 유사한 진단이라고 볼 수 있다.

외국의 유명 TV프로그램인 '믿거나 말거나'에 등장할 정도로 우리 사회는 초등학생들까지도 공부에만 매몰되는 경향이 높은 사회이다. 이런 공부모습, 그렇게 몰아가고 있는 부모와 교육자의 모습은 분명 광기라고 보면 광기처럼 보임에 틀림없다. 뿐만 아니라, 지나친 교육열은 촌지수수, 고액과외 등의 사회적 병폐를 낳게 하고, 점수 몇 점을 올리기 위해 아이를 몰아부치는 부모와 학교가 있고, 가중되는 학업부담이 아동의 심리적 부담으로 작용하여 가출과 자살 등이 심심치 않게 발생하는 사회이다. 서울 강남지역 아파트 값 상승에도 교육열 딱지가 붙어 다니고 있다.[11]

11) 2002년 중반기에 재경부 장관(진념)과 교육인적자원부 장관(이상주) 사이에 강남아파트 값의 치솟음과 관련하여 교육정책의 실패와 주택정책의 실패를 두고 입씨름을 한 적이 있으며, 이에 뒤이어 각 언론매체들은 이와 관련된 주장들이 다수 등장했다. 안귀덕(2002.9)은 "부동산 대책과 교육정책"(한국교육학회소식, 38권 3호, 1-4쪽)에서 교육열 옹호적 입장을 전개하고 있으며, 그동안의 과외억제정책의 실패를

한국사회에서 교육열이라는 용어가 긍정적으로보다는 부정적으로 통용되는 것에 대하여 오욱환(2000)은 일반인까지 교육현실을 문제 상황으로 공감하고 있기 때문이라고 지적한다. 그에 의하면, 한국사회의 교육열은 '한국인들의 교육욕구가 사회적으로 만연하여 한국사회에 전반적으로 나타나는, 정상수준을 넘어선 학력 및 학벌 쟁취 현상'이고, 과열된 교육열이 학교교육의 질적 수준을 저하시킬 뿐만 아니라 정상적인 교수와 학습을 어렵게 하고 있다. 한국사회에서 공부는 교과학습만을 의미하며, 학생들은 더 좁게 규정하여 시험에 대비한 학습으로만 인식하고 있다. 신기현(2007)은 과열된 학교교육열은 '각 가정이 다른 가정의 자녀들을 점수경쟁에서 도태시키기 위해 힘겨운 가계 부담을 감수'하게 하며, '다른 가정의 교육열을 자극하여 사회전체를 끝이 없는 경쟁'으로 몰아가고 있다고 지적한다.

그런데 나는 이런 질문을 던진다. 과연 "광기적 현상 속에 광기가 들어있나?" 만약 광기가 들어 있다면 아마도 그 광기는 교육열일 것이다. 원래의 에너지인 교육열에는 광기가 없는데, 환경이 광기로 나타나게 만들지는 않았는지를 따져볼 필요가 있다.

한정신의 설명에서는 광기적 현상 속에 광기가 들어있지 않음을 알 수 있다. 오히려 여성에 대한 다양한 성차별 제도들이 여성들로 하여금 자녀교육에만 몰두하게 한다는 것이다. 한정신(1998)은 교육열을 자아지향 성장 동기와 과업지향 성장 동기로 구성되는 교육적 성장동기로 본다. 한정신(1998)은 우리나라의 여성이 역사·문화적으로는 유교적인 가부장제도에 의한 남아존중사상에 의해 자신의 교육열을 표출할 수 있는 길이 남성보다 제한되어 있다고 지적하고, 심리적으로는 성역할

지적하고 있다.

사회화의 결과로 수동적이고 순종적인 성역할 표준에의 일치 등이 내면화되어 자신의 교육이나 성취에 대하여 심리적 갈등을 겪고 있다고 본다. 자아실현과 과업성취를 향한 여성의 교육열이 사회구조, 고용관행, 성차별 등의 이유로 좌절되자 여성들은 자녀의 교육지원활동에 총력을 기울이게 되었다고 설명한다.

2. 교육열에 대한 인식과 정책적 개입: 정책왜곡 혹은 정책저항

교육열에 관한 인식의 방향은 곧 교육열에 대한 상황정의의 방향이기도 하다. 이런 상황정의는 정책적 개입의 방향을 결정하는 데 크게 영향을 미친다. 아직까지도 여전히 교육열에 대한 부정적인 평가가 강세이다. 학부모들의 '지나친' 교육열은 '공교육 붕괴'를 야기한 근원으로 지목되어 왔으며, 학부모들을 한국교육에서 문제집단으로 인식하는 경향이 높다. 이런 부정적 인식은 교육열과 학부모에 대한 규제적 개입을 낳는다.

그 동안 정부는 '극심한 교육경쟁 해소 내지 완화' '사교육 금지 혹은 경감'이라는 정책목표에 집착해 왔다. 이런 정책은 정부 혼자 취한 것은 아니다. 언론도 학자도 그런 논리를 주도적으로 전개해 왔다. 논리의 저변에는 교육열에 대한 부정적 인식이 깔려 있다. 교육열에 대한 부정적 인식은 자연스레 교육열에 대한 규제적 혹은 막기식 개입으로 이어졌다. 이런 규제적 개입은 또 다른 이유에서 발생되는 획일적 개입과 함께 정부 교육정책의 근간을 이루어 왔다.

그러나 교육경쟁이 완화된 적은 없었다. 과외금지 정책조차도 따지고 보면 수많은 신종 과외를 양산해 놓은 결과를 초래했다. 사교육비가 경감된 적도 없다(극히 일시적인 경우를 제외하고는). 이런 측면에서는 '경쟁 해소 내지 완화' 정책은 성공했다고 볼 수 없다. 억제에 따른 새로운 돌파구는 새로운 경쟁 수단(혹은 방법)의 추가라는 역기능을 발생시켰다. 늘 풍선효과가 발생하였다. 이런 것들을 정책입안자 입장에서는 정책의 왜곡이라고 보겠지만, 수요자 입장에서는 새로운 돌파구를 찾은 결과이다. 정책저항행동이라고 볼 수 있다.

따라서 교육열이 갖는 교육정책적 의미에 대해 깊은 통찰이 필요하다. 교육수요자들이 정책에 불만이 있을 경우 그 정책에 저항행동을 하는 것은 국민으로서의 권리이요 수요자의 선택이라고 봐야 할 것이다. 조기유학 급증, 기러기 가족의 증대, 특목고 등에서의 자퇴(학생을 학교로부터 쫓아내는 제도로 됨)의 증가 등은 해당 정책에 대한 저항행동의 일면을 갖고 있다.

이제 중요한 질문을 제기하지 않을 수 없다. 교육열 때문에 한국의 교육이 입시지옥으로 된 것이 아니라, 교육열에 대해 한국의 교육제도와 정책이 제대로 대응하지 못한 것 때문이 아닐까? 교육열을 억제하는 정책으로는 한국 국민의 교육열 문제를 해결할 수 없다. 교육열 억제 정책은 오히려 왜곡을 심화시키기 때문에 국가차원의 새로운 교육열 경영 방법을 모색해야 한다.12) 정책의 잦은 변화도 학부모들의 불안심리를 자극하여 교육열이 과잉 작용하는 요인이 된다. 우리나라에서 '교육열 억제정책'은 성공하기 어렵다. 교육열을 수용하고, 분산하고, 활용하는 방향을 잡아 각종 교육열 분출 욕구를 다양한 방식으로 흡수해야 한다. 그리하여 경쟁의 병목현상을 차츰 줄여 나가면서 다양성을 만족시켜나가야 한다.

3. 교육열에 대한 부정적 규정의 파생적 의미

교육열에 대한 '왜곡된', '광기', 혹은 '편집증'이라는 등의 부정적

---

12) 좀 더 상세한 논의는 이종각의 〈교육열을 알아야 한국교육이 보인다〉를 참조.

규정은 의도했던 아니 했던 간에 결과적으로 여러 가지 파생적의미를 가지게 되며 사회적 함의를 띄게 된다. 몇 가지 살펴보자.

첫째로, 약자에 대한 비난과 책임 묻기가 있다. 교육열에 대한 부정적 인식은 결국 '한국 학부모들이 나쁘다'라는 비난적 의미를 가지며 교육 장면에 나타나는 많은 잘못에 대한 책임을 그들에게 묻는 결과를 초래한다. 한국교육에서의 학부모의 위치는 학생의 위치에 버금갈 만큼 낮은 위치이다. 결국 교육열에 대한 비난은 약자에 대한 비난과 약자에 대한 책임 묻기와 연결되어 있다. 즉, 교육 잘못의 주요 원인도 책임도 학부모에게 있다는 약자비난의 논리가 정당화된다. 그럼에도 불구하고 이런 논의조차 별로 없는 이유는 학부모들은 담론적 지위가 낮아 스스로의 문제제기력이 약하고, 학자나 언론인 등 지식인들 역시 학부모를 비난하는 역할에 멈추고 말았기 때문인지도 모른다.

둘째로, 학부모들을 광기 혹은 부정적으로 만들게 한 그 무엇에 대한 '원인을 묻지 않는' 상황이거나 묻더라도 매우 소극적인 물음에 그치는 상황이다. 첫째 지적 사항의 연장선에 있는 이 문제의식은 학부모들을 그렇게 광적으로 만든 사회문화적환경과 교육제도에 대한 분석보다 오히려 그런 학부모 행동들을 열거한 다음 그런 행동을 규제하기 위한 교육제도 고안에 더 관심을 기울여 왔다는 점이다. 어느 학부모가 더 돈 들이면서 자식 힘들어하는 것 보면서 공부에만 매달리게 하겠는가? 있다고 하더라도 얼마나 많겠는가? 이런 질문을 제기하고 보면 학부모들의 문제행동에는 개인적인 선택보다는 사회문화적 압력이 더 많이 반영되었음을 인식하게 된다.

신호이론에 비추어 보자. 한국사회가 학부모에게 잘못된 신호를 계속 보내고 있는 것이다. 잘못된 신호 때문에 학생·학부모들의 학습행동이 바뀌지 않고 있는 측면이 매우 강하다. 그 잘못된 신호체계를 바꾸어야 한다. 예를 들어 자유와 자율이 없고 다양성도 없는 교육체제에서 객관식 및 단답형 위주의 평가방식이 학생·학부모에게 보내는 신호체계는 매우 단순하다. 서로가 같은 내용의 같은 수준의 공부를 점수따기로 하라는 신호를 보내고 있는 것이다. 따라서 한쪽으로 몰릴 수밖에 없고, 그러니 병목현상이 발생하고 치열해질 수밖에 없고, 필요 이상의 반복학습과 점수 및 등수에의 집착이 일어난다. 광기로 보이는 현상이다. 자세히 들여다보면, 교육열이 광기인 것이 아니라 교육열이 광기처럼 나타나게 계속 신호를 보내고 있는 것이다.

광기로 지적되는 자녀교육 지원행위나 교육열 현상은 환경과 학부모의 합작품임에도 불구하고, 학부모의 문제점만 지적하는 것은 일방적이다. 그리고 그 일방성은 앞서도 지적한 '약자 비난론', '약자 책임론'과 연결되어 있다. 학부모들은 교육환경에 대해 적응적 행동을 했을 뿐이라고도 할 수 있다. 누가 혹은 무엇이 그들을 광기로 몰아넣었는가에 더 많은 질문을 해야 한다.

셋째로, 결과적으로 도덕적 '낙인찍기'의 효과가 나타난다. 가족이기주의라든지, 출세주의적 교육관이나 왜곡된 교육열이라는 지적이 많다. 어느 정도의 사실성을 가진 이러한 규정 역시 마치 교육열 자체가 '악의 요소'인 것처럼 읽혀지는 '도덕적 주장'으로 변질되기 일쑤이다. 이런 경우 교육열을 사회적으로 '낙인찍으려는' 혹은 '결과적으로 낙인찍게 되는' 규정방식이 되어버린다. 교육정책의 오류나 사회제도적 모순의 문제를 학부모의 교육열이 뒤집어쓰게 되는 상황정의 방식이 될 수도 있다. 학부모의 교육열이 잘못 표현되고 있다는 지적을 넘어, 교육열 자체를 잘못된 것이라거나 부도덕한 것으로 규정하는 것은 '도덕적 강요'일 수도 있다.

넷째로, 수요자에 대한 비난의 효과가 있다. 현재 사회는 수요자중심사회로 빠르게 변해가고 있는데, 교육문화나 교육열에 대한 인식은 사회변화 방향과는 반대 방향인 공급자중심의 인식이 여전히 강세이다. 시대변화에 인식이 따라가지 못하고 있다. 수요자의 교육열 때문에 교육이 안 된다는 담론분위기가 아니라, 수요자의 협조 없이는 교육(정책)이 성공할 수 없다는 것을 인식하는 분위기가 되어야 할 것이다. 국가의 교육적 필요 역시 수요자의 필요와 결합되고 수요자의 필요로 번역되어서 정책수단이 개발될 때 정책효과가 나타날 것이다. 그렇지 못할 경우 수요자로부터의 이탈, 저항, 반란이 생길 것이다(예, 이공계 기피, 치의계로의 집중, 해외로의 교육이동 등). 저렇게 열심히 공부하는 학생, 자녀교육을 위해 헌신하는 학부모를 위해 무엇을 도와주어야 할까를 고민하는 교육과학기술부, 교육학자, 지식인, 언론인이 많아져야 할 것이다.

4. 교육열에 대한 인식주도자와 행위주도자 사이의 지위격차 -위대한 어머니론은 있어도, 위대한 학부모론은 없는 이유?-

교육열이 비난받는 이유 중의 하나는 교육열에 대한 인식주도자와 행위주도자 사이의 지위격차이다. 교사의 사명감이라든지 교육적 열정론은 품위 있는 담론에 해당된다. 국가의 교육투자 증가 등 국가가 교육에 관심을 많이 보이는 것 역시 품위 있는 담론에 속한다. 그런데 학부모가 자녀교육에 많은 관심을 쏟는 것을 품위 있는 담론으로 취급하는 경우도 있지만 그렇지 않은 경우가 더 많다. 왜 이런 차이가 발생할까? 여러 가지 사소한 이유들이 중첩되어 있는 것이 틀림없지만, 학부모의 사회적 지위 혹은 교육적 지위가 관료나 교사의 지위, 학자의 지위 보다 낮다는 사회문화적 현실이 아주 중요한 이유다.

국가경쟁력도 교육경쟁력도 수년간 줄곧 세계 1위를 유지해온 핀란드의 타르야 할로넨(Tarja Kaarina Halonen) 전 대통령은 국가경쟁력 향상의 비결이 뭐냐는 질문에 대해 "첫째도 교육, 둘째도 교육, 셋째도 교육"이라고 대답했다. 품위 있어 보인다. 그런데 어느 학부모가 "첫째도 자식교육, 둘째도 자식교육, 셋째도 자식교육"이라고 대답했다면 품위있게 생각할까?

유엔재단(UN Foundation)의 길리안 소렌슨(Sorensen) 상임고문(2009년 8월 11일 서울 방문)은 유엔 구호(救護)활동 중 최고 우선순위를 교육으로 삼고 '교육은 전부(everything)이고 자유(freedom)이며 기회(opportunity)'라는 소신을 밝혔다(조선일보 2009. 8월 12일). 아주 멋있어 보인다. 그런데 한국의 학부모 중에서 '자식교육은 전부이고, 자유이며 기회'라는 것이 이 엄마의 소신이라고 인터뷰한다면 한국의 언론들은 그 학부모를 어떻게 인식할까?

지식(형성의)사회학의 논리를 언급하지 않더라도, 사회적으로 낮은 지위는 인식의 형성에서도 낮게 반영되는 것을 쉽게 알 수 있다. 교사론은 매우 많아도 학부모론은 별로 없다. 교사중심교육학은 있어도 학부모중심교육학은 없다. 학생론은 있지만, 주도자로서의 학생은 없고 수동적으로 따라해야 할 대상으로서 학생이 있다. 한국교육문화에서의 학부모의 현 위치는 학생의 위치에 버금간다. 위대한 어머니론은 있어도 위대한 학부모론은 찾아보기 어렵다.

지위의 격차와 함께 인식주도자와 행위주도자 사이의 입장차이 역시 주목할 필요가 있다. 교육열에 대한 인식방향을 주도하는 사람들은 누구인가? 특히 공적 혹은 공공적 인식주도자는 누구인가? 그들은 지식인, 엘리트들이며, 전문가적 권위와 체면을 차려야 할 사람이기도 하고, 명분을 축적해야 할 사람들이기도 하다. 그에 비해 행위주도자들은 학부모들, 특히 어머니들이다. 이들은 자식의 이익과 앞날을 생각하는 사람들이며, 체면이나 명분보다 실질적인 이익을 추구하는 사람들이다.

이처럼 교육열에 대해서는 인식주도자와 행위주도자 사이에 매우 큰 괴리가 존재한다. 이러한 괴리 역시 교육열의 행위주도자의 상황을 인식주도자들이 충실히 반영하지 않게 한다. 소비자시대라고 하지만 교육문제 읽기나 교육열 읽기는 여전히 공급자중심적 인식이 주류를 이루고 있다. 우리 사회에서 교육열 연구가 어느 연구보다도 내부자적 관점(eric approach)을 더욱 반영해야 할 필요를 여기서도 발견하게 된다.

제10장
교육열 개념의 정교화와 분화를 통한 한국 교육현상 인식의 심화와 확장

- 한국인의 교육정서를 가장 잘 드러내는 개념임에도 불구하고 '교육열'의 정체를 제대로 파악하지 못하고 있다 -

Ⅰ. 교육열 바로 보기: 교육열 개념의 분화
Ⅱ. 교육열 다시보기: 교육열에 대한 기존 정의 분석
Ⅲ. 교육열 새롭게 보기: 교육열 재정의
Ⅳ. 교육열 폭넓게 보기: 교육열의 주변 개념
Ⅴ. 교육열을 통해 '교육의 새 측면 인식하기': 인식도구로서의 교육열 개념

교육열에 대한 이해를 심화시키고 나아가 분석적 논의를 확장하려면, 개념의 정교화와 분화 작업이 필요하다. 먼저 교육열, 교육열행동, 그리고 교육열현상을 구분하여 개념화한다. 두 번째로, 교육열 개념에 대한 기존의 정의들을 비교·분석한다. 이 두 작업은 개념의 분화와 비교를 통해 교육열의 다양한 측면을 '바로 보기' 위함이다. 세 번째로, 교육열 개념을 재정의 한다. 네 번째로, 교육열의 주변 개념들을 정의한다. 이 두 작업은 교육열을 '새롭고 넓게 보기' 위함이다. 그리고 마지막으로, 교육열 개념의 연구가 교육학 연구의 지평 확대에 어떻게 기여할 수 있는지를 살펴본다.

I 교육열 바로 보기: 교육열 개념의 분화

1. 언어적 미분화로부터 오는 혼란의 극복: 교육열, 교육열행동, 교육열현상

교육열에 대한 이야기를 나누다 보면 사람들마다 의견이 매우 다르다. 가치 판단도 매우 다르다. 교육에 대한 생각이 다르듯이 교육열에 대한 생각도 다를 수 있다는 점에서 자연스러운 현상이라고 보일수도 있다. 그런데 교육열의 경우 그 정도가 심한 편이다. 교육열이라고 말할 때 사람들마다 마음속의 개념지도가 다르기 때문이다. 어떤 사람은 자녀교육에 관한 열정 그 자체를, 어떤 사람은 사교육을 광적으로 시키는 행동을, 어떤 사람은 입시위주 교육에의 집착을, 또 어떤 사람은 위장전입이나 촌지를 마음속에 그리면서 교육열이라는 단어를 사용한다. 이런 것들 모두 다소 간에 교육열과 관련이 있는 상태, 행동, 현상임에는 틀림없다. 그러나 각각은 서로 다른 속성 혹은 차원을 가진 것들이다.

이와 같이 우리의 인식 속에 교육열, 교육열행동, 교육열현상은 언어적으로 분화되어 있지 않다. 언어적 미분화는 개념을 이해하는 데 혼란을 줌으로써 인식의 큰 장애요인이 될 수 있다. 우리가 교육열에 대해 좀 더 진전된 분석을 하고자 한다면, 분석의 도구로 쓰이는 관련 언어들을 정교화 할 필요가 있다. 교육열에 관하여 보다 정교한 논의를 위해서는 교육열 개념을 분화시킬 필요가 있다. 개념의 언어적 분화는 교육열을 바르게 보는데 유용한 인식도구가 될 것이다.

우선, 교육열 그 자체와 교육열행동과 교육열현상을 구분하는 것이 필요하다. '교육열'은 자녀교육을 잘 시키려는 욕구 혹은 동기체제이다. 이 욕구의 현실적인 모습은 자녀의 성공을 위해 (학교)교육을 수단으로 활용하려는 욕구로 나타난다. '교육열 행동'은 행위자가 교육열이라는 욕구를 주어진 상황에 적응하여 행동으로 표현한 것이다. 조기유학 보내기, 좋은 학교보내기, 과외시키기 등의 자녀교육지원 행동은 교육열 행동의 예이다. 그리고 '교육열 현상'은 교육열행동의 사회문화적 결과로 나타난 집합적 현상을 말한다(이종각, 2002, 2006). 돼지엄마의 등장, 사교육의 번성, 기러기가족, 입시위주교육 등은 교육열 현상이다.

교육열은 자녀의 사회적 성공을 위해 교육을 활용하려는 동기적 에너지이다. 교육열은 자녀교육에 대한 지원동기나 투자동기로서 작용하며 그 지향점은 자녀의 '행복' 혹은 '성공'이다. 즉 자녀의 행복이나 성공을 위해 잘 교육시키고자 하는 동기체제가 교육열의 핵심이다. 교육열이라는 동기는 언제든지 자녀교육에 대한 지원과 투자 에너지로서 작용하여 자녀교육 지원행동, 즉 교육열행동으로 나타난다. 각 가정 자녀교육 지원행동이 사회적으로 집합적 효과를 나타내게 될 때 이를 교육열현상이라고 부른다. 흔히 교육열이라고 인식되고 있는 많은 것들이 '교육열행동'과 '교육열현상'에 해당된다.

교육열은 자녀의 더 나은 삶 혹은 성공을 위해 교육을 수단으로 활용하려고자 하는 동기체제로서 시공을 초월한 사회심리적 에너지이다. 그러나 그것을 표출하고 행동화하는 것은 여건에 따라 달라진다. 즉 동기체제로서의 교육열은 보다 보편성을 갖고 있으나, 한국의 가정과 사회라는 특정한 맥락에서 학교교육 중심의 자녀교육지원행위로 표출되고, 한국사회특유의 교육열현상으로 나타난다. 이러한 교육열 표출행위는 매우 다양한 형태로 나타난다. 시대마다 가용자원과 제도적 환경 등이 달라지기 때문에 지원이나 투자행위도 다를 수밖에 없다. 이러한 여건 내지 환경은 '교육열의 문화생태환경'으로 설명할 수 있다(이종각, 2003).

교육열행동이나 교육열현상은 문화생태환경의 맥락성과 특수성이 매우 높다. 교육열현상은 교육열이 특정의 문화생태적 환경에 적응한 교육열행동의 집합적 결과이다. 다음 몇 가지 질문들을 생각해보자. 우리나라의 부모들은 왜 다른 나라의 부모들보다 자녀의 성공에 유독 많은 관심과 노력을 보이고 있는가? 왜 성공의 수단으로 다른 것이 아닌 교육에 더 몰두하는가? 교육을 활용할 때 어떤 방식으로 활용하는가? (예, 암기식 활용이냐 문제해결식 활용이냐?) 이러한 질문에 우리나라의 사회경제적 환경과 교육환경이 구성하는 문화생태적 환경으로 설명가능하다. 이것을 교육열의 문화생태환경으로 볼 수 있다. 문화생태환경의 구성요소는 사회마다 다양하다. 우리나라의 경우, 가족의식, 자녀-부모관계, 출세의식과 방법, 학교가 갖는 상대적 중요성 등이 포함된다.

1) 교육열행동 = 자녀교육 지원행동

자녀의 행복 결정에 교육(특히 제도교육)이 얼마나 큰 비중을 차지하느냐는 그 사회의 성격에 따라 다르다. 행복결정에 교육의 비중이 큰 사회와 적은 사회와는 교육열의 강도와 표출방식이 다를 수밖에 없다. 또 교육 이외의 또 다른 행복 추구 수단 즉 행복추구의 대체수단이 얼마나 다양하게 존재하느냐의 여부에 따라 교육열 표출의 강도는 달라질 것이다. 한국사회를 학력사회나 학벌사회로 규정하는 것은 그만큼 제도교육이 사회진출에 결정적인 영향을 미치는 사회라는 말이다. 한국 사회의 치열한 교육경쟁도 교육이 한국인의 행복결정에 미치는 객관적 사회환경과 역사적 경험, 그리고 국민들 마음속에 형성된 주관적 믿음들 사이의 상호작용의 결과이다.

자녀의 행복을 위한 교육열의 표출행동 즉 자녀교육 지원행동은 급격한 사회변동과 다양화·정보화·전문화의 진전에 따라 지역별·계층별로 복잡한 양상을 띤다. 대도시 중산층 학부모의 자녀교육 지원행위는 국내외 교육의 지원, 공교육과 사교육에 대한 지원, 가정·학교·사회에서의 지원 등 매우 다양한 활동들을 포함한다([그림 10-1] 참조).

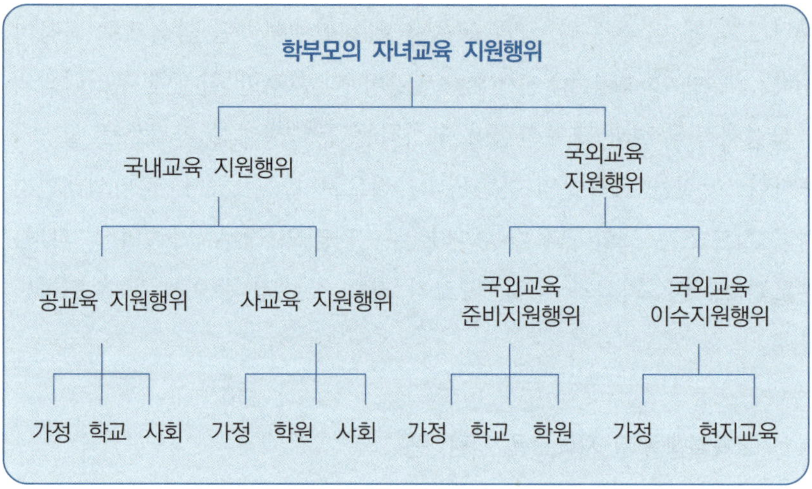

[그림 10-1] 학부모의 자녀교육 지원행위
* 출처: 홍금초(2005: 154)

2) 교육열 현상

학부모들의 자녀교육열이 발산되는 곳은 시공간적으로 매우 다양하게 나타나는 만큼, 교육열현상은 한국사회에서 매우 다양한 장면에서 다양한 방식으로 나타난다. 교육열현상은 입시위주교육, 입시지옥(전쟁), 치맛바람, 극성엄마, 높은 취학율과 진학률, 과다한 사교육 등을 말한다. 한국 사회에 나타나는 교육열현상의 몇 장면을 기술해보자.

거리에는 학원 간판이 즐비하고, 아파트 메일 박스와 게시판에는 연일 학원광고나 과외 광고로 가득하다. 출판가에서 학생들의 수험 참고서는 영원한 베스트셀러(이종각, 1997: 454)로 계속 유지되고 있다. 매일

밤 10시 중·고교주변은 학원차와 학부모차들로 심각한 교통지옥을 유발한다. 가정지출 중 교육비가 차지하는 비중은 7.03%로 전 세계 2위(한국무역협회, 2002)이다[1].

학생들이 아침 일찍부터 밤늦게까지 각종 학업스케줄로 꽉 차 있는 모습은 외국의 유명 TV 프로그램 '믿거나 말거나'에도 취재된 바 있다. 학교는 방학 중에도 별도 수업을 진행하고, 그 후에도 학생들은 학원을 다니거나 개인교습을 받는다. 좋은 대학에 입학하기 위해 유치원 단계의 조기교육부터 대학입시를 위한 재수나 삼수도 감행한다.

한국사회의 가족이 '자녀교육'을 중심으로 가족경제와 문화가 재구성되는 '교육중심형' 가족을 형성하고 있는 것처럼 '자녀교육 중심'은 서구사회에서도 현대사회의 가족을 규정하는 가장 두드러지는 특성 중 하나로 지적되고 있다(Dubet, 1997). 학교에서는 더욱 많은 수업을 제공하는 방향으로 교육하고, 학부모들은 학교 밖의 학원이나 개인과외 수강 등 학교안팎으로 폭넓게 교육열을 발산한다.

공간적으로는 교육여건이 열악한 시골지역에서 좀 더 나은 도시지역으로 옮겨가는 연쇄적인 학생이동현상이 전국적으로 발생한다. 세계화, 개방화가 진행된 이후로는 해외교육을 선택하는 탈한국 현상이 급속도로 증가하고 있다.

2. 교육열의 작용원리

한국 사회의 교육열이 높다는 것은 적어도 세 가지 측면을 포함한다. 첫째로, 개개인의 교육열 동기체제의 강도가 높다는 점, 둘째 전체 국민 중 이런 높은 교육투자동기를 가진 사람의 비율이 매우 높다는 점,

---

1) 덴마크 1위 7.17%, 노르웨이 3위 6.90%, 미국 6위 6.43%, 일본 23위 4.72%, OECD 평균 5.75%.

셋째 계층과 지역에 관계없이 전반적으로 교육열이 높다는 점을 포함한다.

교육열(욕구)이 행동으로 구체화 되는 교육열행동, 즉 자녀교육 지원행동으로 표출될 때 문화생태환경의 변화와 차이에도 불구하고 일관성 있게 나타나는 작용성향을 발견할 수 있다. 이를 이종각(2002)은 세 가지의 교육열운동법칙으로 정리하고 있다.

제 1운동법칙은 "교육열은 교육이 지위상승체계에 미치는 영향력의 정도가 높은 교육장면으로 운동한다"이다. 교육열은 교육본질이나 전인교육을 추구하는 것보다는, 지위상승체계에 영향을 미치는 교육장면으로 우선적으로 작용함을 의미한다.

제 2운동 법칙은 "교육열은 인간대접을 받는 데 영향을 미치는 교육장면으로 움직인다"이다. 학력차별이 심하고 학력 자체에 상당한 의미를 부여하는 한국 사회에서는 학력이 그것의 경제적 실용성이나 지위상승과는 별개로 상징적 가치를 지니며, 인간적 품위 향상을 위해 상징적 학력을 획득하려는 방향으로도 작용한다.

제 3운동법칙은 "각 시대의 교육열은 교육 후의 결과가 제도적으로나 관행상으로 높은 사회적 가치를 부여하는 방향으로 움직인다"이다. 한국사회의 학교교육열은 학교교육의 목적이나 과정보다는 학교교육의 결과(과거급제, 학력, 학벌, 성적 순위)로 획득하는 사회적 가치에 의해 추구되고 있다는 의미이다.

물리학에서 열이 낭비되거나 부정적으로 작용하지 않고, 생산적으로 활용되는 방식이 연구되듯, 학교교육열을 긍정적으로 활용하는 방안을 모색할 필요가 있다. 학교교육열 즉 자녀의 성공을 위해 학교교육을 활용하는 것은 그 자체로는 선하거나 악한 것이 아닌 중립적인 것이다(이종각, 2007b). 정작 문제는 그것을 부정적으로 왜곡되게 하는 조건들,

즉 교육열 생태환경 여하에 따라 긍정성과 부정성이 나타나는 정도가 달라질 것이다. 교육열 생태환경의 개선을 통해 한국인의 교육열은 부작용을 줄임으로써 더욱 소중한 자원이 될 수 있다.

Ⅱ 교육열 다시보기: 교육열에 대한 기존 정의 분석

1. 교육열 개념 정리의 필요성

최근 교육열에 관한 연구와 논의가 지속적으로 쌓여가고 있다. 이 연구들은 한국인의 교육열이 매우 높다는 공통된 진단 하에 다양한 각도에서 그 원인을 분석하고 결과를 검토하고 있다. 교육열에 관한 연구와 논의가 통찰적 분석에서 실증적 연구에 이르기까지, 사회구조의 분석에서 개인의 심리분석에 이르기까지 비교적 다양하게 전개되어 왔다. '교육열'이란 용어는 그 사용자나 맥락에 따라 다소 다른 의미와 깊이를 전달하는데, 이러한 불일치는 학문적인 논의에서는 물론 일상적인 담론에서도 양면성이 있다. 한편으로는 해당 개념에 대하여 폭넓은 의미를 제공하는 측면이 있다. 그러나 다른 한편으로 그것은 적지 않은 혼란을 초래할 수 있다.

교육열의 개념에 합의가 이루어지지 않는 이유에 대해서, 오욱환은 세 가지로 지적한 바 있다(2000: 15-16). 첫째, 교육열 현상을 조망하는 시각들이 대립되어 있다. 교육열의 긍정적 측면을 보는 시각이 있고 부정적 측면을 보는 시각이 있으며 중도에서 양자를 종합하려는 시각도 있다. 둘째, 교육열을 다루는 학자들이 염두에 두고 있는 시대와 집단에 차이가 있다. 조선시대 양반을 염두에 두는 경우가 있고 현대의 도시 중산층을 염두에 두는 경우도 있다. 셋째, 한국인의 심리적 속성에서 교육열의 기원을 찾으려는 시각이 있는가 하면 한국사회의 역사적, 사회적, 문화적 맥락에서 교육열 현상을 파악하려는 시각이 있다. 이처럼 교육열은 학자의 시각과 그가 다루려는 주제에 따라 상이한 의미를 지닌다. 오욱환은 교육열 관련 연구물들이 다양하게 축적될 때까지 연구자 나름대로 '교육열'을 정의하도록 내버려두는 것이 더 바람직하다고 보았다. 단지 연구자가 교육열의 의미를 정확하게 표현하고 내적 일관성을 유지함으로써 독자의 오해와 혼동을 막아주면 된다고 보았다.

이와는 다른 차원에서, 이종각은 사람들이 교육열의 정체를 제대로 파악하지 못하는 까닭을 3가지로 지적한 바 있다(2002: 175). 첫째, 우리말과 우리 현상에 대한 자주적인 관심이 적었다. 교육열에 관해서도 연구의 대상으로 보기보다는 각종 교육문제의 원흉으로 지적하는 것으로 그치는 경향이 있었다. 둘째, '교육열'과 '교육열 현상'을 구분하지 않았다. 교육열은 일종의 동기체제인 반면 교육열 현상은 교육열이 생태적 환경과 결합하고 상호작용한 결과로 나타난 것이다. 셋째, '원인으로서의 교육열'과 '결과로서의 교육열'을 구분하지 않았다. 결과로서의 교육열(예, 입시지옥)은 원인으로서의 교육열(자녀애와 성취욕구)이 다른 많은 요소들과 결합하여 나타난 것이다. 이에 교육열을 비난의 대상으로 보지 말고 가치중립적인 것으로 볼 것을 제안하였다. 더 나아가 교육열을 한국의 주요 자산으로 보고, 이를 자원화 하는 교육정책을 추진해야 한다고 주장하였다.

교육열 개념에는 이외에도 다른 혼란이 있다. 그것은 '교육열'에서 '교육'이 의미하는 바가 [교육학개론] 강좌 등에서 통상적으로 소개되는 교육의 의미와는 다르다는 점이다. 일반적으로 교육은 '전인적 발달', '사회화', '경험의 재구성', '행동의 계획적인 변화', '문명화된 삶의 양식으로의 입문', '인격의 함양' 등으로 규정된다. 이런 규정들 속에는 교육이 지향하는 가치가 함축되어 있다. 그러나 교육열의 일상적인 용법에는 이런 의미가 함축되지 않는다. 교육열만 그런 것은 아니다. 교육경쟁, 교육수요, 교육공급, 교육팽창 등도 매한가지이다. 이런 용어들에서 '교육'은 근대적인 교육제도로 정착된 학교교육(schooling)을 의미할 뿐이다.[2] '교육열'의 한 의미요소를 이루고 있는 '교육'이 이처럼 제도적인 용법으로 사용되는 경우가 대부분이기 때문에, 교육의 '본질적인 의미'와 같은 관념을 가지고 교육열에 접근하면 의미상의 혼란만 초래하게 된다.

지금까지 논의한 바와 같이, 아직 교육열의 의미는 불명료하고 그 정체도 불확실한 편이다. 이런 상황은 '교육열'이 한국의 교육현상을 이해하기 위한 중요한 개념적 도구가 될 수 있으리라는 일부 학자들의 기대에 어두운 그림자가 될 수 있다. 따라서 한국의 교육현실을 정확하게 파악하기 위해, 또한 교육학의 진보를 위해, 교육열이란 개념을 잘 정리할 필요가 있다.

기존의 연구들에서 '교육열'이란 용어가 어떤 의미로 사용되어 왔는지, 왜 서로 다르게 사용되어 왔는지를 분석해보자. 주요 연구자들이 교육열을 어떻게 정의했으며, 그런 정의는 그들의 연구전개와 어떤 연관이 있는지 검토한다. 그리고 '교육열'을 학술적으로 유용한 분석도구로 만들기 위해서는 어떻게 개념화하는 것이 좋은지 알아본다. 우선 기존의 연구들에서 교육열이 정의된 방식들을 분석하고, 이 정의들의 주요 특징을 비교하고, 나아가 새로운 개념모형을 구성해 보기로 한다.

교육열의 개념화 작업은 일차적으로 교육열의 정확한 의미를 파악할

---

2) 이런 점에서 한정신(1998), 이인숙(2001) 등의 연구에 등장하는 교육열 개념은 통상적인 용법과 차별성이 있는 것이다. 한정신은 교육열을 '자아실현과 과업수행에 대하여 자신이 설정한 목표수준에 도달하기 위해 교육을 받고자 하는 동기'로 정의했으며, 이인숙은 장상호가 개념화한 상구의 열정과 하화의 열정이 합해진 것으로 교육열을 재개념화하려 했다.

수 있게 한다는 이점이 있고, 나아가 교육현상을 설명하는 개념으로 활용할 수 있다는 이점도 있다. 교육열의 개념화 작업은 교육학 연구에 중요한 기초를 놓는 작업이다.

2. 교육열 개념의 3 유형

한국 학부모의 교육열은 한국 전통사회로부터 이어져 내려온 것이며, 여러 가지 사회적 작용과 현상을 일으켜왔기 때문에, 교육열에 대한 규정도 다양하게 이루어져 왔다. 교육열에 관한 다양한 정의를 신기현(2007)은 에너지, 열병, 동기, 열정의 네 가지 은유의 유형으로 정리하였다. 그러나 에너지와 동기는 사실상 구분하기 어렵고, 에너지 은유는 동기 은유의 발전된 모습으로 파악할 수 있기 때문에 여기에서는 3가지 유형으로 제시한다.

첫째, '동기'로서의 교육열 규정은 한정신(1998: 92)의 것이 대표적이다. 그녀는 교육열을 '자아지향 성장동기와 과업지향 성장동기로 구성되는 교육적 성장동기'로 규정한다. 그러나 한정신은 각 동기의 의미만을 나열할 뿐 이들이 상호 어떻게 관련 맺으면서 교육적 성장동기의 전체를 이루는지는 설명하지 않고 있다(신기현, 2007: 70).

이종각(2003, 2005)이 시도하고 있는 '에너지로서의 교육열' 개념화는 동기적 규정을 넘어 교육열에 의해 나타나는 변화의 양상, 교육열에 작용하는 법칙의 발견, 그리고 교육열의 활용방안에 이르기까지 탐구할 수 있는 개념적 도구를 개발하고, 한국교육의 주요 현상과 교육열을 연계시켜 설명하려는 작업으로 확대하고 있다.

'교육열은 모종의 에너지로서, 교육행위에 파고들어가서 그 행위의 열도를 높이고 강화시켜주는 원인'이다(이종각, 2006: 358). 교육열은 세 가지 핵심 구성요소인 자녀애 + 성취욕구 + 교육의 결합체이다. 이런 의미에서의 교육열은 동서고금에 걸쳐 보편적으로 나타난다(이종각, 2003). 교육열은 자녀의 더 나은 삶을 위해 '교육을 자녀성취욕구의 수단으로 활용하는 심리적 상태'이다(이종각, 2006: 363).

둘째, '열병으로서의 교육열'이다. 이 은유는 대체로 부정적으로 사용된다. 현재 교육자들 사이에 가장 널리 수용되고 있는 견해이다. 김용숙(1986, 1990)은 궁극적으로 입신출세에 필요한 최고의 학력이나 일류의 학벌을 자녀들에게 갖게 하려는 개인적 차원에서의 사적인 욕망이라고 규정했다. 강창동(2007)은 편집증적 교육열이라고 한다. 정병호(2008)는 오늘날 한국사회가 겪고 있는 교육문제를 일종의 '문화적 질병'으로 진단하고 있다.

오욱환(2000: 18)에 의하면 한국사회의 교육열은 "한국인들의 교육욕구가 사회적으로 만연하여 한국사회 전반적으로 나타나는, 정상수준을 넘어선 학력 및 학벌쟁취 현상"이다. 과열된 교육열은 각 가정이 다른 가정의 자녀들을 점수경쟁에서 도태시키기 위해 힘겨운 가계부담을 감수하게 하며, 다른 가정의 교육열을 자극하여 사회 전체를 '끝이 없는 경쟁'으로 몰아간다. 이를 통해 한때 사회발전의 원동력이었던 학교교육이 이제는 사회와 국가에 크나큰 짐이 되었다(오욱환, 2002).

셋째, 교육열은 '열정'의 은유로 개념화될 수 있다. 김소희(2002, 2003, 2005)의 열정은유는 교육열이라는 열정(passion)의 약과 독(pharmakon)의 양가적 측면을 부각시켜 치열한 제로섬의 경쟁구도를 입체적으로 보여주고 있다. 김소희는 바로 여기에서 교육의 새로운 재구조화의 필요와 기저를 발견하고 있다. 그녀는 '근대교육의 자기배반성'에 대한 성찰은 근대교육이 전 세계적으로 확산시킨 대중교육과 평등이 비록 의도하지 않았지만, 교육의 등급화와 낙인을 통해 교육카스트를 더욱 견고히 하여 교육 스스로 자기모순에 빠지는 자기배반성의 독소를 더욱 강화하고 있음을 강조한다. 화려한 성공을 부추기며 실패에 대한 공포와 불안으로 몰아가는 기제는 성찰성을 상실한 채 근시안적 시야에 갇히게 됨을 지적한다. 치열한 경쟁시스템에 매어있게 하는 근대교육이 심각한 위기에 직면하고 있으며, 동시에 그 한계를 극복해야 할 도전에 직면해 있다(김소희, 2002: 22). 그러면서도 세계화의 흐름 속에서 부모의 교육열이 전 지구적 차원에서 공동위험으로부터 상호 협조하고, 새로운 교육노마디즘의 가치와 의미를 열어가기 위한 자원이 될 수 있는 가능성도 제시하고 있다(김소희, 2008: 433).

3. 교육열 정의에 관한 선행연구

교육열의 개념을 정교하게 다듬으려는 노력은 여러 연구물들에서 발견된다. 그중 개념 정의에 많은 노력을 기울인 것으로 보이는 김영화, 김희복, 최봉영, 박남기, 오욱환, 이종각 등의 연구를 중심으로, 교육열 개념이 규정되는 방식들을 살펴본다.

1) 김영화의 정의

김영화는 교육열을 '교육에 대한 사회적 수요'로 정의한 바 있다(김영화, 1992: 173). 그리고 약 90%의 학부모가 자신의 자녀가 고등교육을 받기를 원한다는 점을 들어, 한국의 교육열이 유난히 높다고 진단했다. 이 정의에서 교육열의 존재와 정도를 확인할 수 있는 척도는 '부모가 기대하는 자녀교육의 수준'이다. 이듬해 그녀가 동료들과 공동으로 수행한 연구에서는 교육열을 '교육에 대해 가지고 있는 열망과 실제로 교육을 위해 투입하는 행위'를 포함하는 개념으로 정의했다(김영화 외, 1993: 13). 그리고 개념의 명료화를 위하여 교육열을 6가지 범주로 분류했다.

① 교육열의 주체에 따라: 개인의 교육열, 사회집단의 교육열, 국가의 교육열
② 교육열의 대상에 따라: 사적 교육열, 공적 교육열
③ 교육열의 목적에 따라: 도구적 교육열, 본질적 교육열
④ 교육열의 범위에 따라: 협의의 교육열(취학열, 진학열), 광의의 교육열(다양한 영역의 교육을 위해 개인이 보이는 열의)
⑤ 지향하는 교육의 형식성에 따라: 학교교육열(형식적 교육열), 학교외 교육열(비형식적 교육열)
⑥ 현실감의 정도에 따라: 이상적 교육열, 현실적 교육열

이러한 정의와 분류는 그들이 수행한 실증적 연구의 기초 작업으로서, 학부모들이 가지고 있는 교육열의 양태를 밝히는데 일부 활용되었다. 그러나 여기에는 몇 가지 난점이 발견된다. 우선, 교육열이 "교육에 대해 가지고 있는 열망과 실제로 교육을 위해 투입하는 행위"를 모두 포함한다면, 교육에 대해 '열망은 있으나 투입행위가 없는 경우', 혹은 '열망은 없고 투입행위만 있는 경우'는 교육열이 아닐 것이다. 그러나 교육열에 대한 그들의 분류는 열망(열의)에 의한 분류이지 투입행위를 함께 고려한 분류라고 보기는 어렵다. 둘째로, 이러한 분류는, 개념의 명료화 의도와는 반대로, 교육열의 개념을 파악하기 더 어렵게 만들어 놓았다. 분류가 지나치게 자세하여 교육열의 종류가 엄청나게 많아졌다. 이는 교육열의 분류라기보다는 교육에 임하는 사람들이 보여줄 법한 태도에 대한 분류라고 보는 것이 더 정확하다.[3] 분류된 태도의 양태들을 모두 교육열이라고 규정하기는 어렵다.

3) 김영화의 교육열 분류에 대한 또 다른 비판적 논의는 이종각(1997), "김영화의 교육열에 대한 분류에 관하여" 교육인류학탐색(하우, 1997) pp.364-373을 참조하시오.

2) 김희복의 정의

김희복은 교육열에 대한 기존의 연구들을 종합하여, "한국인의 교육열은 세 가지 수준의 요소, 즉 교육에 관련된 행위, 그 행위를 주도하는 문화적 지식(예컨대, 교육관 등), 그리고 사회구조적 맥락이 상호 관련되어 있는 현상이라고 할 수 있다."(1992: 23)고 정리했다. 그리고 이 세 가지 요소들을 중심으로 교육열에 관련된 세 가지 잠정적 명제를 제시했다.

첫째, 개인 또는 집단이 지니고 있는 학교교육에 대한 특정한 욕구 또는 기대와, 그것을 실현시키려는 실천적 행위는 교육열의 표층을 구성한다.

둘째, 교육에 대한 특정한 욕구, 기대 및 행위의 심층에는 교육에 대한 모종의 지각, 관념, 상황 정의 등 문화적 지식이 존재한다.

셋째, 한국인의 교육에 관련된 행위, 문화적 지식은 한국의 경제구조, 정치체제, 교육체제, 역사적 경험, 문화적 전통 등의 사회구조적 맥락 속에서 형성된 것이다.

세 명제들에 따르면, 교육열은 한국의 사회구조적 맥락에서 형성되었으며, 표층과 심층의 이층적 구조를 이루고 있다. 심층에는 문화적 지식이, 표층에는 욕구와 기대, 그리고 행위가 있다. 그리고 교육열을 정의하는 데 사용된 하위개념들은 교육관련 행위(욕구와 기대 포함), 문화적 지식(교육관), 사회구조적 맥락(정치, 경제, 교육, 역사와 전통) 등이다.

김희복의 정의는 상당히 포괄적이다. 표층과 심층과 맥락이 있다. 그러나 이 요소들의 묶음이 무엇을 지시하는지 그 대상이 드러나 있지 않다. 개념의 내포는 있지만 외연이 나타나 있지 않다. 따라서 교육열이 무엇을 가리키는 말인지 분명하지 않다. 그리고 그가 욕구와 기대와 행위를 뭉뚱그려서 교육열의 표층에 배열한 것도 문제가 된다. 왜냐하면 행위는 외적인 표현이고 욕구와 기대와 문화적 지식은 행위의 이면에 있다고 보아야 하기 때문이다. 이것들은 교육열 담지자의 내적, 외적 조건에 따라 행위로 표출될 수도 있고 그렇지 않을 수도 있다. 김희복은 교육열의 담지상태와 표현양태를 구분하지 않았다. 그에게서 교육열을 구성하는 요소는 〈형성배경 + 이층적 존재양식〉이다.

그러나 교육열을 담지한 상태와 그것이 표출되는 조건과 실제로 표현된 양태를 개념적으로 구분하고, 교육열 개념은 이 세 요소들을 의미있게 연관 짓는 방식으로 정리해야 할 필요가 있다. 이에 김희복이 셋째 요소로 제시한 교육열의 형성배경은 담지상태를 설명하는 요소로 삼아야 할 것이다. 즉 교육열 개념은 그것의 담지상태를 중심으로 규정하되, 그 형성배경, 표출조건, 표현양태를 알 수 있게 주변정리를 해줘야 유용한 학술적 도구로 활용될 수 있다.

3) 최봉영의 정의

최봉영은 교육열을 학교를 중심으로 한 제도교육에 대한 강한 집착이라고 본다(2000: 55). 그는 '교육에 대한 열의'와 '교육열'을 구분한다. 그에 의하면, 교육에 대한 열의는 어느 문화에서나 볼 수 있는 보편적인 현상이다. 교육에 대한 열의가 '교육열'이라 불릴 수 있으려면, 그것이 특정한 형태로 제도화된 교육이 집단적 경쟁의 방식으로 운영됨으로써 사회적 관심과 열의를 불러일으킬 수 있어야 한다(2000: 57). 오늘날 한국사회에서 교육열이 사회적 관심사로 대두하는 것은 사람들이 교육을 통한 사회적 능력의 계발을 핵심적 이해관계로 생각하기 때문이다.

> 한국사회처럼 교육열이 교육을 좌우하게 되면 개인적 자질의 계발이 사회적 능력의 계발에 종속하는 경향을 갖게 된다. 즉, 사람들은 교육을 부귀공명, 입신양명, 입신출세 등과 같은 사회적 성공의 수단으로 이해하게 된다. 이로 인해 교육이 특정한 사회적 능력의 계발에 지나치게 편중되어 다른 것들에 대한 관심을 축소 또는 왜곡시켜 사회적 문제를 유발하게 된다(2000: 57).

그는 개인적 자질과 사회적 능력이 무엇인지 구체적으로 지적하지 않았지만, 문맥으로 보아 사회적 능력은 부귀공명, 입신양명 등에 수단이 되는 능력으로 추정된다. 그는 오늘날 입시 위주의 교육이 이 사회적 능력을 중시하는 출세지향적 교육관에 바탕을 두고 있다고 보고, 그 문제점을 상세히 비판했다(2000: 95-108).[4)]

형식적으로 볼 때, 최봉영이 정의한 교육열은 담지상태(교육에 대한 보편적인 열의), 표출조건(특별히 경쟁적인 교육제도), 표현(사회적 관심과 열의를 불러일으킬 만큼 강하게 나타남)의 세 요소를 모두 포함하고 있다. 그러나 그는 이 요소들에 대한 설명을 모두 생략했으므로, 교육열의 개념을 그 이상 정교한 학문적 도구로 가공하지는 않았다.

4) 박남기의 정의

박남기는 정리된 문장으로 교육열을 정의하기보다는 '교육전쟁'이란 새로운 용어로 교육열에 대한 논의를 전개한다(1994, 2000). 그에 의하면, 한국의 현실은 생존을 위해 싸워야 하는 전시 상황이다('지위경쟁'이란 말로는 이 극한 상황이 제대로 표현되지 않는다). 문화, 부족한 자연자원, 높은 인구밀도, 제한된 취직 기회 때문에 학교에 다니는 것 이외에 다

---

4) 최봉영에 의하면, 한국과 문화적으로 가까운 중국이나 일본에서도 유사한 형태의 교육열을 볼 수 있다(2000: 57).

른 선택의 기회가 없을 때 사회의 전쟁 상황이 학교를 통해 표출된다(1994: 193).[5)]

그는 교육열을 가치중립적인 것으로 이해한다. 즉 교육열은 그 자체로 바람직하거나 바람직하지 않은 사회적 현상이 아니라, 한 사회의 오랜 역사적 상황 속에서 만들어진 다양한 사회현상 중의 하나에 불과하다. 이 교육열은 시대 상황 및 교육열 주체의 상황에 따라 과열되기도 하고 냉각되기도 한다(2000: 157-8).

일반적으로 학부모를 교육열의 주체로 보는 방식과 달리, 박남기는 교육열의 주체를 4차원으로 구분했다. 그리고 각 주체에게서 교육열이 과열되었을 경우와 냉각되었을 경우에 발생할 수 있는 문제들을 예측해 보았다.[6)]

① 교육수요자(가정, 학생): 교육을 받고자(받아야) 하는 열
② 교육 실시자(학교): 교육으로 이끌고자(이끌어야) 하는 열
③ 교육 공급자(사학설립자, 학원, 국가): 교육을 제공하고자(제공해야) 하는 열
④ 교육결과 수용자(기업 및 사회 일반, 국가): (자신들이 원하는) 교육을 받은 충분한 인력을 공급받고자 하는 열

---

5) 박남기에 의하면, 한국의 교육에서 문제는 어느 집단의 악의나 민족성이나 교육정책의 실패에서 기인하는 것이 아니라, 사회의 전쟁 상황과 그 안에서 자율 의지를 가지고 생존과 발전을 위해 발버둥치는 개인들의 상호작용으로 인해 발생한다. 이는 해결 가능한 문제가 아니라 상당한 기간 안고 살아가야 할 우리의 아픔(운명)이다. 그리고 우리와 같이 사회의 전쟁 상황에 놓여 있는 국가는 거의 유사한 현상(과도한 교육열, 교육을 위한 가족의 헌신)에 직면해 있다. 개발도상에 있는 중남미, 동남아, 북아프리카의 여러 나라에 이러한 현상이 진행 중에 있다(1994: 197-8).

6) 박남기에 의하면, 교육열은 과열될 때뿐만 아니라 냉각될 때도 문제가 된다. 과열되면 과열 과외와 입시위주의 교육 같은 문제가 발생하지만, 냉각되면 학부모의 교육 무관심, 학생의 실력 저하 등의 문제가 발생할 수 있다(2000: 160-162).

이런 구분과 예측은 흥미롭고, 다양한 입장에서 사고할 수 있도록 돕는다고 볼 수도 있다. 그러나 박남기의 4주체 구분은 교육열의 일상적인 용법에서 많이 벗어나게 된다는 점에서, 교육열 논의에서 의사소통을 방해할 위험이 있다. 교육열이 관심사가 된 한국의 현실에서 교육열의 주체는 교육수요자, 특히 학부모이다. 실제로 그의 연구에서도 분석의 초점은 가정(학부모와 학생)이 교육열의 주체가 되었을 경우에 맞추어졌다. 이처럼 연구자 자신도 주의를 기울이지 않은 주체들을 나열하는 것은 논의를 필요 이상으로 추상화·관념화시킬 위험이 있다.

박남기의 교육열 개념에서 사회의 전쟁 상황이라는 조건을 주목할 만하다. 그는 현실 사회의 환경적 요인을 전쟁 상황이라는 극한 상황으로 설정했기 때문에, 앞으로 교육열이 더 이상 상승할 수 없는, 즉 유지되거나 낮아질 수밖에 없는 것으로 진단해야만 하는 논리적 함정에 빠지고 말았다. 실제로 그는 교육열이 현재 냉각되고 있다고 진단했다(1994: 201-2). 그에 의하면, 한국 사회의 전쟁 상황이 서서히 완화되고 있으며, 이에 따라 우리 국민의 교육열도 식어 가는 중이다. 이제는 교육열을 식히기 위한 정책에서 교육 무관심 상태가 오기 전에 교육열을 적정 수준으로 유지할 수 있는 대책을 준비해야 한다(2000: 181)고 박남기는 주장한다.

5) 오욱환의 정의

오욱환은 교육열을 "한국인들의 교육욕구가 사회적으로 만연하여 한국사회 전반적으로 나타나는, 정상 수준을 넘어선 학력 및 학벌 쟁취 현상"이라고 정의했다(2000: 18). 이 정의는 다음 다섯 가지를 고려하면서 내려진 것이다.

① 교육열은 교육욕구, 교육확대, 학구열 등과 구별된다. 이 용어들로 교육열을 대치할 수 없다.
② 교육(education)과 학교교육(schooling)을 구별해야 한다면, 교육열은 학교교육열에 가깝다. 학교교육열은 도구적 목적으로 학력과 학벌을 쟁취하려는 열망을 강조하기 위한 개념이다.
③ 교육열은 정상 상태를 넘어선 현상을 일컫는다. 이 용어는 부정적인 개념이다.
④ 교육열은 한국사회의 교육현상을 표현하는 고유한 용어이다. 경제학자들이 '재벌'이란 용어로써 한국 경제의 고유한 현상을 기술하는 것과 같다.
⑤ 교육열은 개인적 속성으로보다는 사회적 현상으로 접근될 때 더 포괄적으로 설명될 수 있다.

오욱환의 이러한 정의는 여러 가지를 고려한 것이지만, 몇 가지 오해의 소지가 있다. 첫째, 교육열이 정상 상태를 넘어선 부정적 개념이란 지적이다. 그는 교육열이 부정적 의미를 함축하므로 그 공헌을 언급하는 것은 논리적으로 부당하다고 지적한다(2000: 24). 이런 지적은 교육열을 개인의 심리적 속성으로 보지 않고 사회적 풍토로 나타나는 현상으로 본 데서 비롯된 것 같다. 교육열에 부정적인 이미지가 자주 따라붙긴 하지만 반드시 그런 것은 아니다. 이종각, 박남기 등은 교육열을 중립적인 것으로 보고 있으며, 한우희는 '보통학교 교육열'에서 오히려 긍정적인 것으로 해석하였다. 많은 문제점이 있음을 인지하면서도 종합적으로 판단해 볼 때 교육열을 긍정적으로 보고 있는 인사들도 상당히 있다.[7] 이종각이 '교육열'과 '교육열 현상'을 구분한 것이 이 사태를

7) 조선일보와 30-40대 지식인 20명으로 구성된 〈코리아프로젝트 2020〉은 한국이 국민소득 3만달러시대로 도약하기 위해서는 버려야 할 과거 유산과 되살려야 할 유산

해결하는 데 도움이 될 것 같다.

둘째, 교육열을 한국사회의 교육현상을 표현하는 고유 용어로 본 것도 오해의 소지가 있다. 교육열은 한국의 교육현상을 표현하기 위해 만들어진 용어임에는 틀림없다. 그러나 그것이 한국의 교육현상을 기술하는 데 한정되어야 하는지는 확실치 않다. 최봉영은 중국과 일본에서도 한국의 교육열과 유사한 현상을 볼 수 있다고 했고(2000: 57), 박남기는 개발도상국에도 있다고 했다(1994: 197-8). '교육열'이란 용어는 중국·일본 등 한자문화권 여러 국가에서 사용되고 있다. 중남미, 동남아, 북아프리카의 여러 나라에서도 교육열과 유사한 현상이 나타나고 있다. 나아가 다른 나라의 교육현상을 기술하고 설명하는 데도 교육열 개념이 기여할 소지는 충분히 있다. 이 개념을 정제하여 분석적으로 연구에 활용하고, 외국인(특히 우리와 문화를 달리하면서도 학계를 지배하는 서구인)들과 학문적 의사소통이 가능한 언어로 정제해 나가는 우리의 능력과 노력에 따라 '교육열' 개념의 운명은 달라질 수 있다.

6) 이종각의 정의

이종각은 교육열을 '교육에 대한 동기체제'로 규정했다(2002: 178). 이 동기체제는 '자녀 성취욕구의 교육적 표현'이라 할 수 있다. 이것은 '자녀 성취욕구'가 보편적인 욕구라는 것과, '교육적 표현'이 제도교육을 통하거나 대상으로 한다는 점을 드러내 준다. 그는 교육열의 하위개념과 주변개념들을 개발하여 '교육열 개념모형'을 구성하고자 했다.

을 정리하였는데, 되살려야 할 제 1덕목으로 "우선 한국인의 강한 교육열과 학습의욕이다. 교육열에 대해 찬반논란이 있지만 여전히 지식기반사회로 가는 데 있어 큰 추진력이 아닐 수 없다"고 결론을 내렸다(조선일보. 2002.03.06.). 세계일보도 신문에서 대한민국의 미래로 향한 날개의 하나로 교육열을 꼽고 있다(2013년 11.25일자).

그는 교육열에 대한 개념화 작업을 수행하면서 아래와 같은 몇 가지 기본방향을 설정했다(2000: 19-25).

① '교육열'과 '교육열 현상'은 구분되어야 한다.[8)]
② 교육열은 그 생태환경에 따라 가변성과 적응성이 높다.
③ 교육열은 제도화된 교육으로부터 발생되는 이익을 더 많이 추구하려는 형태로 표현된다.
④ 교육열은 학습된 것이며 역사적으로 누적·확산되어 왔다.

그는 교육열이 그 나름의 역사적 전개과정을 거쳤다고 보고, 그 과정을 교육열 기본형 ⇨ 교육열 초기화 ⇨ 교육열 현재형으로 정리했다(2000: 25-32). 여기서 '교육열 기본형'은 부모의 '자녀애 + 성취욕구'를 의미하며 자녀를 가진 모든 부모들의 공통된 욕구로 간주되며 교육제도가 널리 보급되기 이전부터 존재한 것이다. '교육열 초기화'는 전통사회에서 제도교육이 형성되고 교육받는 것이 성공으로 가는 사다리 역할을 하는 사회구조에서 자녀성취욕구가 교육제도와 결합이 시작될 초기시절에 배태된 교육열을 말한다. '교육열 현재형'은 오늘날 '과잉 교육열'로 지칭되는 상황과 같은 것이 해당된다.

이종각의 개념화 작업에서 눈여겨봐야 할 것은 교육열과 관련된 개념들 사이의 논리적-사실적 연계관계를 이끌어 낼 수 있는 개념체계를 개발할 필요성의 인식이다. 이를 위해 '교육열 기본형', '교육열 초기화', '교육열 현재형', '교육열의 속성', '교육열 생태환경', '교육열의 운동법칙', '교육열의 결합법칙', '교육열의 전달성' 등의 개념을 개발

8) 여기서 말하는 교육열은 그 자체가 현상이나 행동이 아니라 특정 현상과 행동에 내재된 속성을 추정해 낸 동기체제이며, 일종의 심리적 에너지이다(이종각, 2000: 20).

했다. 그러나 아직 더 많은 개념들을 개발하고 그들 간의 연계관계를 설명할 필요성을 느끼고 있으며, 부분적으로는 더 정확한 의미를 전달할 수 있도록 일부 용어의 명칭을 수정할 필요성도 있다.

그는 또한 교육열 개념이 가급적 적은 것을 의미하는 개념으로 정의되면서도 다른 많은 개념들과의 관련성이 다수 밝혀져야 한다고 생각한다. 예를 들어, 교육열 개념 속에 성공관(혹은 출세관)이나 교육관 등을 포함시키기보다는 상호 독립된 개념으로 파악하고 교육열이 어떤 성공관 혹은 어떤 교육관과 결합할 때 어떤 교육열 현상이 나타난다와 같은 방식의 설명이 이루어져야 한다고 생각한다.

이상의 선행연구들이 교육열을 정의한 방식과 연구의 주요 특징을 간략하게 정리하면 〈표 10-1〉과 같다. 김영화의 정의는 교육열의 실상을, 김희복의 정의는 교육열의 문화적·사회구조적 맥락을 읽어내기에 유용하다. 교육열을 '학교를 중심으로 한 제도교육에 대한 강한 집착'으로 본 최봉영의 정의는 조선시대 양반 사대부들이 과거와 교육을 통해 권력의 기반을 확립했던 것과 동일한 맥락에서 교육열을 설명하기에 적절하다. 박남기와 오욱환은 교육열을 개인의 열망이나 욕구와 같은 심리적 현상으로 보지 않고, 일종의 사회 현상으로 본다. 교육열을 '전쟁 상황'과 같이 생존을 위해 치열하게 싸워야 하는 상황에서 발생하는 현상이라고 본 박남기와, 교육열을 '정상 수준을 넘어선 학력 및 학벌 쟁취 현상'이라고 정의한 오욱환은, 유사하게도, 이런 현상을 설명할 수 있는 논리를 개발하는 데 초점을 두었다. 한편, 이종각은 교육열을 '학부모의 교육에 대한 동기체제'로 보고, 이 동기 체제가 어떤 조건 속에서 어떻게 작용하는지를 분석할 수 있는 논리체계의 개발이 필요함을 지적하였다. 이를 위해, 교육열 개념을 사용하여 다른 어떤 현상을 설명하려하기보다 교육열 자체가 무엇인지, 그 정체를 밝히는 일을 우선순위에 두고 교육열을 유용한 학술용어로 다듬기 위해, 이와 연관된 개념체계를 개발하는 데 역점을 두었다.

〈표 10-1〉 주요 연구자들의 교육열 정의와 연구 특징

연구자	교육열 정의	연구 목적	연구 방법	주요 특징
김영화	◦교육에 대한 사회적 수요 ◦교육에 대한 열망과 교육을 위한 투입 행위	사회계층별 교육열 실상 분석	실증적 연구(문헌 및 자료 분석, 면담, 참여관찰)	교육열의 실상에 대한 종합적 기술
김희복	◦교육에 관련된 행위, 문화적 지식, 사회구조적 맥락이 상호 관련된 현상	학부모 문화 이해	문화기술적 연구(참여관찰, 심층면접, 설문)	교육열의 복합적 측면 분석
최봉영	◦학교를 중심으로 한 제도교육에 대한 강한 집착	교육열에 대한 역사적 이해	역사 해석	유교문화와 출세지향적 교육관 분석
박남기	(분명한 정의 없이 교육열을 '교육전쟁'에 비유함)	교육열 현상을 이해하기 위한 대안적 관점 제시	선행 연구 분석, 대안적 관점 제시	교육열 발생 원인에 대한 7가지 관점 비교
오욱환	◦한국인들의 교육욕구가 사회적으로 만연하여 한국사회 전반적으로 나타나는, 정상 수준을 넘어선 학력 및 학벌 쟁취 현상	교육열 현상을 설명하기 위한 한국적 이론모형 탐색	문헌 분석, 기존 이론 비판, 새 이론 탐색	교육열 설명에 유용한 외국 이론 검토, 고유이론 개발
이종각	◦(학부모의) 교육에 대한 동기체제 ◦자녀 성취 욕구 =자녀애+성취욕구	교육열 개념 모형 구성, 교육열의 법칙 발견(운동법칙, 결합법칙)	선행연구 분석, 창의적 개념 구성	교육열 개념화 및 정체 파악

위 연구자들이 정의한 교육열의 특징은 몇 가지 차원에서 더 비교할 수 있다. 교육열을 일종의 심리적 속성으로 보는지 혹은 일종의 사회적 현상으로 보는지, 교육열을 부정적인 것으로 보는지 중립적인 것으로 보는지 혹은 긍정적인 것으로 보는지, 교육열을 부모가 가지고 있는 것으로 보는지 아니면 다른 어떤 주체가 가지고 있는 것으로 보는지 등과 같은 문제에서 연구자들의 입장은 다소 달라진다. 이를 정리하면 〈표 10-2〉와 같다.

〈표 10-2〉 교육열의 특성에 대한 인식들

연구자	교육열의 속성	가치판단	교육열의 주체
김영화	심리적 속성	중립적	개인, 사회집단, 국가
김희복	심리적+사회적	중립적	학부모
최봉영	사회적 현상	부정적	부모, 교사, 국가 등
박남기	사회적 현상	중립적	교육수요자, 교육실시자, 교육공급자, 교육결과수용자
오욱환	사회적 현상	부정적	한국인
이종각	심리적+사회적	중립적, 긍정활용론	학부모

Ⅲ 교육열 새롭게 보기: 교육열 재정의

'교육열'은 다시 정의될 필요가 있다. 특히 다음과 같은 것들이 보완되어야 한다.

첫째, '교육열'에 내포된 개념적 속성들을 더 정확하게 지적해야 한다. 개념적 속성들은 교육열의 의미를 구체적으로 드러내기 위한 필요

조건이다. 이 속성들이 지적되지 않으면 교육열이 무엇을 함축하는 말인지 알 수 없다.

둘째, 교육열 개념의 외연, 즉 적용 범위를 더 분명히 한정해야 한다. 외연이 분명치 않으면 교육열과 비(非)교육열을 구분할 수 없다. 결국 모호한 언어로 남게 된다.

셋째, 주변 개념들과 적절히 관련지어야 한다. 아직 교육열의 개념모형이 제대로 구성되지 못하여, 이론적인 연구를 추진하기에 어려움이 있다.

넷째, 교육열 현상을 잘 포착할 수 있어야 한다. 그래야 교육현실을 기술하고 설명하는 도구로 유용하게 사용될 수 있다.

무엇보다 '교육열'과 교육열이 작용하여 나타난 '현상'의 구분이 중요하다. 특정한 양태로 나타난 현상이 그 자체로 교육열은 아니기 때문이다. 보이는 현상은 그 이면에 교육열이 작용했음을 추정케 할뿐이다. 교육열은 어떤 현상이나 행동에서 추상해 낸 개념이다. 욕구, 동기, 정서, 성격 등 심리학의 언어들이 그렇듯이, 교육열은 인간행동의 내면에 존재할 것으로 추정된 어떤 것에 붙여진 이름이다. 교육열은 일종의 동기체제이며 심리적 에너지로 존재한다. 특정한 조건 하에서는 특정한 양상으로 난다. 따라서 다른 조건에서는 다른 양상으로 나타날 수 있다.[9] 이런 점에서, 교육열을 정의할 때는 그것이 행위자의 마음 속에 담지되어 있는 상태, 그것이 행동으로 표출되는 조건, 그리고 그것이 가시적으로 나타난 양태를 알 수 있게 해 주어야 한다. 이에 교육열의 담지 상태에서 표현 양태에 이르는 전개과정에 초점을 두고, 교육열을 다시 정의해 보고자 한다.

---

9) 이종각(2000)은 이것을 '가변성'과 '결합성'으로 개념화하였다.

> "교육열은 자녀의 교육을 지원하려는 부모의 동기체제로서, 사회적 경쟁에서 우위를 차지할 수 있도록, 더 나은 학력(學歷)을 갖게 하려는 행위로 나타난다."

이상의 교육열 정의는 다음의 네 측면으로 세분화시켜 부연 설명할 수 있다.

첫째, 교육열은 학부모에게 속한 것이다. 교육열은 학생이나 교사가 가지고 있는 것이 아니며, 학교나 정부가 가지고 있는 것도 아니다. 사랑하는 자녀의 행복과 성공과 출세를 바라는 부모의 마음이 교육열의 씨앗이다. 이 마음이 제도화된 교육에서 작용하므로 '교육' 열이며, 강한 동기로 작용하므로 교육 '열'이다. 학생의 공부에 대한 열의는 '향학열' 혹은 '학구열'이라 하고, 교사의 헌신적인 가르침은 '교육애'라 한다. 학교나 사회단체, 그리고 국가가 교육에 열의를 보일 때 붙여진 이름은 아직 없다.[10] 국가의 경우는 교육투자를 많이 하는 국가로 불러도 적절할 것이다.

둘째, 교육열은 자녀교육을 지원하려는 동기체제이다. 교육열이 높은 부모라 해서 직접 자녀를 가르치는 경우는 그리 흔치 않다. 교육열은 부모가 직접 교육하던 간접적으로 하던 자녀교육을 지원하려는 동기이다. 지원의 종류와 방법과 강도는 부모의 능력과 조건 그리고 성공관과 교육관에 따라 다양하다. 교육열이 높은 학부모들은 학군과 학교 선택에서부터 각종 과외와 학원과 학습지의 선택에 이르기까지, 열성적으로 개입하고 지원하고 성과를 확인한다. 스스로 가르치거나 배우는 것이 아니기에, 가르침과 배움의 교육학적 원리를 따르기보다는 주

10) 김영화 등은 교육열을 분류하면서 학교의 교육열, 국가의 교육열, 사회집단의 교육열 등으로 명명하긴 했지만, 그것은 순전히 논리적인 분류일 뿐 일상적인 용법에서는 매우 어색한 표현이다.

로 다른 부모들의 교육지원 행태를 따른다. 남들과 똑 같이 하는 것을 넘어 뭔가 한 가지라도 더 해주려 한다. 동조심리와 경쟁심리가 함께 작용한다.

셋째, 교육열은 사회적 경쟁의 조건 속에서 표출된다. 경쟁은 사회의 구성원들 중 일부에게만 기회가 부여될 때 발생한다. 사회적 경쟁이란 사회에서의 경쟁이며, 남과의 경쟁이다. 극기나 자기성찰과 같은 자기 자신과의 경쟁은 포함될 수도 있고 안 될 수도 있다. 타인과의 비교 속에서 상대적 우위에 서려는 경쟁이 더 중요성을 갖는다. 따라서 이 경쟁은 남들이 어떻게 하는지를 끊임없이 주시하며 이루어진다. 경쟁적 환경 속에서 학부모들의 교육열은 가열되며, 자기 자녀를 남보다 앞에 세우기 위해, 가용 재화를 경쟁적으로 소비하는 방식으로 표출된다. 학부모들은 학교와 학원 등 제도화된 교육기관을 둘러싸고 석차 경쟁, 점수 경쟁, 입시 경쟁을 지원한다. 심지어 졸업 후의 취직 경쟁까지도 지원한다. 교육 지원 동기는 자녀교육의 중요성, 경쟁 결과의 중요성에 비례하여 강화된다. 한국 사회에서 특히 대학 입시는 인생에서 매우 중요한 것으로 여겨진다. 따라서 한국인의 교육열은 대학입시때에 최고조로 가열된다.

넷째, 교육열은 자녀들에게 더 나은 학력을 갖게 하려는 행위로 표출된다. 학력·학벌사회와 교육열은 불가분의 관계를 맺고 있다. 주지하다시피, 학력사회는 학력이데올로기가 개인의 의식과 행동을 지배하는 사회, 즉 학력이 개인의 사회적 지위배분과 결정에 중요한 요소로 작용하는 사회이다. 학력사회에서 발견할 수 있는 교육열의 구체적 표현은 학력 경쟁이다. 더 나은 학력을 갖기 위해 경쟁하는 동안 교육열은 가열되고, 이런 경쟁으로 인해 학력이데올로기는 더욱 강화된다. 학력이데올로기와 교육열은 상승적 순환고리로 연결되어 있다.

학력이 성공이나 출세에 결정적으로 중요하다는 인식을 가진 부모들은 더 나은 학력의 쟁취를 위해 수단과 방법을 가리지 않는 경향이 있다. 자녀들에게 더 좋은 학력을 갖게 할 수만 있다면, 그래서 사회적 성공을 보장할 수만 있다면, 그 수단과 방법의 적법성이나 도덕성이나 경제성 등은 심각한 고려의 대상이 아니다. '과잉' 교육열이나 '잘못된' 교육열이란 비난이 따라붙는 것도, 수단과 방법의 적절성이 무시된 행동이 종종 나타나기 때문이다. 그러나 교육열이 항상 비난받을 만한 형태로 나타나는 것은 아니다. 자녀에 대한 헌신적인 지원과 배려가 큰 감동을 줄 때도 많다.

교육열의 전개과정에 초점을 둔 교육열의 개념 모형을 [그림 10-2]과 같이 정리할 수 있다.

교육열	⇨	표출 조건	⇨	표출된 현상
자녀교육지원동기		학력사회, 경쟁구조 등		학력 경쟁 유형

[그림 10-2] 교육열의 개념 모형

Ⅳ 교육열 폭넓게 보기: 교육열의 주변 개념

교육열의 주변에는 그와 유사한 개념들이 몇 가지 있다. 이것들은 종종 교육열과 혼동되기도 하지만, 주의해 보면 차이를 발견할 수 있다. 유사 개념들 간 차이들을 확인하는 과정에서 교육열의 의미를 좀 더 분명히 할 수 있을 것이다.[11] 교육열의 주변개념으로는 교육관, 교육욕구, 교육경쟁, 교육팽창, 학력 인플레이션 등이 있다.

1. 교육관

교육관은 개인이나 사회집단이 교육을 보는 관점이다. 교육관은 교육에 관한 인지체제이며 해석의 틀이다. 김영찬은 교육관을 한 사회의 구성원들이 공유하고 있는 교육에 대한 관점으로서, 교육의 목적과 내용, 방법, 교육자와 피교육자의 관계를 보는 표준 또는 거기에 부여하는 의미의 체계라고 정의했다(김영찬, 1976: 43). 이와 유사한 관점에서, 이종각은 교육관을 교육의 과정과 행위에 내재된 의미해석의 표준이라고 정의한 바 있다(이종각, 1997: 299). 다시 말하자면 교육관은 왜, 무엇을, 어떻게 교육해야 하는가에 관한 사람들의 믿음 체계이다.

교육열과 마찬가지로 교육관도 일종의 추정개념이다. 교육관은 사람들의 마음속에 있는 것이며, 직접 관찰할 수 없다. 교육에 관한 일상적인 이야기, 전래 속담, 역사 기록, 삽화, 언론 보도 등을 통해 추적해가야 할 대상이다. 교육관은 인간관, 가치관, 사회관, 국가관, 출세관 등과 결부되어 있다. 특정 문화와 종교와 삶의 생태적 환경이 교육관의 형성과 유지에 큰 영향을 미칠 것으로 생각된다. 개인의 교육 행동이나 사회의 교육 현상은 어떤 면에서 그들이 가지고 있는 교육관의 표현이라 볼 수 있다.

교육열은 일종의 동기체제인데 비해 교육관은 일종의 인지체제이다. 교육열이 동기, 욕구, 정서, 기대 등과 더 깊이 관련되어 있는데 비해,

11) 차이를 지적하는 방식은 사실 소극적 접근이다. "교육열은 이러이러한 것이다"와 같이 교육열을 적극적으로 규정하지 못하고, "교육열은 이러이러한 것이 아니라"는 식으로 정리하는 방식이다. 교육열의 의미를 다듬는 데에는 이런 소극적 접근도 도움이 된다.

교육관은 믿음, 지식, 판단, 평가 등과 더 깊이 관련되어 있다. 교육열은 어떤 행동을 유발하는 동인이며, 교육관은 어떤 현상을 평가하는 기준이다. 교육열은 일종의 동기체제라는 점에서 교육관보다 더 근원적인 것이라 할 수 있다. 교육관은 교육열이 촉발할 때 개입되는 매개변수라 할 수 있다. 그것은 교육열의 표출 방법, 강도, 방향 등에 영향을 주는 문화적 지식이며 관념체제이다.

교육열과 교육관은 모두 주관적이다. 주관적 동기이며 주관적 인지체제이다. 양자는 주로 사적인 경험과 포부에 의해 그 성격이 결정된다. 계몽이나 설득이나 객관적 자료의 제시로 교육열과 교육관을 바꿔놓기란 쉽지가 않다. 따라서 국가기관에 의한 통제가 어렵다. 그래서 교육열과 교육관에 대한 국가의 억제정책 혹은 계몽적 정책은 거의 성공을 거두지 못했다.

2. 교육욕구

교육욕구는 애매한 용어이다. 그것이 일종의 욕구라는 점에서 개인적인 것이라 할 수 있을 것이지만, 그 욕구를 가진 개인은 학생일 수도, 교사일 수도, 부모일 수도 있다. 교육욕구는 배우려는 욕구, 가르치려는 욕구, 자녀의 교육을 지원하려는 욕구 등을 포함한다. 교육욕구는 대체로 학생의 배우려는 욕구를 의미하지만, 반드시 그렇게 한정되는 것은 아니다.

공교육 체제가 도입되고 학령기의 전 인구가 학교 교육의 대상이 되면서, 개인의 교육욕구는 상당히 높아졌다. 오늘날 한국 사회에는 의무교육 기간을 지난 다음에도 학교에 남아 있는 교육대상 인구가 상당히 많다.[12] 그리고 교육의 기회가 확대되고, 가정의 경제력이 향상

---

12) 한국교육개발원의 2001년 통계에 의하면, 중학교→고등학교 진학률(진학자/졸업자

되면서 대학 취학률도 크게 높아졌다.[13] 이로써 한국인의 일반적인 교육욕구 수준이 대학교육이라는 것을 알 수 있다.

교육욕구는 교육열보다는 포괄적인 개념이다. 우선 교육욕구를 가진 주체가 학생, 교사, 학부모일 수 있다. 그리고 교육욕구가 어떤 수준을 넘을 만큼 강화되어야 교육열이라 할 수 있다. 또한 교육욕구는 시공간적으로 학령기와 학교 교육에 한정되지 않는다. 우리는 자녀를 다 키워놓은 후에 대학공부를 시작하는 사람, 각종 사회교육 프로그램에 참여하여 배우는 사람을 보고 교육욕구가 강한 사람이라고 하지 교육열이 높은 사람이라고 하지는 않는다.

교육욕구는 교육열과 마찬가지로 일종의 동기체제이다. 매슬로우(Maslow)의 욕구위계설을 빌려서 표현하면, 교육욕구는 사회적 욕구와 자아실현 욕구의 성격을 동시에 가지고 있다. 학습자의 교육욕구에는 자기계발의 의지가 포함되어 있다. 그래서 교육욕구는 언제나 긍정적으로 평가되며, 교육열에 종종 따라오는 것과 같은 종류의 비난이 따라오지 않는다.

3. 교육경쟁

교육경쟁은 학생들간의 점수경쟁, 석차경쟁, 입시경쟁, 학력경쟁 등은 물론 교육기관들간의 우수평가 경쟁도 포함한 말이다. 교육경쟁은 학생간, 교사간, 학부모간, 학교간, 교육행정기관간에서도 발생한다. 교육경쟁은 이처럼 다차원적이면서도 각 차원들간에 상호 연계되어 있다. 이종각은 이런 교육경쟁 구조를 '연합적 경쟁양식'으로 규정한 바 있다(이종각, 1989, 1996).

×100)은 99.5%, 고등학교→고등교육기관 진학률은 70.5%이다.

13) 한국교육개발원의 2001년 통계에 의하면, 전문대를 포함한 고등교육 취학률(학생수/취학적령인구×100)은 83.7%이다.

교육경쟁은 학력에 대한 가치부여 방식과 학교의 지위분배 기능의 정도에 따라 달라진다. 학력의 가치가 높게 평가될수록, 학교의 지위분배 기능이 클수록 교육경쟁은 심화된다. 학교의 지위분배 기능의 비대화는 교육경쟁을 강화시키고, 교육경쟁은 연쇄적으로 고학력 현상을 낳는다. 그리고 고학력 현상은 고등실업자의 문제, 학력 인플레이션의 문제를 초래한다.

교육경쟁은 하나의 사회적 현상이다. 사람들의 마음의 어떤 상태가 아니라, 사람들의 행동에 의해 유발되는 어떤 현상이다. 교육경쟁은 사회의 특정 조건, 즉 학력사회에서 발견되는 현상이다. 교육경쟁은 일차적으로 학생들간의 경쟁이지만, 학부모, 교사, 교육행정가들이 합세하는 형국을 띠기도 한다.

교육경쟁은 하나의 사회적 조건이기도 하다. 이를 교육에 관한 경쟁체제 혹은 경쟁구조라는 말로 표현할 수 있을 것이다. 교육열과 관련지어 말하자면, 교육경쟁은 교육열이 표출되는 사회적 조건이다. 경쟁의 구조 속에서 교육열은 강화되어 외부로 표출된다. 경쟁의 양식에 따라 교육열이 표출되는 방식도 달라진다. 예를 들면, 내신성적으로 경쟁할 때와 수능성적으로 경쟁할 때와 논술이나 실기성적으로 경쟁할 때, 교육열이 표출되는 방식은 각기 다르다. 물론 경쟁에서 이기려는 경향성은 언제나 동일하게 작용한다.

4. 교육팽창(educational expansion)

교육팽창은 학교교육의 기회가 균등화되면서, 그 기회를 붙잡으려는 경쟁으로 인한 교육인구와 교육기관의 양적 확대 현상을 지칭하는 말이다. 특히 대학교육 인구의 양적 팽창을 가리킨다. 교육팽창 현상을 설명하는 이론은 인간자본론, 지위획득론, 계층경쟁론 등 다수가 있다.

교육팽창은 과잉교육(overeducation)으로 이해되기도 한다. 과잉교육은 대학교육의 폭발적인 확장 추세 속에서 나타난 교육체제와 노동시장간의 인력수급 불균형 현상과 이로 인한 문제점을 분석할 필요에서 등장한 개념이다. 과잉교육은 대학 졸업자들이 자신의 학력보다 낮은 학력을 필요로 하는 직업에 취업함으로써, 대학에서 받은 교육을 최대한 활용하지 못할 때 발생한다. 이런 점에서 과잉교육은 학력 인플레이션이라 불리기도 한다.

교육팽창은 교육경쟁의 결과로 나타난 사회적 현상이다. 교육열은 교육경쟁의 조건 속에서 표출되고, 교육경쟁은 교육팽창을 초래한다. 결국 교육팽창의 이면에서 교육열이 작용하고 있었다고 볼 수 있다.

V 교육열을 통해 '교육의 새 측면 인식하기': 인식도구로서의 교육열 개념

현재 교육열 개념은 연구자들에 따라 다르게 정의되고 있다. 그런 만큼, 각 연구의 구성논리나 발견내용은 다르다. 이것은 교육열이 교육현상을 설명하는 용어로는 아직 부족한 점이 많다는 것을 의미한다. 교육열에 관한 연구가 점점 축적되고 있는 현 상황에서 개념 정리의 필요성은 더욱 높아지고 있다. 개념이 명료해야 학자들 사이에 의사소통이 명확하게 이루어질 수 있기 때문이다.

교육열 개념이 잘 다듬어지면, 우리는 몇 가지 유용한 연구를 진행할 수 있을 것이다. 무엇보다도 한국의 교육현상을 기술하는 데 활용할 수 있다. 이것은 매우 중요한 과제다. 한때 한국 교육학에 관한 관심이 고조되었다가 세계화의 조류가 일어나면서 그러한 관심이 다소간에 식은 느낌이 든다. 외국의 교육지식에 관심은 여전히 높으며, 한국의 교육현상도 외국의 개념과 이론으로 보려는 경향이 강하다. 교육학의 외국 의존성은 여전히 지나치게 높다는 의구심을 일으키기에 충분하다. 교육열 개념은 한국의 교육현상을 기술하는 데 유용한 개념적 도구가 될 수 있다. 교육열은 과외, 입시위주의 교육 등과 함께 한국 교육의 중요한 측면을 보여주는 개념이다.

다음으로, 국가의 교육정책이 학생과 학부모의 입장과 수준에서 어떤 방식으로 인식되고 처리되는지를 볼 수 있다. 지금까지 숱한 교육정책이 수립되고 실행되었지만, 그것이 학생과 학부모 수준에서 처리되는 방식을 보여준 연구는 별로 없다. 아마도 학교와 교원을 주요 정책 대상으로 삼았기 때문인지 모르겠다. 그러나 교육정책의 실행효과는 학생과 학부모들의 반응에서 최종적으로 결정된다. 특히 입시정책이나 과외 대책과 같이 학생과 학부모를 직접 대상으로 하는 정책들은 교육열에 대한 이해가 필수적이다. 이종각의 지적(2002㉮)대로 교육열은 적응성(가변성, 결합성)이 매우 높다. 학부모의 교육열을 제대로 이해하면, 교육열을 자원으로 적극 활용할 수 있는 정책(이종각, 2002㉯)을 추진할 수도 있다.

셋째로, 학부모가 자녀교육을 지원하는 방식을 볼 수 있다. 많은 연구에서, 학부모가 초등학교 자녀의 교육을 지원하는 방식과 중등학교 자녀의 교육을 지원하는 방식에 큰 차이가 있음이 보고되었다. 학부모의 계층에 따라 지원행위가 다르게 나타나는 현상도 보고되었다. 이처럼 학부모의 자녀교육 지원행위가 다양하게 이루어지는데, 교육열 개념을 활용하면 그 현상의 주요 특징들을 가장 잘 포착할 수 있다. 교육열은 자녀들의 교육을 지원하는 활동으로 나타나기 때문이다.

넷째로, 학부모가 공교육과 사교육에 반응하고 관여하는 방식을 파악할 수 있다. 교육이 수요자 중심으로 진행할수록 공교육에 대한 학부모의 영향력은 강화된다. 사교육에 대한 영향력은 원래 학부모의 것이었다. 학생들의 사교육 의존도는 점점 높아지고 있다. 전반적으로 학부모가 교육에 관여하는 범위와 정도가 강화되고 있다. 교육열은 학부모들이 교육에 반응하고 관여하는 방식과 강도를 알 수 있는 중요한 열쇠다.

'교육열' 개념이 교육학과 일상언어의 세계에서 사용되는 방식에 대한 좀 더 신중한 분석이 필요하다. 이 개념의 성립기준을 파악하려는 노력이 필요하며, 기존의 용법에서 오류를 시정하려는 노력도 필요하다.

한국의 교육학에는 자생적 이론이 적고 토착적 개념이 부족하다. 한국의 교육현실을 표현하는 일상언어는 많지만, 그것이 학문적 연구에까지 사용되는 교육학의 언어의 개발은 매우 부족하다. 교육열과 같이 한국의 교육현상을 잘 드러내 줄 수 있는 언어는 다듬어 쓸 가치가 높다. 토착어인 교육열 개념을 학술적으로 정립하는 일은 한국의 교육현상을 한국인의 교육심리와 교육행동에 터해서 파악할 수 있게 하는 일이며, 동시에 한국교육학의 국제학계 진출의 교두보가 될 수도 있다. 가장 한국적인 개념이 가장 국제적인 것으로 될 가능성을 안고 있는 것이다.

제11장
교육열과 한국교육의 성장 및 쟁점

- 한국 교육의 역동적 변화와 성장을 이해하는 데에 한국교육문화의 핵심인 '교육열'에 대한 이해가 필수이다. 교육열은 한국교육의 성장과 변화의 원동력이자 가장 큰 영향을 미친 세력이었기 때문이다. 지금도 가장 큰 영향력으로 작용하고 있다 -

Ⅰ. 교육열과 교육의 변화
Ⅱ. 교육열의 부작용과 쟁점
Ⅲ. 사교육과의 전쟁과 교육열의 힘
Ⅳ. 공교육과 사교육의 연동성 간과하기

교육열은 한국교육의 모든 측면에 스며들어 영향을 미치고 있다. 긍정적인 측면에도 부정적인 측면에도 스며있으므로 양가성이 있다. 사교육과의 전쟁은 공교육과 사교육이 밀접히 연동되어 있는 점을 간과하는 오류를 범하고 있다. 사교육정책은 의외로 공교육에 커다란 영향을 미치고 있다.

I 교육열과 교육의 변화

교육열이 한국 교육의 역사에 미친 영향의 주요 측면을 살펴보자. 한국 사회의 교육관련 쟁점은 보기에 따라 교육열과 연관되어있지 않은 것이 없을 것이다. 해방 이후 오늘날까지 정부가 추진해온 교육정책의 상당한 부분은 교육열과 관련이 있으며, 주로 부작용 문제를 해결하기 위한 것으로 볼 수 있다.

1. 교육열과 학교교육의 양적 성장

서양의 많은 국가들에서 사립학교는 부유층 학교이지만, 한국의 대부분의 사립학교들은 가난한 계층이 다니던 열악한 학교들로부터 출발하였다. 한국의 초등학교와 중학교는 대부분 공립학교이지만, 고등학교와 대학수준에서는 사립학교가 특히 많은 교육구조인데, 여기에도 교육열의 영향이 크게 반영되어 있다. 국가의 재정이 부족하여 더 이상의 교육기관을 설립할 수 없을 때, 민간부문에서 열악한 형태(예, 학력미인정의 천막학교)의 교육을 제공했다. 이런 열악한 교육기관임에도 불구하고 많은 학생들이 등록하게 된 동력은 바로 학부모의 교육열이었다.

또한 이종재(2006: 152)가 말하는 '저비용교육정책'으로도 취학기회의 확대를 가능하게 한 것은 국민들의 교육열이라는 사회심리적 원동력이 있었기 때문이다. 비록 콩나물교실에다 열악한 교육환경이었지만 학부모와 학생들의 교육열의 뒷받침을 받아 국가 교육기능의 수행이 가능했었다.

미국의 마이클 세쓰(Michael Seth)는 서양학자로서 드물게도 한국현대교육사와 교육열을 다룬 학자이다. 세쓰는 교육열을 한국을 우수한 교육국가로 탈바꿈시키는 원동력으로 평가하였다(Seth, 2005). 그는 교육열은 교육기회의 확대와 교육팽창에 적극적으로 공헌했다고 평가했다(높은 취학률, 진학률, 고교졸업률, 그리고 낮은 중도탈락률 등). 그에 의하면 한국인의 학교교육에 대한 열정 즉 '교육열'은 1945년 이후 60년 동안 한국을 우수한 교육국가로 탈바꿈시킨 놀라운 변화를 설명하는 중요한 요소이다. 학교교육에 대한 높은 사회적 요구 덕분에, 비록 한국의 자원이 제한되어있던 시기라도, 정부는 학교교육의 재정 부담을 학생과 가족에게 전가할 수 있었다. 부모들은, 심지어 가난한 이들도, 자녀들을 학교에 보내기 위해서 막대한 개인적인 희생을 감당했다(Seth, 2005).

OECD의 맥고우(McGaw, 2005) 역시 한국인의 교육열과 관련하여 다음과 같이 평가했다. "한국의 고교교육 이수율은 OECD 국가 가운데 40년 전에 24위로 추정됐으나, 10여 년 전부터 1위로 올라선 것으로 보인다." 한국의 대학진학률은 2007년 82.8%로 세계 2위(1위 핀란드 88%)이다.[1)] 1990년의 대학진학률이 33.2%였던 것에 비추어 볼 때, 한국의 교육은 매우 빠르게 성장하였다.

2. 교육열과 경제성장

열악한 조건 속에서도 교육의 급격한 팽창에 국민의 교육열의 뒷받침이었던 것은 틀림없다. 1950~60년대의 대학은 급격한 팽창으로 실업자를 양산하여 '우골탑'이나 '대학망국론'과 같은 비판의 대상이었다. 그러나 60년대에 미리 교육받은 예비 인력들까지도 60년대 후반의 제2차 경제개발 5개년 계획 추진 기간부터 70년대에 후반에 이르기까지 준비된 양질의 산업인력의 필요를 충족시켜 주었다. 또한 경제

1) 2006년 스위스 세계경제포럼(WEF)이 발표한 국가별 경쟁력 평가 보고서에서도 한국의 국가경쟁력은 대학진학률 부문에서 세계 2위를 차지했다.

개발계획의 성공적인 추진을 위해 1960년대 말부터는 인력수급계획을 수립하고 이 계획에 따라 직업교육과 이공계 교육을 확대 강화하여 교육받은 인력을 풍부히 공급하였다.

교육열의 긍정적인 효과를 통계적 분석을 통하여 수치화하고 국제적인 비교를 한 김태종(2006: 49)은 다음과 같은 결과를 제시했다.

> "교육열에 대한 실증분석과 경제성장 결정요인에 대한 실증분석을 결합하여 교육열의 성장촉진효과를 분석한 결과 우리나라의 교육열은 매년의 성장률을 0.6% 포인트~0.8%포인트 높이는 것으로 분석되었다. 이러한 0.7% 포인트 규모의 교육열의 성장촉진효과는 우리나라의 1985~ 2002년간 년평균 성장률이 5.9%임과 동일 기간의 표본국가들의 평균 성장률이 1.5%에 불과함에 대비하여 본다면 매우 높은 수준이다."

3. 교육열과 입시교육경쟁 및 입시제도 변화

한국의 교육정책은 각 시대 마다 입시위주교육과 입시경쟁의 심각성에 대한 인식과 대응의 연속이었다고 말해도 과언이 아니다. 입시제도의 잦은 변화가 문제를 더 키우고 복잡하게 만들었다는 비판의 목소리도 상당히 높다.

1950년 6.25전쟁 이전까지의 입시제도는 중학교도 대체로 학교장 자율로 학생을 선발하는 제도였다. 그러나 입시경쟁의 심화, 부정의 발생 등을 계기로 6.25전쟁 후부터 정부가 입시제도에 적극 개입하기 시작하여, 중학입시제도를 1954-68년 사이에만도 6회나 변경시켰다. 1968년에는 '7.15 어린이 해방'이라고 불렸던 중학교 무시험진학제도 도입을 발표하였고 이 제도는 현재까지 안정되게 적용되고 있다.

1974년부터 고등학교 평준화 정책이 시행되었다. 고교평준화정책 역시 지금까지 시행되고는 있으나 끊임없는 논란의 대상이 되고 있다. 이런 논란에 따라 시행방법이 개선되거나 일부 중소도시에서는 폐지 또는 재도입의 굴곡을 겪어왔다.

이 두 제도의 도입은 입시경쟁의 핵심 장소를 중고교입시로부터 대학입시로 이전시키는 결과를 가져왔다. 결과적으로 대학입시에 교육열 표출의 병목현상이 불가피하게 되었고 그에 따른 입시지옥 현상, 사회적 불만의 증대 등으로 정치권은 끊임없이 대학정원제도와 입시제도를 변경시켜왔다. 그 결과 대학에 대한 정부의 개입은 더 많아졌고, 특히 입시제도에 대한 관여가 많아졌다.

그러한 몇 가지 예로, 7·30교육조치, 사교육비 대책, 실업계 고교정책, 학교교육정상화 정책, 죽음의 트라이앵글논쟁(2006년), 3불정책, 논술가이드라인, 사교육과의 전쟁 등 수많은 정책의 근저에는 교육열의 '과열'과 '왜곡' 문제가 깔려있다.

여기에 눈여겨 봐야할 문제제기가 있다. 즉, 교육열을 완화시키려다 오히려 교육열을 더 악화시킨 결과를 초래한 것이 아닌가라는 물음이다. 이길상(2000:136-149)은 국가개입이 오히려 교육구조 및 내용의 획일화를 가져왔으며, 그것이 오히려 대학의 서열화를 초래했다고 지적하고 있다. 이런 문제제기는 대학서열화로 인해 교육경쟁이 극심하다고 지적하면서 더 많은 국가개입을 요구하는 것과는 대조되는 분석이다. 문제가 서로 꼬리에 꼬리를 물고 있다. 좀 더 정밀한 논의가 필요하다.

4. 교육열과 사교육

학교교육을 팽창시킬 대로 팽창시킨 교육열은 사교육의 팽창에도 커다란 영향을 미쳤다. 사교육은 학교교육 이외의 수업을 받는 일체의 과외교육을 말한다. 기본적으로 한국사회에서 교육에 대한 기본 전략은 '노동집약적' 학습전략(이종각, 1997: 452) 혹은 '다다익선' 학습전략(more-better extra learning strategy)(김경근 외, 2006: 52)이다. 이러한 동양적 노력주의 전통이 스며있는 학습전략은 학교 안팎에서 학습시간의 증가를 가져왔다. 학교 안에서는 영교시부터 보충수업과 야간자율학습을 밤늦게까지 하고, 학교 밖에서는 사교육의 증가와 번성을 가져왔다.

한국의 사교육은 양적인 규모면에서는 거의 공교육 규모이며, 사교육비로 지출되는 규모도 공교육비를 버금가는 수준에 이르고 있다. 그러나 획일적인 공교육에 비하면 사교육은 매우 다양한 분화와 특화를 형성하고 있다. 제도와 운영에 있어서도 공교육이 여전히 공급자 중심적이라면, 사교육은 수요자 지향적이다.

동아시아 여러 국가들의 과외양상을 보면 우리와 흡사한 면이 많다. 가령, 미얀마의 경우를 보면 9학년과 10학년 학생의 90.7%가, 그리고 5학년에서 8학년까지 학생의 65.6%가 과외를 받고 있다(Bray, 1996). 이들의 사교육비 또한 만만치 않다. 일례로서 중국은 1994년 현재 저소득 계층의 경우 19%, 그리고 고소득 계층은 14%를 교육비로 지출하고 있다. 베트남은 가계소득 중에서 식비를 제외한 89%를 자녀 교육비로 쓰고 있다(Bray, 1966).

브레이(Bray, 1996)는 동아시아 국가의 경우 자본주의로 전환된 역사가 오래될수록 교육비에 대한 가계부담이 더 커진다는 흥미 있는 결론을 제시하고 있다. 최근에 그는 1981년 과외의 전면 금지부터 최근의 사교육 전면허용에 이르기까지의 한국 정부의 과외규제 정책을 자세히 분석한 후 다른 나라들이 이들 정책을 참고할 필요가 있다(Bray, 2005)고 주장하였다.

5. 교육열과 공간전략: '탈'한국의 교육열 현상

한국에는 옛날부터 '말을 낳으면 제주도로 보내고, 아들을 낳으면 서울로 보내라'라는 말이 전해 내려온다. 가능하다면 사회적 성공에 도움이 되는 곳에서 더 좋은 교육을 시키고자 함은 당연한 공간전략으로 볼 수 있다. 공간전략은 사회적 여건의 변화에 따라 질적인 변화가 있었다. 그것을 손순종(2007: 195)은 탈농촌시기(1970년대 이전), 탈지방시기(1970-1990년대), 그리고 탈한국시기(1990년대 이후)의 세 시기로 구분한다.

개방화·세계화 시대를 맞아 한국인의 교육열 공간전략은 세계로 뻗어나가는 탈한국시기를 열어가고 있다. 교육을 목적으로 한국을 떠나는 탈한국 현상으로 조기유학, 유학, 어학연수 등이 포함된다. '탈'한국 현상은 미국, 영국, 캐나다, 뉴질랜드, 호주, 그리고 필리핀의 영어권 국가에 전체 출국자의 62.16%가 집중되었으며, 국가별로는 미국으로 34.82%가 떠나는 것으로 나타났다(손순종, 2007).

'탈'한국 현상은 모든 사람들에게 동일한 의미를 갖지 않으며, 다양한 측면을 반영한다. 이종각(2003)은 '탈한국현상'을 '한국의 공교육이 행사하는 제도적 폭력으로부터 도피해나가는 현상'으로 정의하고, '공교육 도피증후군'(사교육)과 '국내교육 도피증후군'(탈한국교육)으로 구분하고 있다. 손순종(2005)은 탈한국현상을 좀 더 구체적으로 네 가지 관점을 지적한다. 즉 학습자의 교육권으로서 '탈'한국, 합리적 선택으로서 '탈'한국, 공교육 비판과 그 대안으로서 '탈'한국, 그리고 계급전략으로서 '탈'한국으로 볼 수 있다. '탈'한국은 생계를 위해 낮은 신분의 사람들이 선택하는 것이 아니라, 현재의 계급을 유지하고 재생산하기 위해 중산층 계급이 선택하는 엘리트 이동의 성격이 강하다(손순종, 2005).

Ⅱ 교육열의 부작용과 쟁점

한국교육에는 이해하기 어려운 여러 측면의 일들이 있다. 그리고 바로 그곳에 한국교육의 고민의 핵심이 있다. 그 중 대표적인 것이 교육비 투자량도 높고[2] 교육경쟁도 치열하지만, 한국 교육의 종합적 국제경쟁력은 기대 이하라는 점이다. 만 15세 학생(고1)을 대상으로 하는 PISA시험에서 한국 학생들은 계속 우수한 성적을 나타내고 있지만, 대학의 경쟁력은 하위 수준이고 대학 이후의 교육을 통하여 우수한 인재들을 국내에서 잘 육성하지 못하고 있다. 한국인은 PISA 성적이 높음에도 불구하고 한국교육에 대해 여전히 비관적인 견해가 많다. 핀란드가 PISA에서 계속적인 좋은 성적으로 교육적 자신감을 확고히 하고 있는 것과는 상당히 대조적이다.

한국 사회의 높은 교육열은 학생들의 학업에 대한 과도한 부담을 주며 결국 학업스트레스를 증가시키고 있다. 유엔아동권리위원회는 한국의 학벌중시 풍토에 따른 과도한 조기교육과 입시위주의 교육을 아동인권을 침해하는 대표적인 사회적 환경으로 규정하고 개선을 요구하기도 했다.[3]

무엇보다도 학부모들에게 과도한 사교육비의 부담을 주고 있다. 어떤 점에서는 한국교육은 사교육의 번성과 공교육의 경쟁력 저하 단계를 넘어, 공교육이 사교육에 의존하는 역조현상까지 발생하고 있다. 즉, 사교육을 경감시키기 위한 공교육정책이 도입되는 경우로서 '사교

2) 2006년 결산기준으로 OECD에서 계산한 지표에 따르면 한국은 국내총생산(GDP) 대비 공교육비 비율이 7.3%로 OECD 평균(5.8%)보다 훨씬 높다. 사교육비까지 합칠 경우 한국의 교육비투자는 엄청난 수준이다.

3) 2003년 2월 15일 스위스 제네바에서 열린 유엔 아동권리위원회는 아동권리협약의 한국정부 이행상황에 대한 심의를 하고 학벌중시 풍조와 함께 체벌문제, 아동의 의사표현 및 참여권 보장문제, 협약의 이행을 저해하는 전통, 통계의 불완전성 등을 지적했다.

육 경감을 위한 방과후 학교 운영'이나 '사교육없는 학교' 정책 등이 해당된다. 최근의 대표적인 쟁점 세 가지를 살펴보자.

1. 교육불평등 요인으로서 사교육

국제적 비교 연구 결과를 보면 한국교육이 국내 학계 및 정치권 일부에서의 인식만큼 계층적이지 않다. 부모의 사회·경제·문화적인 지위가 학생들의 성적에 영향을 주는 비중이 14.2%로 OECD 평균(20.3%)보다 낮다. 대신 개인의 노력, 학교교육 등이 차지하는 비중이 그만큼 높아 교육의 형평성도 긍정적으로 평가할 수 있다(McGaw, 2005). 2006 PISA 결과분석에서도 교육의 형평성이 긍정적으로 나타났다. OECD가 주관하는 '2006 과학분야 국제학업성취도 평가(PISA)'에서 최상위권(1~6등급 중 5,6등급)으로 분류된 학생들과 부모들의 수입과 교육수준, 재산 등과의 상관관계를 분석한 결과 한국의 상관지표(ESCS)는 0.43으로 나타나, 조사 대상인 36개국 중 8번째로 낮았다. 이번 조사에서 미국(0.80) 영국(0.68) 덴마크(0.94) 핀란드(0.57) 스위스(0.67) 등 대다수 선진국은 한국보다 상관성이 높았으며, 일본(0.27) 폴란드(0.40) 등은 낮았다.[4)]

그러나 한국사회 안에서는 1980년대부터 지금까지 가장 큰 교육 이슈 중의 하나가 계층간 교육불평등의 해소이다. 한국에서 교육평등 논의는 대체로 보아 2000년 전후에 중요한 변화를 보이는 것으로 보인다. 이전까지의 교육평등 논의는 주로 공교육에서의 교육불평등 문제

4) OECD가 주관하는 '2006 과학분야 국제학업성취도 평가(PISA)'에서 최상위권(1~6등급 중 5,6등급)으로 분류된 학생들을 대상으로 이뤄진 분석을 요약한 교육과학기술부 및 한국교육개발원 2009. 09.09일자 보도자료. 최상위권 학생들의 부모 수입 등이 사회 평균이면 0, 최고 수준이면 1, 최하층이면 -1로 나타내는데, 0.43은 부모가 상위 25% 이내에 들어가는 중산층이라고 해석할 수 있다.

에 대한 논의였던 것이 그 이후로 사교육 영역에서의 교육불평등 논의가 중요한 위치를 차지하게 되었다.

교육불평등 논의의 중심이 공교육에서 사교육으로 이동한 것은 대학이 급격히 확대된 시점이며, 각종 규제장치를 통해 공교육의 평등성을 상당히 확보한 시점이다. 사교육의 번성에 대한 주요 논쟁 중의 하나는 부유층이 사교육을 더 많이 받고 그 결과 더 좋은 학교로, 더 좋은 직장으로 가게 되므로 사교육은 교육기회불평등의 원인이며 따라서 억제해야 한다는 주장이다. 이 주장은 상당히 강력하여 사교육 영역에도 공권력이 강력하게 개입하고 있다.

2. 교육열과 청년실업

교육열이 청년실업의 한 원인이라는 문제제기가 새롭게 등장하고 있다(김경근, 2004:61-83). 이 새로운 문제제기는 1960년대 전후로 가장 큰 이슈중의 하나였던 '대학망국론'을 떠올리게 한다. 당시 대학을 졸업한 고등실업자 문제가 심각했기 때문이다.

청년실업을 교육열과 관련시켜 보면 두 가지 문제를 지적할 수 있다. 하나는 직업의식이 결여된 과잉학력추구의 결과로 나타나는 학력과 직업 사이의 부조화불일치(mismatch)가 나타난다는 점이다. 다른 하나는 학부모들의 지나친 교육지원이 학생들의 독립심, 자립심, 개척정신 등을 오히려 퇴보시키고 있다는 점이다.

한국의 지나친 교육열과 정부의 잘못된 대학정책이 고학력자의 공급과잉을 일으켜 청년실업을 유발하거나 고학력층을 단순육체노동자로 전락시키고 있다. 한국 대학생들의 구직경쟁은 지나친 교육열로 인한 인적 자원의 공급과잉과 밀접히 연관되어 있다. 많은 대학졸업자들이 여러 해 동안의 취업 경쟁에 지쳐 육체 노동직에 지원하고 있기도 하다.

또한 청년실업은 나약한 젊은이들의 양산과도 관계가 깊다. 입시위주의 교육에 부모들은 모든 것을 지원해왔으나, 그 결과는 나약하고 자립정신이 부족한 청년을 양산하는 데 영향을 미쳤다. 청년백수, 나약한 청년, 캥거루족, 취업난 중에서도 신입사원 중 30%가 자진 퇴사하는 등 많은 부모들이 이런 결과에 당혹해 하고 있다. 각 가정에서도 증가하고 있는 고학력 캥거루족은[5] 한국 역사상 초유의 일이며, 많은 학부모들은 자신들의 교육열이 부메랑이 되어 돌아오는 현실에 당혹감을 느끼고 있다. 이런 점에서 한국사회의 학부모들은 전반적으로 자녀교육에 대한 새로운 학습을 필요로 하고 있다.

3. 교육열과 입시위주수업방법

교육열은 수업방법에도 영향을 미쳤다. 한국교육은 입시위주교육이라는 비판을 수십 년 동안 받아올 만큼 입시위주로 교육을 해왔다. 수업방법도 입시문제 풀기를 가장 잘 도와주는 수업방법이 주류를 이루어 '암주식 수업'(이종각, 1988) 혹은 '암죽식 수업'(이인효, 1990)이 지배적이다.[6] 독서 습관 역시 국민 전체적으로는 년간 평균독서율도 매우 낮고 서적 판매량도 낮지만, 학습참고서만은 수십 년 동안 '영원한 베스트셀러'(이종각, 1997: 454) 위치를 차지해 오고 있다.

---

5) 캥거루족은 성인이 되어서도 부모에게 경제적으로 사회적으로 종속되어 있는 자녀들을 일컫는 신조어이다. 한국의 엄마들은 아이의 아주 어렸을 때부터 아이의 모든 것에 간섭하고, 지원하는 경향이 높다. 최근 신입사원 직장 이탈율도 30%로 직장에서 잘 적응 못하는 자녀를 키우고 있다는 증거와 함께, 직장 선택도 부모의 의견이 매우 중요하며, 회사들은 채용하려는 사원의 부모까지 설득해야 하는 형편임을 말해준다. 종국엔, 그렇게 쏟아 부었던 사랑이 부메랑이 되어 부모에게 의존하는 자식 때문에 노후가 불행할 수밖에 없는 부모들은 노후에 최대의 적은 바로 자식이라는 말을 공공연히 하고 있다.

6) '암주식수업'이란 암기해야 할 것을 선별하여 주입식으로 가르치는 수업방법을 말하며, '암죽식수업'이란 젖먹이에게 암죽을 만들어 먹여주듯이 교사가 학습내용을 암죽처럼 만들어 학생에게 전달시켜 주는 수업방법을 말한다.

교육열은 PISA나 TIMSS의 우수한 결과에도 나타난 것처럼 학업성취도 향상에 공헌하였다. 그러나 어두운 면도 많다. PISA나 TIMSS 등 필답고사에 나타난 학업성취는 우수하나, 미래사회에 대한 대응능력(창의력, 핵심역량, 소통능력 등)이 결여된 학습결과, 자기주도적 학습능력 결여와 학습을 즐기지 않는 태도 등의 심각한 문제가 남아있다. 실제로 2006년 PISA평가를 보면 전체 등급은 높지만 상위등급자의 비율은 상대적으로 낮다. 과학의 경우를 보면 6수준(707.93점 이상)은 전체 학생의 1.1%에 불과하고 5수준(630.33-707.93)은 9.2%로 역시 선진국에 비해서는 낮게 나타났다(천세영, 2009). 그리고 2007년 TIMSS 평가 결과를 보면 중학교 2학년 학생들의 수학, 과학 성취도는 세계 2위, 4위였으나, 학습하는 즐거움이나 학습가치 인식도에서는 매우 낮게 보고되었다. 수학의 즐거움에 대한 인식도를 보면 상위그룹 학생이 33%(46위)로 국제평균(54%)보다 낮게 나타났고, 과학의 경우에도 38%로(29위)로 국제평균(65%)에 미치지 못했다. 학습가치 인식도 추이에서도 상위그룹 학생들을 대상으로 할 때 수학 45위, 과학 26위로 국제평균 이하로 나타났다.

이런 수동적 학습습관은 대학원 수업에서의 실패를 예측하기도 한다. 김승기(2008)는 1985-2007년 하버드, 예일, 코넬, 컬럼비아, 스탠퍼드 등 14개 명문대에 입학한 한국 학생의 탈락율(44%)이 미국(34%), 인도(21.%%), 중국(25%), 그리고 유대인(12.5%)보다 매우 높은 사실을 발견하고 그 이유를 부모주도의 성적 올리기식 공부로 지적하였다.[7)]

이와 같이 입시위주의 교육과 수업방법은 일시적인 학업성취도는 높여주고 있으나, 창의력을 함양시키지 못하고 자기주도적인 학습능력과

7) 미국 콜롬비아 대학 김승기의 박사학위논문(2008)을 인용한 동아일보기사. 2008.10.03.

습관도 형성하지 못하고 학습에 대한 흥미도도 오히려 떨어뜨리고 있다. 이러한 교육은 장기적으로 볼 때 지속적 성장을 오히려 저해하는 교육으로 비판 받아 마땅하다. 따라서 학부모들은 자녀교육지원행위에 대한 반성이 있어야 한다. 이에 대한 국가적 관심도 필요하다.

Ⅲ 사교육과의 전쟁과 교육열의 힘

1. 사교육대책의 양대 축

교육열의 관점에서 사교육을 풀어보자. 사교육이 번성한다는 것은 교육열이 학교 밖에 머물면서 학교 밖에서 교육열의 욕구를 충족시켜 나가고 있다는 뜻이다.

학교에 대한 신뢰도 하락은 정부에 대한 신뢰도 하락으로 연결될 수도 있다. 바로 그 이유 때문에 정권마다 사교육에 대해 특별히 신경을 쓴다고 봐야 할 것이다. 정권마다 사교육대책이란 명분으로 자주 입시제도를 바꾸어 왔다. 참으로 이상하게도 그 결과로 망가진 것은 공교육이고, 내성과 경쟁력이 강해진 것은 오히려 사교육이다. 결국 공교육으로부터 수요자들은 멀어지게 되고, 사교육은 내공과 신뢰를 얻고 팽창해왔다.

지금까지 취해온 사교육대책의 핵심을 살펴보면 두 축으로 구성되어 있다. 한 축은 강력한 규제이다. 다른 한 축은 양보, 숨기기나 흐리기 등의 정책이었다. 점수공개제한정책, 쉬운수능정책, 논술고사폐지 등이 후자 정책에 해당된다. 그런데 이러한 사교육정책은 사교육보다는 공교육에 더 큰 영향을 미쳤다. 사교육 규제정책은 공교육보호정책으로 작용하게 되어 공교육의 자생력을 약화시키는 부작용을 낳았다. 이제는 아예 공교육에서 사교육을 이겨보겠다는 도전 정신을 찾아보기조차 힘들게 되었다. 오히려 공교육이 사교육을 이길 수 없는 이유를 열거하기에 바쁘다. 양보정책 역시 사교육에만 영향을 미치는 것이 아니라 공교육에도 그대로 적용된다. 쉬운수능정책은 사교육기관에 덜 가기보다는 사교육기관에서 쉬운수준까지만 가르치는 방향으로 운영되고 나아가 학교교육도 쉬운 것 이상은 가르치지 않는 방향으로 운영된다.

IV 공교육과 사교육의 연동성 간과하기

2009년 2월 23일 이명박 대통령은 주례 라디오 방송을 통해서 시험점수위주의 대학입시 문제를 해결해야 한다고 하면서 대학의 자율을 강조했다. 그 뒤에 사교육을 조장하는 자율은 안 되고 공교육을 강화하는 자율이어야 한다는 단서를 달았다. 뒤에 단 단서는 거의 국민적 정답으로 통용되는 것의 재확인이라고 볼 수 있다.

그런데 우리 교육현장에서 사교육이 워낙 공교육과 연동성이 높게 형성되어 있다. 따라서 공교육은 강화하되 사교육에는 영향을 미치지 않거나 감소시키는 정책이 있을지는 의심스럽다. 공교육에 큰 힘을 실어 줄 것으로 기대되었던 내신성적반영 강화조차도 내신을 잘 받기 위한 사교육을 강화시켜 온 것을 보면, 문제를 원천부터 다시 생각해야 할 것 같다. 명목상의 공교육, 사교육의 문제에 집착하면서, 둘 사이의 높은 연동성을 간과하는 오류를 범하고 있다.

1. 꼬리(사교육대책)가 몸통(공교육)을 흔들다

무엇보다도 중요한 일은 사교육대책에 대한 정책입안 참여자들의 인식이다. 정치적인 시급성이 있다고 하더라도, 사교육대책은 주객이 전도된 정책이라는 점을 모두 인식하고 대책을 수립하고 추진해야 한다. 도대체 사교육대책 따로 있고 공교육대책 따로 있다는 발상 자체가 타당한 발상이라고 보기 어렵다. 사교육대책의 핵심은 정상적인 교육대책으로 연결되어야 한다. 영어권 학자가 사교육을 shadow education으로 이름 붙였듯이 사교육은 공교육의 그림자교육이다. 공교육의 모양에 따라 사교육모양이 바뀐다. 100%는 그렇지 못하다하더라도 대부분은 그렇다. 그렇다면 공교육정책이 자동으로 사교육대책이 되는 것이다. 그런데 우리가 하고 있는 사교육대책은 그 반대이다. 사교육대책이 공교육에 영향을 주고 있기 때문이다. 주객이 전도된 정책입안 방식이다.

그 이유는 간단하다. 사교육감소라는 정책목표가 최우선 목표로 잡힌 상태에서는, 교육적인 논의와 판단은 당연히 뒷전으로 밀릴 수밖에 없다. '사교육잡기'가 절대적인 지배력을 갖는 상황에서 '생각의 터널'에는 사교육잡기만 남지 '교육'이 설 자리는 별로 없게 된다. 이런 상황에서 결정된 사교육대책은 사교육에만 영향을 미치는 것이 아니라, 공교육의 방향도 결정한다. 결국 사교육잡기 방법이 공교육을 지배하게 된다. 지금까지 그래왔다. 그리하여 언제부터인가 '공교육이 사교육을 지배하는 시대'로부터 '사교육이 공교육을 지배하는 시대'로 변해 버렸다. 이는 꼬리(사교육)가 몸통(공교육)을 흔드는 꼴이다. 우리는 이런 경험을 여러 차례 겪어 왔다.

2. 무딘 칼이 예리한 칼을 이길 수 없다

대학합격 여부가 1점차, 더 나아가 소수점 차이로 합격여부가 결정된 시절이 있었다. 그에 대한 문제점 지적이 많아 잦은 제도변경이 뒤따랐다. 또 대학서열화가 문제점으로 부각되면서 입시제도의 주요 변경사항은 점수제를 등급제로, 총점제를 폐지하고 과목별 점수제도, 등수발표금지, 대학의 합격커트라인 발표금지 조치 등이 있다. 이 정책에 따라 대학에서는 합격자의 중간 점수를 공개하고, 교육부는 수능점수를 어중간하게 공개했다. 그럼 학생이나 학부모는 이제 모르는 쪽으로 공평하게 되었으니 좋다고 했는가? 그렇지가 않다. 이런 무딘 칼처럼 되어버린 희석된 정보에 수요자들이 만족하지 않았다. 이 정책은 정부나 대학들보다 오히려 사설학원들이 더 예리한 정보를 수요자들에게 제공하는 기회를 주고, 학생-학부모들에게 사설학원을 믿을만한 기관으로 인식하게 만드는 데 기여했다. 이를 좀 더 상세히 살펴보자.

점수공개제한정책은 공교육에서 감출수록 사교육기관은 판매할 거리가 생긴다는 것을 잘 보여 주는 사례이다. 정보욕구를 원천적으로 해소하지 못한 상태에서 정보를 감춘다는 것은 수요자에 대한 서비스 정신의 결여요, 국민의 정보욕구를 가벼이 보는 것이다.

이 정책으로 학생-학부모에게는 갑자기 정보부재 내지 모호성 혼란이 생겼다. 대학도 수험생도 학부모도 모두 혼란스럽게 했다. 새로운 안은 합격자의 중간점수를 발표하는 방안이었다. 그러나 중간점수의 모호함은 불안을 낳았고 그 불안해소 역할을 누군가는 해야 할 상황이 되었다(정부는 안 된다고 하지만). 사실 이 정책은 학생, 학부모의 불안심리를 가장 고조 시킨 정책이라고 볼 수 있다. 사설 입시학원은 재빨리 이 불안의 틈새에 끼어들어, 전국규모의 시험을 기획하고 십 수 만 명의 학생들이 그 시험에 유료로 응시하고 그것을 통해 자신의 위치를 파악하여 모호성을 해소하는 형국을 만들었다. 이 정보를 얻기 위해서라도 그 시험을 치루어야 하는 상황이 만들어지고 이 사설 고사는 엄청나게 성업을 하게 되었다. 학생과 학부모뿐만 아니라 진학지도 선생님들까지도 그 자료에 의지할 수밖에 없는 상황이 되어버렸다.

이와 같이 점수공개제한정책으로 사설학원은 황금시장을 얻게 되었고 체질도 강화되었다. 학생-학부모는 필요한 정보를 국가나 학교로부터 얻는 것이 아니라 학원으로부터 얻게 함으로써, 학생-학부모들에게는 사교육에 대한 의존도뿐만 아니라 신뢰도까지 보태주는 조치가 되었다. 학교는 한 번 더 무능하게 되었다. 이 이후 대학입시 안내는 사설학원에서 사실상 장악하게 되었다. 입시학원에서 제시하는 예상 점수분포가 미치는 위력은 그야말로 대단하게 되었다. 무딘 칼(정보)이 예리한 칼(정보)을 이길 수 없다는 진리를 일깨워주는 정책이었다.

3. 교육열은 절대적 필요, 사교육은 수단적 필요

위의 사례들에서 보듯이 시험성적 혹은 입시정보의 필요가 있는 곳에 정보를 차단하거나 모호하게 만들면 그 필요를 만족시켜주는 새로운 매체가 생기는 것이 당연하다. 이런 매체 혹은 수단들을 수단적 필요라고 부른다면, 교육열은 절대적 필요이다. 그동안 사교육정책의 주요 대상은 수단적 필요에 집중되어 있었다. 즉 절대필요인 교육열을 만족시켜 주기 위해 만들어진 수단에 대해서 규제 혹은 양보 해온 정책이었다.

그런데 절대필요는 충족되기 전까지는 수많은 수단적 필요를 만들어낼 것이다. 절대필요는 수단적 필요의 삭제나 변경으로 없어지지는 않는다. 이 점에서 절대필요는 억제의 대상이 아니라 만족의 대상이다. 즉 교육열은 만족의 대상이지 억제의 대상이 되어서는 안 된다. 이런 것을 억제하면 부작용만 속출하게 된다. 따라서 교육열을 공교육이 어떻게 효율적으로 흡수할 수 있을까를 고민하는 정책이 필요하다.

교육정책의 많은 성공요소들이 결국은 학생·학부모의 선택에 달렸다. 학생·학부모를 불안하게 하면 안 된다. 전략목표를 "학부모를 안심시킬 방안을 찾아라"로 삼아야 할 것이다. 왜냐 하면 한국 학부모에게 교육열은 절대필요이지 상대적인 필요나 수시로 나타났다가 없어지거나 하는 필요가 아니기 때문이다. 교육열을 억제하는 공교육정책이 나올수록 사교육은 강화·번성할 것이며, 공교육은 취약해지고 더욱 사교육의존적으로 되어 갈 것이다.

과외를 줄이는 방법은 학부모들이 안심할 수 있어야 한다는 데에 그 비법이 숨어 있다. 정보를 차단하여 불안하게 해서도 안 된다. 입시 정책을 수시로 바꾸어 불안하게 해서도 안 된다. 불안의 종류도 다양할 것이다. 계층이나 자녀의 상황에 따라서도 불안의 종류가 다를 것이다. 따라서 한 계층이 안심한다고 다른 계층도 안심하는 것이 아니다. 획일적인 제도가 아니라 다양한 제도를 마련하여야 할 것이다. 아마도 계층별 맞춤형 대안을 제시해 주는 노력이 필요할 것이다.

제12장
외국의 교육열과 비교

- 한국인의 교육열은 얼마나 유별나고 독특한 것일까? -

I. 다른 나라에도 교육열이라 불릴만한 현상들이 있는가?
II. 우리나라의 교육열을 다른 나라와 비교할 때 어떤 차이점이 발견되는가?
III. 우리나라와 외국의 교육열 비교를 통한 시사점은 무엇인가?

외국에도 교육열이라는 것이 있을까? 있다면 우리와 어떻게 유사하고 어떻게 다를까? 흥미진진한 질문이지만, 교육열이라는 시각에서 여러 외국의 교육을 살펴보려는 본격적인 시도는 어디에도 없다. 그러한 초보적 시도라도 한다면, 다음 연구자의 본격적인 연구에 힘이 될 것으로 생각한다. 본 장은 우리나라와 관계가 깊은 미국, 일본, 중국, 이스라엘 등 4 개국의 교육열을 개괄적으로 비교해 본 것이다.

외국의 교육열을 2단계로 살펴보자. 첫 단계는 기본적인 질문 2가지에 대해 대답해 본다. 두 가지 질문이란 '다른 나라에도 교육열이 있는가?'라는 질문과 '한국의 교육열과 다른 나라들의 교육열은 어떻게 다른가?'이다. 다음으로 우리나라와 관련 깊은 4개 주요국과의 교육열을 조금 더 구체적으로 비교해 본다.[1)]

I 다른 나라에도 교육열이라 불릴만한 현상들이 있는가?

물론 다른 나라에도 교육열 현상이 있다. 중국의 도시지역은 우리나라 이상의 교육열 현상이 나타난다. 일본의 교육열은 이미 우리나라에 널리 잘 알려져 있다. 그 외에도 동아시아 국가 대부분(캄보디아, 중국, 인도네시아, 라오스, 미얀마, 필리핀, 태국, 베트남, 몽골리아)에서도 우리 못지않은 사교육비 지출과 같은 교육열 현상이 나타난다. 사회주의 체제인 북한에도 교육열이 상당한 것으로 알려지고 있다.

서양권에도 교육열은 대단하다. OECD의 베르나르 위고니에 교육국 부국장 말에 따르면, 사교육은 세계적 현상으로, 멕시코·터키·러시아·그리스·헝가리 등의 사교육이 한국보다 심하다.

프랑스도 고교생의 15-20% 정도는 사교육을 받고 있다는 통계가 있고, 미국에서도 일부 집단의 교육열은 대단하다는 것도 널리 알려진 사실이다. 최근의 연구들은 흑인이나 남미 출신 학부모들의 교육열도 매우 높지만, 미국 백인문화에 의해 그동안 낮게 평가되어 왔다고 지적하는 논문들이 보고되고 있다.

---

1) 필자는 교육개발원의 지원을 받아 교육열에 대한 파일러트적인 국제 비교연구를 한 바 있다(이종각, 2003). 이 연구는 본격적 연구를 자극하기 위한 예비연구이고, 주변에 흩어진 자료를 의미 있게 정리하는 수준의 일차적 작업의 수준이라고 보아야 할 것이다.

이와 같이 학부모의 교육열과 그 현상은 전 세계에서 보편적으로 나타나는 현상으로 보인다. 유대인의 교육열은 우리보다 더 높다. 유대인들은 공공연히 '최고'를 지향하는 교육을 시킨다고 한다. 한국 학부모들은 '일등'을 지향하고 있다. 이스라엘에서는 국가나 가정이나 교육비를 최우선적으로 최대로 지출하고 있다. 이스라엘에서는 우리와 달리 가정교육을 매우 중시하고, 사교육은 별로 안한다. 교육열은 매우 높지만, 유대인들이 나타내는 교육열 표출방법은 우리와 상당히 다르다. 교육효과도 매우 높다. 노벨상 수상자의 30%정도가 유대인 출신일 정도이다.

미국의 경우는 어떻게 하면 방과후 사교육을 활성화시켜 공부를 더 많이 하게하고, 청소년 문제를 줄일 수 있느냐가 중요한 고민거리이다.

II 우리나라의 교육열을 다른 나라와 비교할 때 어떤 차이점이 발견되는가?

교육열을 재거나 비교해 보는 연구는 아직 없다. 다만 사교육비 규모에 대한 비교 연구는 일부 국가에서 이루어졌다. 각 나라마다 그 나라 특유의 부작용과 고민이 있을 것이다.

우리나라 교육열의 표출 방식 상의 특성은 가족제도와 입시제도, 취업구조, 출세구조와 밀접한 관계가 있다. 한국의 가족문화나 부모자녀 관계의 특수성은 교육열의 강도와 표출방식에 커다란 영향을 미친다. 유교적 전통을 지닌 사회에서 부모들의 자녀교육과 성취에 대한 강한 애착은 가족이나 집안에 대한 심리적인 애착, 근면함이나 근검절약, 희생을 기꺼이 감수하는 태도와 함께 흔히 나타난다.

가) 부모-자녀간 독특한 상호작용관계:

부모: 전심전력을 다하는 지원

자녀: 효·철들기·순종·열심히 공부하기로 보답

교육열은 한국인의 삶에 있어서 문화적 유전자(meme)[2)]와 같다(서근원, 2008). 한국 부모의 교육열은 서양과는 다른 한국인의 독특한 정서를 품고 있다. 이 정서는 기본적으로 부모-자녀관계에 뿌리를 두고 있다. 한국 학부모의 자녀교육을 지원하는 심리와 행동 그리고 한국 학생의 학습동기요인에 대하여 서구와는 다른 독특성을 찾아보려는 비교문화적 연구가 쌓여가고 있다.

한국인의 부모자녀관계는 서양의 부모자녀관계가 지향하는 가치인 합리성, 자율성, 독립성 등을 준거로 볼 때, 상당 부분이 비합리적이고 미성숙하며 의존적인 속성을 갖고 있는 것처럼 보인다. 박영신·김의철(2005)의 연구에 의하면, 부모의 애정이 자녀의 성취동기와 정적인 관계이며, 적대나 무관심 및 거부가 자녀의 성취동기와 부적인 관계라는 사실은 서양의 많은 연구결과와 공통적으로 일치한다.

그러나 서양과는 달리 한국 부모의 통제가 자녀의 성취동기와 정적인 관계를 보인다는 점은 비교문화적으로 매우 주목할 만하다. 즉, 부모의 간섭과 통제를 부모의 불신과 거부와 적대로서 해석하는 청소년이 많은 사회인가, 혹은 부모의 애정과 관심을 감사로 해석하는 청소년이 많은 사회인가의 차이로 볼 수 있다. 한국의 많은 청소년들이 후자를 수용하게 되는 역설적인 단계를 '철이 드는 단계'라고 부르고 있다(박영신·김의철, 2005).

2) 'meme'는 도킨스(Richard Dawkins, 1976)가 「이기적 유전자」(The Selfish gene)에서 처음 고안하여 사용한 용어이다. meme은 인간의 두뇌에 저장되어 있는 가장 기초적인 정보의 단위다. 그것은 사회적 학습에 의해서 세대 간에 전승되며, 문화를 진화하도록 하는 선택적인 힘에 의해서 행위로 나타난다.

특히 한국의 자녀들은 가정의 화목을 위해 부모님의 말씀에 순종해야 하며, 공부를 열심히 해야 한다고 인식한다. 즉 한국의 자녀들은 부모에 대한 순종을 중요한 가치로서 인식하고 있으며, 학업에 성실히 임하는 것을 효도와 연결시켜 생각한다(박영신·김의철, 2008). 한국의 토착적 맥락에서 부모자녀관계는 부모의 자녀에 대한 무조건적인 희생과 자녀의 부모를 향한 효도하는 마음의 상호작용적 관계에 있다.

한국의 성인들은 행복한 가정생활을 자랑스러운 성공경험으로 인식한다. 특히 '자녀교육'과 '자녀의 발전과 출산'이 성공적인 가정생활의 핵심적인 요소로 포함된다. 즉 확대된 자기로서의 자녀가 무엇보다 교육적인 성취를 이루어 나가는 것이 가정의 성공이고, 부모의 만족스러운 자랑거리로서 인식되고 있다. 이러한 사회심리적 기제는 부모들의 밑바탕에 흐르고 있어 한국의 부모들이 자녀교육을 위해 전심전력을 다해 지원하는 강력한 교육열 현상을 보이는 것으로 해석할 수 있다. 즉 자녀는 자신의 미래 이미지라는 인식은 한국 사회 학부모들의 뜨거운 교육열풍을 일으키는 마음의 바탕이라고 할 수 있다(박영신·김의철, 2008).

나) 자녀교육중심가정의 지원행동과 학부모 유형

한국의 많은 가정이 '교육중심가정'을 이루고 있다. 특히 전업주부의 일상은 자녀교육에 대한 지원활동이 중심이다. 전업주부의 오후 일정은 자녀의 방과 후 일정에 맞춰진다(김희복, 1992: 심미옥, 2003: 이민경, 2007). 직업을 갖지 않은 어머니들의 경우 자녀의 학업수행과정을 지원하는데 몰입한다. 많은 어머니들이 자녀의 로드매니저 역할을 수행하면서, 부모의 의무로 받아들이고 있다. 많은 맞벌이 부모들도 자녀들의 방과 후 일정(학원 스케줄)을 짜 놓고 전화로 확인·관리한다.

자녀교육지원활동의 중점사항도 자녀의 학령에 따라 변해 간다. 자녀의 학령이 입시예비기(유치원+초등학교)에는 '다재다능인' 위주에서 입시교육기(중학교+고등학교)가 되면 '도구과목 성적' 위주로 변화한다. 이러한 변화는 직접적 개입에서 간접적 개입으로, 부모중심에서 학생중심으로, 학교교육중심 지원에서 학교 외 교육중심 지원으로 교육지원의 목표와 방식이 바뀌어 감을 보여주고 있다(김희복, 1992: 93-195).

홍금초(2005)는 대도시 중산층 학부모들의 자녀 교육에 대한 다양한 지원활동들을 국내교육(다시 공교육과 사교육으로 재분류)과 해외교육으로 나누어 제시하고 있다. 그 중 공교육에 관한 것만 보아도 〈표 12-1〉과 같이 아주 다양하다. 물론 이 모든 행위들을 한 학부모가 다 행하는 것은 아니다.

〈표 12-1〉 공교육 지원행위의 유형과 종류

공·사 구분	소영역	행위의 유형	행위종류
공교육지원행위	가정	기본생활돌보기	양육 및 생활 습관형성
			자녀교육을 위한 가족간의 배려
		공교육비지원	공교육에 필요한 경제적 지원
		교육기관선택	학교정보수집
			입학시지조절
			학교선택
		학습준비지원	학습지도
			학습준비물 지원
	학교	학교생활 돌보기	대기
			자녀의 따돌림 문제해결
		학부모모임활동	학부모회의 참여
			의무적 봉사참여
			학교환경개선
			수업관련 요구 및 지원
			기부·찬조금 지원
		교사와 관계 맺기	교사와 대면하기
			촌지·접대 제공하기
			항의·폭행·고발하기
			결탁
			복지후원
	사회	학부모 네트워크 이용 학습 지원	공동 학습모임
			학습준비물 공동구매
			교육기관 설립
		공교육관련 사회적 의사 표현	자녀교육관련 모임참여 및 결성
			자녀교육문제 관련 사회적 대처

* 출처: 홍금초, 2005: 155

학부모의 유형도 다양하다. 한국 학부모들의 '내 자식 잘 키우기'방식은 자녀교육에 대한 기대와 신념, 동원가능한 자본의 정도, 상황인식 등에 따라 그 내용과 방법에 있어서 차이가 있다. 이런 차이에 따라 대도시 지역의 학부모들의 유형을 이수광(2007)은 다음과 같이 분류하고 있다. 계층적으로 부유층에 속하는 학부모들의 자녀교육지원활동의 키워드는 '고품격'이다. 따라서 대개는 자녀를 글로벌 리더로 육성하기 위해 조기에 외국유학을 보낸다. 이들 학부모들은 자신들이 기대하는 자녀의 삶이 국내의 교육환경에서는 불가능하다는 판단에서 교육선진국으로 탈주(脫走)하는 탈주형이다. 이에 비해 중간계층의 일부 학부모들은 국내에서의 교육성공을 목표로 삼는다. 즉 자녀를 국내 명문대학에 진학시키기 위해 '가능한 한 좋은 교육 많이 시키기'에 열중한다. 이 부류의 학부모들은 많은 양과 높은 질의 사교육을 선호하는 다다익선 전략을 추구한다는 점에서 질주형(疾走型)으로 명명할 수 있다. 중간계층 학부모 중 또 다른 일부는 자녀의 명문학교 진학을 위해 '필요한 만큼만 지원하는' 전략적인 선택을 하는 동화형(同和型)이다. 이는 가용가능한 자원이 질주형 학부모들만큼 충분하지 않은 탓이다. 그러나 이들 학부모들도 '전통적인 인과율'(명문대학 → 높은 지위 보장 → 성공적인 삶)을 신뢰한다는 점에서 여타 학부모들과 크게 다르지 않다. 물론 소수이긴 하지만 일부 학부모들은 전통적인 인과율을 부정한다. 이들은 자녀 스스로 자신의 삶을 개척하도록 안내하기 위해 대안적인 교육활동에 참여시키거나 혹은 홈스쿨링을 운영하기도 한다.

한국은 필기시험 위주의 평가제도가 지배적이고, 그러나 보니 교육열은 성적지향적이고 입시지향적이다(사법고시, 공무원 시험, 대학입시 등 모두 필기시험 위주이다. 입사전형 방법이 최근 단순한 필기시험을 벗어나고 있다). 눈앞의 성적 올리기에만 급급하다보니 정말로 자기주도적이고 독립적인 지적능력을 키워주는 교육열로 연결되는 비율이 매우 낮은 편이다. 우리나라 학부모가 교육열을 발산하는 방식은 집중성과 단일성이 매우 높다. 따라서 외형상 단일한 교육열 현상이 과도한 모양으로 나타나고 (사교육비용, 공부하는 시간의 투입량, 입시에 대한 사회적 관심 정도 등), 이런 모습은 교육열에 대한 부정적 판단의 근거가 되기도 한다.

무엇보다도 한국 사회의 가장 큰 특징은 교육열에 대한 사회적 비난의 강도가 매우 높다는 점이다. 공적으로는 교육열을 비난하면서 사적으로는 교육열을 어떻게 해서라도 표출해야하는 이중구조를 형성하고 있다. 이런 교육열에 대한 의식의 이중구조가 표면적으로는 교육열 억제정책을 만들어 내었으나, 실제로는 교육열의 표출을 부자연스럽게 만들고, 부작용이 크게 만들고, 공교육 전체를 어렵게 만들고, 사교육은 오히려 더 번성하게 만들었다. 이는 한국 교육의 고비용 저효율 구조와 무관하지 않으며, 또한 학부모들의 교육열의 열효율을 매우 낮게 만들었다. 고민의 방향이 우리 학부모들의 교육열 열효율을 어떻게 하면 높여 줄 수 있는가로 선회되어야 할 것이다.

Ⅲ 우리나라와 외국 교육열 비교를 통한 시사점은 무엇인가?

우리나라와 유사성이 높거나 시사성이 높은 4개국을 비교해 보자. 동양에서 교육열 현상이 높은 중국과 일본의 2개국과 서양에서 미국과 이스라엘의 2개국과의 비교 논의를 소개하면 아래와 같다.

1. 한국과 이스라엘

한국과 이스라엘을 비교해 볼 때, 한국은 학부모의 교육열의 지배적인 표출방법은 학교에 위탁하고 학원에 위탁하는 형태로 나타난다. 그런가 하면 이스라엘에서는 가정교육에의 충실이 교육열 표출의 지배적인 형태이다.

이스라엘의 교육열은 역사적 전통과 경험에 뿌리를 둔 집단생존의 논리로 나타난다. 유태인은 일류(一流)가 되지 않으면 살아남지 못한다고 생각한다. 이런 점에서 이스라엘의 교육열은 '타민족과의 경쟁력 우위 교육열'이다. 이에 반해 우리나라 사람들의 교육열은 우리끼리의 경쟁 즉, '자국민들 사이의 지위경쟁교육열'이다.

또한 민족 추방과 학대의 역사적 경험을 뼈저리게 겪은 유태인들은 모든 것을 잃었을 경우에도 생존해 나가는 방법의 추구심리가 뿌리 깊게 형성되어 있다. 그런 사상과 심리가 자녀 교육 방식에도 반영되어 있으며, 그러한 자녀 교육이 바로 '최고의 실력 쌓기'이다. 유대인은 학력증서 우선주의보다는 그것마저 빼앗기거나 무시당했을 경우조차 실력을 인정받을 수 있는 사람이 되어야 한다는 점을 강조한다. 즉, 최악의 상황에서도 살아남을 수 있는 교육을 강조한다. 그것이 "일류되기" 교육이고, "지혜롭기" 교육이고, "창의성" 교육이다.

이런 점이 한국인 대부분이 쏟는 학력증서 중심의 교육열과 대조적이다. 우리는 대부분이 서류에 남는 실력을 쌓기에 바쁘다. 졸업장 따기, 성적표에 점수 올리기, 유학경력쌓기, 학위따기. 이런 스펙 쌓기 유형의 교육열 표출행동은 실제보다는 서류로 확인된 것을 강조하는 사회에서 조장될 것이다. 우리 사회는 대체로 관료제적 서류검토 사회이다. 교육의 관리와 인사제도에 관료주의적 절차가 매우 까다로운 반면에 실질적인 능력검증은 상대적으로 약하다. 이런 사회시스템과 교육열 표출방식은 상호 내적으로 연관되어 있다.

한국인의 교육열도 세계화시대를 맞아 학력증서에 대한 지향성을 벗어나 실제적 능력개발 지향성이 더 강화되어야 할 것이다. 그러기 위해서는 교육의 관리와 인사제도에서 형식적 관료주의 보다는 실질적 능력주의 요소가 더 많이 보강되어야 할 필요가 있다. 교육개방과 세계화 시대를 맞아 각종 학력증서도 세계적으로 호환성을 갖고, 인정을 받는 그런 학력증서를 추구하는 그런 교육열 표출행동이 많아질 것이다.

이스라엘에서는 가정에서나 학교에서나 '새로운 질문'을 적극 권장하고 아동의 질문이 있을 때 열심히 응대해 준다. 어머니들은 아동이 가정에 돌아오면 으레 '오늘은 무슨 새로운 질문을 했니?'라고 묻는다. 우리나라는 '선생님 말씀 잘 들었니?' 라든가 '말썽 피우지 않았니?' 등의 질문을 한다. 우리나라 부모들이 주로 하는 이런 질문들은 매우 순응적이고 집단동조성을 강조하는 질문이다. 근래에 와서 더욱 많이 하는 질문이 '몇 점 받았니?'와 '몇 등 했니?' 같은 학업성취에 대한 결과주의적 질문을 주로 한다.

이스라엘에는 학원이나 과외는 거의 없으며, 가정에서 부모나 할머니와 함께 대화하며 공부한다. 아동이 질문을 하거나 원조를 요청하면 부모나 조부모들은 대화를 통해 도와주거나 지원을 해준다. 그러나 어머니나 할머니가 대신 문제를 풀어주거나 숙제를 해주는 법은 없다. 우리의 경우 부모가 대신 해주는 경우가 허다하며 심지어는 사서주거나 남에게 부탁하여 숙제를 해결하는 경우도 종종 있다.

한국 어머니들은 서로 '자녀에게 뭘 공부시키나', '어떤 과외를 시키나'에 대해 대화한다. 하지만 정작 자신의 자녀와 함께 음악 듣고 영화보며 대화하며 자녀를 사랑하는 시간은 별로 없다(조선일보, 2002.01.31).

유대인들은 자녀를 신의 선물로 생각하기 때문에 자식을 부모의 소유물로 생각하지 않고 자식에 대한 강요 또한 거의 없다고 한다. 유대인들은 자신들이 원하는 대로 아이를 키우는 것이 아니라, 아이가 원하는 대로 키운다. 또한 유대인 어머니들은 어려서부터 아이들에게 독립적인 생활을 할 수 있도록 교육시킨다. 유대인은 한 아이에 대한 헌신적인 교육이 유대인의 민족적 장래를 좌우한다는 사실을 철저하게 자각한 민족이다.

반면, 한국의 많은 부모들은 자식을 자신의 소유물로 생각하는 경향이 높다. 아이를 빨리 독립시키기 위한 교육보다는 보호하고 감싸주는 교육이 지배적이다. "한국에선 '아이들을 뭐로 만들겠다', '아이에게 뭘 시키겠다'고 하는 게 좋은 부모상일지 모르지만, 서양에선 매우 나쁜 부모상이다. 서양에서는 14세 넘긴 애들 교육 이야기는 하지 않는다"(조선일보, 2002.01.31).

한국인의 교육열 표출은 기존의 '지식쌓기'에 집중되어 있고, 이스라엘의 교육열 표출은 '지혜쌓기'에 집중되어 있다. 또한 한국인의 교육열 표출은 부모는 '많이 지원해주기', 학생 본인은 '많이 (시간과 책의 분량으로) 공부하기'로 나타난다. 이 과정에서 한국 학생들은 외부의 지원을 많이 받거나 (과외 등) 지시 감독을 많이 받는 (강제된 상황 속에서의 공부) 공부를 한다. 이에 반해 이스라엘의 교육열 표출은 학생이 자기주도적이고 스스로 학습하는 것을 가능하게 하고 학교나 부모는 그것을 지원해 주는 방식으로 나타난다. 유대인의 가르침 중에는 "사람은 잘 배워야 한다. 하지만 수동적으로 배우는 습관을 가져서는 안된다"라는 말이 있다. 수동적으로 배우는 데 익숙해지면, 창의력도 사라지고, 지혜쌓기도 불가능해진다.

조기교육 등에 있어서 한국인의 교육열 표출은 아동의 발달단계나 지적성숙도를 대체로 무시하고 '빨리 시킬수록 좋다' '많이 시킬수록 좋다'는 믿음에 크게 기초하고 있으나, 이스라엘 사람의 교육열은 서두르지 않고 발달단계를 기다리고 발달단계에 맞추어서 가르치고 있다. 예를 들어 조기교육의 경우도 5살 이전에는 문자교육을 시키지 않으며, 이 때까지의 유아교육은 놀이교육을 중심으로 이루어진다. 그 이유는 과학적 연구에 기초한 합리성에 있다. 이스라엘 학부모들도 오래 전에는 조기교육에 상당히 몰두했다고 한다. 그러나 학자들의 연구에 의해 지적발달단계에 이르기 이전의 어린 아이에게 문자교육을 시키는 것이 매우 비효율적이고, 오래 걸리고, 아동에게 고통을 많이 주며, 때로는 심각한 부작용을 일으킨다는 사실이 확인된 이후로는 5세 이전의 문자를 통한 교육은 하지 않게 되었다고 한다.

2. 한국과 미국

미국의 경우 흑인이나 남미 출신과 같은 비주류층의 종족들의 교육열은 무시되거나 왜곡되어 왔다. 교육열이 체계적(사회문화적으로 그리고 구조적으로)으로 꺾이고, 라틴계 출신들의 교육열은 그들의 교육열을 표출하는 방식의 차이(즉, 문화의 차이) 때문에 마치 그들의 교육열이 낮고 자녀교육에 무관심한 것처럼 오해되고 있다(백인들에 의해). 이와 같은 지적은 최근 몇몇 연구를 통하여 지적되고 있다.

미국 혹은 남미 국가들에 나타나는 교육열 현상을 비교해 볼 때, 미국이나 영국, 남미의 경우는 일부 층 그것도 주로 상류층에 집중적으로 나타난다. 따라서 사회 전반적으로 특정 시기에 집중적으로 교육열 현상이 나타나지는 않는다. 이런 점은 한국이나 중국, 일본에서 대체로 전국적 현상으로 나타나는 교육열 현상과는 매우 다르다.

또한 중·상류층의 높은 교육열의 표현은 그들의 자유영역이기도 하다. 즉 그들이 자녀교육을 위해 자기의 것을 어떻게 투자하든 그것은 그들의 자유에 속하는 일이라는 것이다. 그리고 이러한 자유를 실현할 수 있는 학교제도를 가지고 있다. 따라서 교육열 현상은 문제로 인식되지 않으며, 더구나 사회문제로 인식되지도 않는다. 이런 인식은 우리와 매우 다른 인식 방식이다.

미국에서의 상류층의 자녀교육열의 표출은 매우 다양하고 고비용적이다. 미국에서도 좋은 고등학교에서의 입시위주 교육은 매우 심하다. 그러나 교육전통과 입시제도가 우리와 다르기 때문에, 입시위주 교육에 각 관련자들이 참여하는 방식이 다르다. 따라서 미국에서의 입시위주 교육은 한국 교육에 나타나는 입시위주 교육과는 아주 다르다. 그렇지만 우수한 상급학교로의 진학을 위한 입시 위주 교육이라는 점에서는 기본적인 공통점이 있다.

한국인과 미국인 사이에 교육열 표출 목표에도 차이가 있을 것이다. 한국은 지위상승이 교육열 동기의 주요소라고 볼 수 있는 데, 남미나 미국의 경우는 상류층의 계층유지, 지위유지에 교육열 동기의 주 요소가 있는 것으로 볼 수 있다. 한국도 계층의 안정성이 상당히 확보된 시기(대체로 2000년) 이후에는 계층유지적 동기의 비중이 높아졌다고 볼 수 있다.

미국 상류층의 교육열은 아마도 지위상승을 위한 교육열이라기보다는, 지위를 지키기 위한 교육열, 떨어지지 않기 위한 교육열, 품위유지를 위한 상징용 수단 확보로서의 교육열 같은 것이라고 짐작된다. 우리나라에도 특정 계층이나 지역을 중심으로 이와 유사한 측면이 나타난다. 예컨대 강남이 그러하다. 미국의 경우는 대부분 대를 이은 계층유지이지만, 우리나라 강남의 부유층들은 대부분 그런 경우는 아닐 것이다. 미국 부유층보다 계층하락의 위험성에 대한 위기의식은 한국의 강남사람들이 더 클 수도 있다.

한국의 학부모는 교육제도에 대해 매우 심리적 거리감을 많이 갖고 있다. 그 이유는 교육에 관한 모든 것을 정부나 관청이 결정하기 때문이다. 서양에 비해 한국의 학부모들은 학교나 교육제도에 대해 주인정신을 가지지 않고 있으며 참여가 낮다. 우리에 비하여 미국의 학부모들은 학교를 부담 없이 자주 방문하고, 주요 교육 사항에 대해 제안권과 결정권을 상당히 가지고 있다.

일상적인 생활에서 친족의식, 가족관계, 부모-자녀 간의 관계가 교육열 행위에 영향을 미치는 것으로 보인다. 가족간의 공생의식이 크고, 독립의식이 적은 경우 학생 본인보다 가족의 교육열이 더 높을 가능성이 있을 것이다. 우리나라가 그러한 경우에 해당된다.

한국에서는 부모가 자녀에게 공부하라, ○○대학가라, ○○학과 가라 등등에 대해 상당히 강요적이고 집요한 편이다. 학교에서의 진학학습지도도 그렇다고 말할 수 있는 정도이다. 심하게는 부모가 '너 죽고 나 죽자', '너 때문에 내가 창피해 죽겠다'라고 하는 경우도 있다. 부모의 체면 그리고 본인의 체면 때문에 특정학교에 진학해야 한다는 의식이 아직도 일부에서는 강하게 남아 있다. 이런 의식은 가족의 범위를 넘어 교사의 체면이나 학교의 체면의식까지 연장되는 경우도 아직 흔적이 남아 있다(이런 의식이 과거에는 지금보다 훨씬 강했음). 그러나 미국이나 남미의 경우 자녀가 굳이 싫다고 하면 부모는 더 이상 강요하지 않는 것이 대부분이다.

미국인들이 한국인의 교육열을 보는 시각의 일례를 데일리뉴스지에 실린 기사를 통해 짐작할 수 있다. 데일리뉴스 기사를 인용한 조선일보(2002. 4월 24일자) 기사는 "한인자녀 공부 잘하는 이유"를 아래와 같이 보도하였다.

> 미국의 한인 자녀를 비롯한 아시안계 자녀가 공부를 잘하는 이유는 무엇일까? 22일(현지시간) 뉴욕 데일리뉴스는 '스페셜 리포트'에서 "부모들의 높은 교육열, 학생간의 그룹 학습, 학교 교사들의 아시안계 학생에 대한 특별한 기대감 때문"이라고 분석했다.

신문은 한인사회에서 113개 이상의 '방과후 학교'가 있는 점을 지적했고, 특히 엘리트 학원과 같이 특수고 진학을 위해 집중적으로 입시공부를 시키는 방식은 전반적인 교육 이상에는 부정적일지 모르나 결과적으로는 특수고 진학에 높은 합격률을 자랑함으로써 타민족들도 이를 모방하려는 움직임이 있다고 전했다.

특히 흑인계나 중남미계에 비해 경제력이 그리 높지 않은 아시안계 가정에서 자녀를 통한 신분 상승 욕구가 강한 부모들의 열정은 부모들의 삶 자체를 일부 희생해가면서까지 자녀 교육에 시간을 투자하게 만들고 있다고 신문은 지적했다.

신문은 2001년 미 공립고등학교의 아시안계 학생은 전체의 13%에 불과하지만 대부분 브롱스과학고(46%)나 브루클린기술고(39%) 등 특별학교에 다닐 정도로 우수하다고 밝혔다.

이 같은 분석을 한 학자는 뉴욕대 조슈아 애론슨 사회심리학자와 UC 버클리대 수학과 우리 트라이스맨 교수, UCLA의 심리학자 앤드류 플리그니 교수 등이다.

한편 신문은 아시안계 학생들의 열띤 학습열과 일류고 진학에 대한 부모들의 기대감은 이에 따라 가지 못하는 기타 아시안계 학생들에게는 또 다른 스트레스 요인으로 작용하고 있음도 지적하고 있다(이상, 조선일보 2002.4월 24일자).

3. 한국과 중국

개혁개방 이후 중국인의 학교교육열은 대단하다. 대학생들의 엘리트의식도 대단하다. 중국에는 약 600개의 대학이 있으며, 90년대 중반부터 정부에서 21세기에 대비하여 "211공정"이라는 선택과 집중 정책을 실시하였다. 100개 대학을 중점대학으로 선정하여 집중적으로 지원한다는 것이다. 어쨌든 13억 인구에 비해 대학의 수도 적고 학생수도 아직 한국의 2배 밖에 안 된다. 물론 고등학교 진학율도 높지 않고, 대학 진학율은 10% 대 초반에 머물고 있다(이상 2000년대 초반상황). 그러나 2004년에 이미 대졸생의 취업난이 심각한 현상으로 나타나고 있기도 하다. 도시지역 중산층 이상의 가계의 사교육비 지출은 엄청나며 점점 늘어나고 있는 추세이다.

비도시 농어촌 지역에서도 전통적인 방식의 교육열의 표출은 대단하다[3]. 과거제도가 창시되고 그 역사를 오래 동안 간직해온 중국은 교육열의 강도와 표출방식이 우리나라와 유사한 점이 많다.

한국과 중국에는 도시지역의 경우 교육열 현상이 거의 유사한 형태로 나타나고 있다. 한국과 중국의 제도의 차이에 따른 차이 외에는 상당히 유사한 교육열 표출행위가 발견되고 있다. 과외, 학원, 고액과외, 교사의 과외, 위장전입(중국의 고고이민(高考移民)), 조기유학열풍(중국의 유학조(留學潮)) 등등의 현상이 중국의 도시지역에서 그대로 나타나고 있다. 한국과 중국 사이에 공동연구의 필요성을 더욱 높여 주는 현상들이라고 생각된다.

한국과 중국 사이에 또 한 가지 흥미 있는 것은 그런 교육열 현상들에 대한 양국에서의 인식의 차이도 매우 중요한 관심거리이다. 우리가 대부분 부정적으로 보고 있는 여러 현상들에 대해 중국에서는 일부 비판이 있기는 하지만 자연스럽게 또는 그래도 합리적인(상대적으로는 합리적인) 방안이라고 생각하고 있다. 예를 들어 교사가 학생을 자기 집에서 숙식과 과외를 시키는 포사(包師)라든지, 진학시 일정비율의 학생에 대해 택교비(擇校費)를 받고 입학시키는 것 등은 우리로서는 불법부당하고 위화감을 조성하고 불평등을 재생산한다고 하여 생각할 수도 없는 일에 해당된다. 그러나 중국인들은 중국 사회의 복잡한 이해관계 속에서는 나름대로 합리적인 방안이라고 생각하고 있다는 것이다. 한국 같으면 거의 생각하기 어려운 일들도 중국에서는 합법적으로 이루어지고

3) 이에 관한 구체적 사례에 대해서는 자오윤대, 2002 참조.

있다(적어도 아직까지는). 한국보다는 다양성이 매우 높은 중국이 서로 차이와 다름을 인정하고 수용하는 교육사회를 구성하고 있다고 볼 수 있다. 한국은 아주 획일적이고 다양성이 없으며 차이와 다름을 인정해주지 않으려는 문화이며, 제도 역시 그러하다. 교육열을 표출하는 방식 역시 같은 방향, 같은 대상으로 표출되는 집중성이 높고 따라서 과열되는 모습으로 나타나는 경향이 있다.

중국에도 한국의 "고3엄마 고생엄마 현상"과 매우 유사한 "페이두" 현상이 나타난다. "페이두"는 입시생을 둔 학부모가 자식과 먹고 자고 옆에서 함께 하며 자식을 상전 모시듯 하는 중국 부모(때로는 부모 대리인)의 입시시중을 말한다. 이러한 "페이두"현상은 서양에서는 매우 드물고, 일본에서도 "교유꾸 마마"(教育MaMa)는 있어도 페이두현상 같지는 않다.

중국의 소황태자(小皇太子) 현상, 일본의 소자녀화(小子女化) 현상, 한국의 마마보이나 공주병 등은 상당히 유사성이 있다. 중국에서 자녀를 하나씩 키우고 자녀 교육에 엄청난 투자를 하며 애지중지 키우다 보니, 집안에서 자식이 마치 '황태자'처럼 군림하는 현상이 나타난다고 하여 이름붙인 현상이 소황태자 현상이다. 이는 우리나라에서 문제로 지적되는 '유약한 아이' '마마보이' '공주병 환자' 등과 유사한 현상이다. 일본 역시 자녀를 적게 낳고 경제력은 좋아지다 보니 비슷한 일이 발생하고 있다고 한다.

중국의 입시열은 중국의 독특한 호구이전 억제정책과도 관련(결합)되어 있다. 중국에는 아직까지 호구이전(戶口移轉)의 자유가 없으며, 호구를 이전하는 것이 매우 어렵다. 그런데 대도시의 유수대학교를 졸업하고 국가기관이나 도시 내 기관에 근무할 경우 기관과 기관의 협조에 의해 어렵지만 호구이전(戶口移轉)이 가능하며, 이는 개인이 하는 것보다는 아주 쉬운 방법에 해당한다. 그래서 대학진학을 호구이전 및 신분상승의 기회로 삼고 피나는 노력을 통해 대도시 대학으로의 입학을 관철시키려 한다.

4. 한국과 일본

일본과 한국의 교육제도 중 가장 큰 차이는 일본에는 사립학교의 입시에 대해서는 국가의 간섭이 거의 없다는 점이다. 고교 입시제도에서 공립고교는 우리의 평준화 제도와 유사하지만, 사립 고등학교는 학교별 자유 선발이다.

일본의 공립학교는 지방자치 단위인 현(縣)에 따라 입시가 이루어지지만 합격을 결정하는 것은 각 학교이다. 사립 고등학교는 학교별로 시험을 본다. 따라서 각 사립학교마다 입학 난이도가 상당히 다르다. 이러한 입학 난이도에 따라 지역별로 명확한 고등학교 서열 구조가 존재한다. 일본에서의 고등학교 입시는 거의 모든 중학생이 경쟁에 참가하기 때문에 커다란 사회적 이벤트로 되어 있다. 때문에 중학생의 대부분은 방과 후에 쥬쿠(塾, 우리의 학원에 해당)에 다닌다. 정부 조사에 의하면 중학생 386만 명 중 289만 명이 학원에 다닌다고 한다. 입시산업이 실시하는 모의고사에 따라 나타나는 〈편차치〉에 일희일비하면서 학교생활을 하고 있는 형편이다(나카무라 다카야쓰, 2003:51-52).

일본의 대학입시도 대학별로 선발이 이루어지며, 뚜렷한 서열구조가 존재한다. 일류 대학교의 입시경쟁은 치열하다. 일본의 대학입시에 관한 교육열 현상으로 크게 문제가 되었던 것은 한국의 재수생에 해당하는 〈浪人(료닌)〉의 증가였다. 베이비 붐 세대가 고등학교를 졸업하는 시기였던 1960년대에 '재수생 격증'이 사회문제가 되어 대학입시개혁의 계기가 되었다. 2002년에는 고등학교 3학년생의 대학 입학지원자가 약 62만 명인데 반해 재수생은 약 13만 명이다. 그런데 요즘에는 재수를 당연한 것처럼 여기고 있어 예전처럼 문제시하지 않는 경향이 나타난다고 한다. 이와 같이 일본에서는 대학을 가리지 않는다면 얼마든지 대학에 진학할 수 있는데도 불구하고 재수를 하는 학생이 많다. 물론 일류대학에 진학하기 위해서이다. 이런 측면들은 한국도 일본의 경향과 유사하게 나타나고 있는 것으로 보인다.

일본의 교육열의 현상의 또 다른 특징은, 도쿄나 오사카 등의 대도시 주변에서는 상급의 고등학교 진학에 유리한 국립이나 사립의 중학교, 초등학교, 유치원에 들어가기 위한 입시경쟁이 치열하며, 이것들이 일본의 교육열 현상을 상징적으로 잘 보여주고 있다. 지역에 따라서는 중학교, 초등학교, 유치원 등, 저연령층으로 입시경쟁이 확산되고 있는 것이 일본의 실정이다.

주요 도시에서 공·사립 모두 평준화제도를 채택하고 있는 한국의 경우 초·중학교에 대한 선택의식은 별로 높지 않다. 그러나 우리나라에서도 학부모와 학생들의 입시경쟁에 대한 준비와 시작이 점점 더 저연령화된 지는 이미 오래되었다.

일본에서는 소자녀화(小子女化) 현상으로 인해 누구나 대학에 입학할 수 있는 시대가 올 것이 예상됨에도 불구하고, 각 가정의 교육열 표출을 강화시키는 쪽으로도 나타나고 있다. 즉 한편으로는 학력저하를 걱정하면서, 다른 한편으로는 특정계층의 과외열풍으로 이어지고 있다. 우리나라도 자녀수는 줄고 경제력은 향상된 상황에서, 자녀교육에 대한 부모의 지원동기는 대단히 높다. 극빈계층이나 차상위 계층의 경우는 여건상 교육열동기화 자체가 안 된 경우가 많다고 지적한다. 그러나 중산층 이상은 자녀교육에 대한 투자동기와 그 행동이 매우 높다.

부모의 태도도 한·일 양국에서 차이를 보인다. 한국 부모들이 자녀에 대한 높은 기대수준을 보이고 자녀들도 자신들의 진학포부에 부모가 가장 큰 영향을 미쳤다고 생각한다. 그런데 과거와는 달리, 일본의 경우 자녀들에게 높은 학력 취득을 바라는 부모들의 숫자가 최근의 젊은 부모들에게서 점점 줄어들고 있다.

한·일 두 나라 사이에 학력취득 동기에서 차이를 보이고 있다. 학력효용의식에서 사회적 지위형성의 측면에 대한 인식은 두 나라가 모두 강하게 나타났지만 결혼관이나, 사회적 네트워크 형성의 학력효용을 중요하게 인식하는 한국과 자기실현적·소비적인 측면을 중시하는 일본 사이에는 학력취득 동기에 뚜렷한 차이가 나타난다.

출신계층별 진학포부를 보면, 양국 모두 남녀 관계없이 처음부터 진학포부수준에 계층차가 나타난다. 한국의 경우, 처음에는 출신계층간 격차가 극히 작으나 학교교육을 통과하면서 점점 계층간 격차가 확대된다. 반면에 일본의 경우는 처음의 계층격차가 유지되고 있다.

직업의식과 교육열과의 관계도 알아볼 필요가 있다. 먼저 성적에 따라서 진학희망이 변화하는가를 알아보면, 한국의 경우 본인의 학업성적에 따라 각 직업의 사회경제적 지위에 대응하여 수직적으로 분화해 간다. 즉 희망직업을 바라보는 시각에 있어서 한국의 고교생은 성적이 높을수록 사회적 지위가 높은 직업을 희망한다. 이에 비해 일본 고등학생의 경우 직업적 목표는 보다 다양하다. 직업적 지위 외에 다양한 요인이 개인의 직업희망에 영향을 미치고 있으며, 학업성적이 직업희망에 미치는 영향도 한국에 비해 명확하지 않다. 일본 고등학생의 직업성취경쟁은 한국보다 다극화되어 있다. 일례로, 일본 고교생은 부모와 동직(同職)을 희망하는 경향이 높다.

직업 선택의 기준에 있어서도 사회경제지향성과 자기실현지향성의 두 가지로 보았을 경우, 한국 고교생은 사회경제적 위신의 서열별로 학업성취도와 연계시키는 경향이 높다. 일본 고교생의 경우, 사회경제지향성과 자아실현지향성 중 어느 한 쪽이 높으면 다른 한쪽은 낮다.

직업이미지와 위신에 관해서도, 한국은 일본보다 비화이트 칼라직을 낮게 평가한다. 일본학자 아리타 신(2003)은 고교생의 교육열 차이의 원인에 대해 한국은 사회적 지위체계 배분장치가 교육시스템의 선발기능 밖에 없기 때문이라고 보았다. 일본의 경우 사회적 지위체계 배분장치가 한국보다 다극화(多極化)되어 교육시스템 외에도 다양한 장치가 사회적 지위 분배 장치로 작용하고 있다. 일본 사회에서 가업을 이어가는 전통이 그 한 예이다.

일본은 한국 보다 더 빨리 학력주의 사회를 형성하였다. 그러한 일본과 비교해도 입시지옥의 측면에서는 한국의 시험경쟁이 더 치열하며(김미란, 2000), 청소년 의식에 있어서도 학력사회적 인식이 한국에서 더 강하게 나타나고 있다(日本總務廳, 1994).

여자 고등교육의 경우, 일본에서는 주로 2년제의 단기대학에 집중하고, 남자는 4년제의 대학에 진학하고 있는데, 반해 한국에서는 이같은 남녀별 진학패턴의 차이가 선명하지 않다. 또한 한국에서는 고교생의 성별에 따른 진학포부에 차이가 없다. 그러나 일본의 경우 성별에 따른 진학포부의 차이가 뚜렷이 나타난다.

김진숙의 연구(2000)에 의하면, 일본의 교육열은 고도성장기를 통해 학력의식이 가열되었으며, 그것은 일본의 고도성장기가 낳은 의식의 산물이다. 이는 고도성장기의 또 하나의 의식의 산물인 중산층의식의 비대화 현상과 맥을 같이 한다. 7할 이상의 사람들이 자신을 중산층이라고 여기게 되는 중산층의식의 비대 현상은 생활에 대한 만족도를 높이는 한편 사회계층과 불평등에 대한 사회적 관심을 희석시켜 버렸다.

학력에 대한 의식도 고도성장기와 함께 대중적으로 가열되었다가 그 이후에 서서히 냉각되고 특히 낮은 계층에서 더욱 냉각되고 있는 것은 고도성장기 동안 이루어진 고학력사회화의 추세 속에서 나타나는 것이라고 보여진다. 즉 고등학교 교육의 완전취학에 가까운 확산과 대학교육의 대중적 보급이 20여 년이라는 단기간에 이루어져 학력에 대한 열기가 얼마나 빠르게 가열되었는가를 알 수 있다. 또한 그러한 양적인 측면에서의 학교교육의 확산이 질적 차원에서의 교육적 격차에 대한 감각을 무디게 하였던 것이다. 즉 고도성장기 동안에 이루어진 고학력사회화의 과정 속에서 교육기회의 평등이 실현된 것과 같은 착각을 불러일으켰던 것이다. 그러나 출신계층과 학력수준 그리고 출신계층과 학교의 서열에 관한 연구결과들을 보면 계층에 의한 교육기회의 불평등은 전전(戰前)에서 전후(戰後) 그리고 현재 시점에 이르기까지 유사한 정도의 격차를 유지하고 있다. 이는 전 계층에 걸친 교육기회에 있어서의 양적 수준의 확대과정 속에서도 계층간의 질적 격차가 유지되어 온 데 기인하는 것이다. 우리나라에 관한 이와 유사한 연구가 요청된다.

5. 한·중·일 비교

교육의식구조 비교 | 한국인의 교육의식을 다른 나라와 비교한 연구로는 서울대학교 교육연구소가 1999년 발간한 『한·중·일 교육의식 구조 비교연구』(윤정일 외, 1999. 서울대학교 교육연구소)가 대표적이다. 이 연구는 한국인의 교육행위나 교육제도 및 정책을 규정하는 기저를 밝히려는 목적을 갖고 있다는 점에서 교육열 연구와 관련성이 있다.

교육의식 구조를 파악하기 위해 분석틀을 크게 이념 차원과 영역 차원으로 구분하여 이념 차원으로는 1) 개방주의와 폐쇄주의, 2) 자율주의와 통제주의, 3) 정예주의와 대중주의, 4) 내재가치와 외재가치, 5) 능력주의와 귀속주의로 나누었다. 영역차원으로는 1) 교육목적, 2)

교육내용, 3) 교육방법, 4) 교육행정, 5) 교직에 대한 의식, 6) 학생행동에 대한 의식으로 구분하였다.

세 나라의 교육의식은 대체로 각국의 사회·경제적 발전 정도와 밀접히 관련되어 있다.

- 중국은 개인보다는 단체를 중시하고 대중주의보다는 정예주의 지향적으로 나타났다. 또 학교 교육의 목적을 국가발전을 위한 인재양성을 중시하고, 짧은 기간 내에 사회에서 필요한 인재를 양성할 것을 강조하였다.
- 일본은 개인을 중시하고 대중주의적 경향을 보였다. 학교 교육의 목표로서 개개인의 자아실현을 중시하였으며 학교 교육의 역할을 전통문화의 보존과 사회질서 유지라고 생각하였다.
- 한국인의 교육의식은 중국과 일본의 중간적 입장을 취하는 것으로 나타났다. 학교 교육의 목표는 개개인의 자아실현을 중시하고, 공교육은 대중의 교육수준 향상에 중점을 두어야 한다고 생각하여 대중주의 지향적인 것으로 나타났다.
- 국제 사회의 개방화와 더불어 한·중·일 삼국의 젊은 세대들은 교육의식 면에서 비슷한 경향을 보이고 있다.

중국이나 일본이나 학교가 서열화 되어 있기는 마찬가지이다. 그러나 필자가 검토한 자료의 범위 내에서는 서열화 자체를 크게 문제 삼고 있지는 않았다. 사실 학교의 서열화는 거의 전 세계적인 현상이다. 중국과 일본의 경우는 대학뿐만이 아니라, 중·고등학교도 서열화 되어 있고, 선발도 시험에 의해 선발한다. 양국에서 중·고등학교 입시를 위한 교육열 현상이 상당히 많이 나타난다. 중국의 경우는 대학 문호가 좁기 때문인지 대학입시와 대학원 입시까지 교육열 현상이 매우 심하다. 중국에서도 최근 재수생이 해마다 증가하고 있다. 일본의 경우 대학입시는 소위 일류대 입시를 위해 중상류층에서 경쟁이 심하고, 하류층에서는 대학입시를 향한 교육열 현상이 냉각되어 있다. 중국과 일본을 볼 때, 학교의 서열화가 교육열 현상을 더 가열시키고 있다고 단정하기 어렵다. 서양의 학교와 비교할 때는 더더욱 그렇다. 미국이나 이스라엘의 학교는 서열화되어 있으면서 특성화된 것이다. 그러나 우리와는 매우 다른 방식으로 국민의 교육열이 표출되고 있다.

'노력주의'는 아시아의 교육과 교육열의 한 특징으로 파악된다. 일본에서도 중국에서도 '노력주의'를 중시하며, 이러한 의식이 교육열 현상을 증폭시키고 있다고 분석한다. 이 점에 있어서는 한국도 마찬가지이다. 아시아의 유교 문화권에서는 열심히 노력함으로써 개개인이 가지고 있는 능력을 어느 정도 최대화하느냐가 중요 관심사이며, 개인이 성취하지 못하는 것은 능력이 부족해서도 아니고, 개인적 또는 환경적인 장애가 있어서도 아니며, 노력이 부족했기 때문이라는 것이 전통적으로 강하게 내려온 의식이다. 아시아적 '노력주의'는 서양의 능력(우선)주의적 사고방식과는 대조된다.

제13장
교육열 연구의 이론적 인식의 확장

- 교육열은 다양한 학문에서 다양한 관점으로 연구하면 그 의미와 용도가 더욱 풍부하게 확장 될 수 있다 -

Ⅰ. 교육열연구의 취약한 이론적 기반의 보완
Ⅱ. 이론적 취약성을 보완해 줄 세 가지 이론
Ⅲ. 교육열에 대한 감정사회학적 접근
Ⅳ. 교육열에 대한 행동경제학적 접근
Ⅴ. 교육열에 대한 정서자본론적 접근
Ⅵ. 학부모를 이롭게 하는 이론과 정책

학부모와 교육열의 정책적 의미를 탐색하는 의도는 그것을 잘 사용해 볼 방법을 궁리해 보기 위해서이다. 교육열이라는 보편적이고도 강력한 신바람 에너지를 잘 결집하여 효과를 보게 해야 하는 것은 우리 모두의 과제이다. 얼마 전 한국의 교육열을 부러워한 바 있는 오바마대통령이라면 교육열을 어떻게 활용할지가 궁금하다.

감성은 이성을 불태우는 연료 역할을 한다. 또한 감성은 이성의 새로운 씨앗을 만들어 내는 불씨 역할도 한다.

여기에 소개되는 이론은 교육열에 대한 새로운 이론적 기반과 함께 교육열에 대한 부정적 인식으로부터 탈피하는 데에도 도움을 줄 것이다.

"새로운 이론을 발견한다는 것은 산에 올라 새롭고 넓은 시야를 갖게 되는 것과 같다."

-애덤 스미스-

I 교육열연구의 취약한 이론적 기반의 보완

교육열에 관한 이론적 연구라고 볼 수 있는 것은 별로 많지 아니하다. 교육열 연구들은 대부분이 교육열을 살펴보고(조사, 질문, 관찰, 통찰 등) 그 연구결과를 이론으로 구성해 보려는 노력으로 볼 수 있다. 이러한 접근은 나름대로 중요성을 확보하고 있다. 그러나 두 가지 한계점이 있다. 첫째, 이론적 기반이 약하다는 점이다. 둘째로, 앞의 한계점에 부수되는 것이지만 기존이론 및 다른 이론과의 연계성과 차별성을 파악하기 어렵다는 한계점이다. 타 이론과 연계성이 없는 연구는 연구대상의 고유성을 잘 살려줄 수는 있더라도 소통이 '단절된 연구'라고 볼 수 있다. 이런 점에서 '이론에 근거해서 연구하기'가 교육열 연구에 많이 활성화 될 필요가 있다. 그러나 이론에 근거해서 연구하기가 교육열과 그 현상에 단순히 그 이론으로 포장되는 것이어서는 안 될 것이다. 즉 타 분야의 기존이론에 '매몰된 연구'는 바람직하지 않다. 이런 노력들을 통해 궁극적으로는 '교육열에 구체화 (혹은 특화)된 이론구성까지 이어져야 할 것이다. 즉 타 이론과 연계도 잘 되면서, 연구대상의 고유한 특성을 살릴 수 있는 연구가 바람직하다.

불교사상에 一體唯心造(일체유심조)란 말이 있다. 사교육정책도 '부모·학부모' 공익광고도 우리의 인식과 그런 인식의 결과들이 만들어 낸 정책이고 현실이다. 광고전문 경제인 로리 서덜랜드(Rory Sutherland)는 '인식이 모든 것이다'라는 제목의 TED강연에서 여러 가지 국가정책들이 어떻게 인식하고 보느냐에 따라 매우 다른 정책으로 추진할 수 있음을 잘 보여주고 있다.

그런데 언제부터인가 교육열에 대한 부정적인 인식이 교육계에 널리 자리잡게 되었다. 교육열이 약(자원)도 될 수 있고, 독(쓰레기)도 될 수 있다는 생각은 사라지고, 오로지 독이거나 쓰레기인 것처럼 취급하는 생각이 교육계에서 지배적이다(오히려 교육계 밖의 사람들, 특히 경제인들은 긍정적으로 생각하는 경향이 더 높다).

한국사회에는 언제부터인가 교육열은 문제점이 많은 것이고, 사교육은 나쁜 것이고, 공교육은 육성되어야 하는 것이라는 인식이 마치 정상 패러다임인 것처럼 고착되어 버렸다. 그래서 이런 인식을 의심하지 않게 되었다. 간혹 이런 인식에 제동을 거는 사람이 있어도 교육계의 반응은 싸늘한 편이다.

과연 교육열에 관한 이런 부정적이고 획일적인 인식은 옳기만 한 것일까? 이런 고정관념화된 인식패러다임 때문에 인식의 다양성이 사라지는 부작용은 없는지, 자유로운 사고를 억제하는 부작용을 생각할 수 있다. 무슨 새로운 생각이 가능하고 무슨 새로운 정책이 가능할까? 교육열과 관련 있는 각종 정책들도 기존과 다르게 볼 수 있는 시각이 열릴 수도 있지 않을까?

가령, 한국사회가 보유하고 있는 '가용 가능한 교육자원 목록'을 작성하고 이 목록에 바탕을 두어 교육정책을 세운다고 하자. 귀하는 이 리스트에 교육열을 포함시킬 것인가 말 것인가? 포함시키지 않는다면 무슨 이유를 대면서 제외시킬 것인가? 포함시키는 경우에는 얼마나 중요하게 취급할 것인가?

교육열에 대한 인식을 새롭게 하고 나아가 교육정책마인드의 변화와 교육환경의 재설계를 통해 교육열이 작용하는 생태계를 바꾸어 준다면 교육열은 대한민국의 귀중한 자본으로 기능할 수 있을 것이다. 대한민국에서 가장 낭비되는 에너지가 있다면 그것은 아마도 학부모의 교육열일 것이다. 그렇다면 국가는 낭비되거나 잘못 쓰여지거나 왜곡되어지는 교육열을 어떻게 관리할 것인가를 주요 정책과제로 삼아야 할 것이다.

작가 이외수는 사람의 관점을 그저 보이는 것만 보는 '육안', 지성을 가지고 심도 있게 바라보는 '지안(뇌안)', 이성이 아닌 마음으로 느끼는 '심안', 그리고 해탈의 경지라고 할 수 있는 '영안'으로 제시하고 있다. 지금까지의 교육열 연구가 교육열에 의해 나타났던 과잉 현상만을 바라보던 육안적 관점을 벗어나서 여러 가지 지식을 가지고 심도 있게 바라본 지안의 단계에까지 이르렀다고 생각한다. 이제 우리는 미래적 에너지로써 교육열을 발전시킬 수 있도록 교육열과 그것을 지닌 주체인 학부모들이 가지고 있는 마음을 바라볼 수 있는 심안으로써의 관점에서 교육열을 바라보고, 교육열을 가지고 있는 주체들의 행동을 좀 더 유심히 살펴보아야 하지 않을까 생각한다.

II 이론적 취약성을 보완해 줄 세 가지 이론

최근 다른 학문 영역에서 관심을 끌고 있는 이론들 중에서 교육열 연구에 적용가능성이 높으면서 동시에 위의 질문에 긍정적인 답을 시사하는 3가지 이론을 간략히 살펴본다. 이 이론들은 교육열과 그 현상에 관해 새로운 관점에서 볼 수 있도록 우리를 도와줄 것이다.

첫째로, 사회학 분야에서 '감정사회학'이다.

둘째로, 경제학 분야에서 '행동경제학'이다.

셋째로, 경영학 분야에서 '정서자본론'이다.

이 세 이론은 인간의 자녀교육에 대한 열의와 행동 즉, 교육열을 어떻게 접근해야 하는가에 기본 관점을 제공하고 있다. 편의상 '감정사회학적 접근', '행동경제학적 접근', '정서자본론적 접근'이라고 부르도록 하겠다.

Ⅲ 교육열에 대한 감정사회학적 접근

1. 감정사회학적 접근

2008년 소고기 광우병 촛불시위파동은 초기부터 이명박 정부의 힘을 많이 잃게 만든 사건이었다. 또한 국가의 정책상황에도 커다란 영향을 미쳤다. 대통령직속 사회통합위원회가 구성되는 계기를 제공했고, 뒤이어 사회통합수석자리를 전무후무하게 만들었다. 홍보부족이라는 지적에 따라 정부정책의 홍보에 더 힘을 기울이면서 청와대에서 '공감'이라는 정부홍보지를 발간하여 전국에 수천 부씩 무료로 배포하고 인터넷으로도 배포했다. 2009년 이명박정부는 '공정성'을 한국사회의 핵심실천가치로 제시하는 등 정부핵심정책의 추진방향에도 영향을 미쳤다.

소고기 촛불시위 파동은 그 저변에 국민감정이라는 것이 깔려있다. 감정은 사람의 행동에 중요한 영향을 미치며 결과적으로 사회현상에도 커다란 영향을 미치며, 이에 반응하는 정책에도 영향을 미친다는 것을 명료하게 보여주는 사건 사례이다. 이런 사례를 우리는 어떤 학문 혹은 어떤 이론으로 적절히 분석해 낼 수 있는가?

2008년 당시의 촛불집회 사건은 엄청난 사회적 파장을 일으킨 사건이었지만, 기존의 합리성에 토대한 사회이론으로는 설명이 불가능하다. 따라서 비이성적이거나 몰지각한 현상으로 파악하거나 심하게는 아예 주요 탐구대상에서 제외시켜버리기까지 했다. 이러한 문제점에 대해 박형신은 "이렇듯 감정이 인간의 삶과 사회현상 구석구석에서 지대한 부분을 차지하고 있음에도 불구하고 사회학은 사회적 삶을 합리성으로 축소시켜 이해함으로써, 많은 부분을 그 설명에서 놓치고 말았다"(2009:14)고 지적한다.

"촛불시위는 정부 정책을 어떻게 국민에게 이해시킬 것인가, 군중운동 확산에 어떻게 대처할 것인가 등에 대하여 정부의 많은 검토와 연구가 있어야 함을 교훈으로 남겼다"(이영탁, 2010: 28). 정부가 제대로 대처를 하기 위해서라도 이런 현상에 대한 좀 더 정확한 설명능력이 우리에게 필요하다. 이런 사회현상을 설명하는 데에는 기존의 이성적-합리적 인간모형에 입각한 사회이론으로 설명 되지 않는 부분이 많다(박형신, 2009:13).

현대 사회이론이 전제하고 있는 인간상은 이성적-합리적 존재이다. 그런데 교육열 현상은 이성적-합리적으로만 이해하기에는 매우 부담스러운 현상이다. 한국의 교육열 현상은 사회현상이다. 그러나 사회학에서도 교육열이라는 교육사회현상을 적절히 설명해 줄 이론은 찾아보기 힘들다.

최근 인간의 '감정'을 고려하지 않으면 사회현상을 제대로 설명할 수 없다는 주장이 상당한 관심을 끌고 있다. 바로 감정사회학이다. 감정사회학이 전적으로 새로운 것은 아니다. 그러나 사회적 행위에서 감정을 중시하는 '감정사회학'에 대한 관심은 나름대로 긴 역사를 가지고 있음에도 불구하고 오래 동안 큰 관심을 끌지 못했었다. 감정사회학은 최근 새로운 관심을 끌고 있으며, 국내 사회학계에서도 관심도가 높아가고 있다.

국내 학계에서 감정사회학 논의의 역사는 짧을 뿐만 아니라 연구성과가 아직 미미한 상태이다. 1989년 김경동 교수가 "감정의 사회학: 서설적 고찰"을 통해 이 방법론을 시론적으로 제기하였으나, 후속 연구가 이어지지 못했다. 2007년 신진욱 교수는 1980년 광주 민주화운동을 감정사회학의 시각에서 분석하고 다음과 같은 감정의 사회성을 발견하였다.

"광주항쟁 당시의 선언문·성명서·호소문 등을 분석한 결과 텍스트의 절대 다수가 초월적인 감정 공동체의 현존을 자명한 것으로 간주하고 있었다."

"불의에 의해 죽임을 당한 자들을 앞에 놓고 자신은 아직 살아 있다는 사실에 대해 갖게 되는 부끄러움과 죄책감 같은 내향적·부정적 도덕감정이 적대자 집단에 대한 외향적·부정적 도덕감정과 동시에 작용하고 있다"(〈경제와 사회〉 2007년 봄호).

"(그러한) 진보를 위한 하나의 중요한 과제는 근대 사회과학의 오래된 쟁점인 합리성/비합리성의 이항대립을 극복하고, 인간 행위의 감정적 차원과 인지적 차원 사이의 연계·교차·상호작용이라는 관점에서 사회운동의 행위동학을 설명하는 것이다"(신진욱, 207:204).

감정의 거시사회학적 연구에는 매우 중요한 방법론적 문제가 남아 있다. 이는 감정은 개인적으로 경험되지만, 사회구조는 그 정의상 집합적 현상이라는 점에서 발생한다. 거시사회학적 감정 연구는 한 개인의 미시적 수준의 감정이 집합적인 거시적 수준의 과정 및 결과에 어떻게 기여하는가를 이해하고자 시도해야 함을 시사한다(박형신, 정수남, 2009: 26).

"감정은 개인의 내면과 사회관계 나아가 거시적인 사회변화와의 상호작용 반응으로 나타난다는 점에서 '사회성'과 '역사성'을 지닌 개념이다"(박형신, 2009: 25). 우리 국민과 학부모들이 가진 교육열이라는 감정도 이런 사회성과 역사성을 지닌 개념이다.

이러한 감정사회학의 연구경향과 성과를 교육열 연구의 기초이론으로 활용하면, 교육열이라는 감정(정서)의 성격, 강도, 여러 교육열 행동과 현상에 대한 영향, 교육열의 관리 가능성과 방향 등에 대한 논의가 기존 논의와는 다른 모습으로 전개될 수 있을 것이다.

박형신 교수는 그러한 가능성의 사례를 제시해 준다. 그는 한 개인의 미시적 수준의 감정이 집합적인 거시적 수준의 과정 및 결과에 어떻게 기여하는가를 이해하는 거시사회학적 감정 연구가 필요하다고 주장한다. 그의 이 주장에 교육열도 포함되어 있다.

> "거시적 감정사회학은 다양한 감정범주들을 통해 구체적인 사회적 현상과 사건들을 이해하게 함으로써 '사회학적 상상력의 빈곤' 속에서 진부한 주제를 반복적으로 연구하여 식상하다는 느낌을 주고 있는 사회학적 작업에 그 지평을 넓혀주고 활력을 줄 것으로 기대된다. 이를테면 외모지상주의, 출산율저하, 교육열 등의 다양한 사회·문화현상의 배후에 자리하고 있는 감정들을 포착함으로써, 이러한 현상들을 보다 심층적으로 이해할 수 있게 해 줄 것이며, 불평등의 감정구조를 찾아냄으로써, 불평등을 둘러싼 갈등을 해소할 수 있는 방안을 구축하게 할 수 있을 것이며, 단순한 형식적·절차적 민주주의를 넘어 관용, 화해, 사랑, 호혜, 베풂, 나눔 등으로 표현되는 심미적 또는 감정적 차원의 민주주의를 제기함으로써 정치발전을 한 단계 끌어올리는 데 기여할 수도 있을 것이다"(박형신, 2009:29).

2. 감정으로서의 교육열

이와 같이 박형신은 감정사회학적 논의의 가능성을 매우 폭넓게 보고 있으며 심지어 민주주의와도 연결시키고 있다. 이런 기대를 교육열 연구에도 담아 볼 수 있다. 그의 논의를 연장시키면 교육민주화도 교육복지론도, 교육평등론도 감정사회학적 논의가 가능하며, 그것은 교육열 감정과도 연결시켜 논의할 수 있을 것이다.

한 때는(일제시대에는) 국민의 교육열을 자극하고 활용하여 애국구국운동을 하려고도 했다. 5.31교육개혁안에서도 "이 뜨거운 교육열을 창조의 에너지로 연결시키기 위해서는 새로운 교육의 물길을 만들어야 한다."고도 했다.

교육열도 교육에 관련한 국민감정 혹은 국민정서라는 관점에서 교육열이 어떤 교육적, 사회적, 정책적 의미를 내포 혹은 시사하고 있는지를 꼬집어 내보고자 한다면, 종래의 합리론적 사회학보다 감정사회학이 더 잘 볼 수 있을 것이다.

Ⅳ 교육열에 대한 행동경제학적 접근

1. 행동심리학과 행동경제학[4])이 주목 받는 이유

행동경제학(behavioral economics)과 행동심리학(behavioral psychology)이 최근 이슈가 되고 있다. 행동심리학은 심리학의 한 부분으로 생물(인간)이 행동하고 생각하고 느끼는 모든 것에 의미를 부여하고 이를 통해 대상을 바라보는 학문이다. 행동심리학으로 인간의 경제적, 사회적 행동을 살펴본 해리 벡위드는 『언씽킹』을 통해 느낌으로 결정하고 이성으로 그 결정을 합리화하는 사람들의 모습을 제시하고 그 의미를 부여하였다. 그는 사람들이 생각과는 달리 인간이 과학적이고 합리적으로 판단하고 선택하지 않음을 보여주고 있다. 사람들의 행동을 관찰하고 그 속에 감춰진 의미들을 제시하면서 해리 벡위드는 어떠한 심리학자들보다도 사람들의 특징을 잘 끄집어냈다. 그리고 이것이 우

---

4) 유경운 교수는 '행태주의 경제학'이라는 용어를 쓰지만, 행동경제학이 다수가 쓰는 용어이다.

리가 그의 이야기에 귀를 기울이게 한 가장 큰 힘이다. 그는 놀라운 것을 사랑하고 놀이를 좋아하며 눈에 띄고 싶어함과 동시에 실패자를 사랑하는 우리의 심리를, 행동 속에 숨겨진 의미를 파악함으로써 드러낸 것이다. 이렇게 드러난 우리의 심리에 대해 많은 사람들이 공감하고, 기업 마케터들은 효과적인 마케팅을 하는데 중요한 자료로 활용하고 있다.

아담 스미스 이래의 주류경제학은 치밀한 이론적 정합성에도 불구하고 실제 경제현실과는 괴리를 보여 왔다. 주류경제학은 정확한 계산, 합리적 판단, 효용의 극대화를 추구하는 확고한 의지를 가진 완벽한 인간을 전제로 발달해 왔다. 그런데 이런 경제학은 감정적이고 모순덩어리인 인간의 럭비공 같은 경제행동을 간과하였기 때문에 인간의 실제 경제행동과 거리감이 있다.

반면, 행동경제학에서는 인간의 '비합리성'을 인정하고 수용한다. 여기서 '비합리성'이란 경제학에서 가정하고 있는 경제적 인간의 완전한 합리성 수준이 아니라는 의미이다. 즉 제멋대로라는 의미의 비합리성이 아니라, 비합리적이긴 하지만 일정한 경향성을 갖고 있으므로 예측가능한 비합리성이다. 이런 의미의 비합리적 행동 경향은 현실 경제에 커다란 영향을 미친다. 다니엘 카너먼 교수가 2002년 노벨경제학상 수상 소감에서 한 말은 매우 의미심장하다. "우리들(카너먼과 트버스키)이 한 일을 인간의 비합리성을 증명한 것이라고 말하는 것은 받아들이지 않겠다. 휴리스틱(heuristic)과 바이어스(bias, 편향)에 대한 연구는 합리성이라는 비현실적인 개념을 부정하고 있을 뿐이다"라고 지적했다.

인간은 이성과 감성을 동시에 가지고 있고 본능적으로는 감성이 앞서는 존재이기 때문에 이성과 합리성에만 맞춰진 이론이 인간의 모든 것을 설명할 수 없는 것은 당연한 일일 것이다. 더욱이 지금처럼 많은 사람들의 행동 패턴과 사고가 과거 어느 때보다도 다양해진 시점에서 합리적으로 조직된 경제학 이론에 모든 행동들을 투영하여 분석하기에는 무리가 있다.

> "행태주의 경제학은 인지심리학, 진화심리학, 제도주의, 경영학, 신경경제학 등에서 발전한 이론을 도입하여 인간의 행동의 배경이 되는 원인을 이해하고자 하는 학문이다. 인간은 합리적이지 못한 인지상의 한계로 인해 휴리스틱하게 행동하는 존재이고 그에 따라 여러 가지 편견이나 편향된 행동을 보여준다. 이러한 편향된 행동을 이해하여 정책을 제시하는 것이 정책의 실효성을 높일 것으로 기대된다"(유동운, 2011: 1).

행동경제학의 논리로 교육열을 연구한다면 다음과 같은 일을 할 수 있다.

① 자녀교육 지원행동의 배경이 되는 심리적 요소의 발견
② 각종 교육열 현상(사교육, 치마바람, 입시지옥 등)을 보다 현실적으로 설명하고 예측가능하게 함
③ 자녀교육의 환경과 정책이 학부모의 자녀교육 지원행동에 미치는 영향 분석
④ 보다 실질적인 정책 제시

카너먼 교수의 '전망이론(Prospect theory)', '휴리스틱(heuristic)과 바이어스(bias)에 관한 연구' 등이 행동경제학의 주요 핵심 연구이다. 전망이론은 사람들이 기대효용을 극대화하기보다 확실한 전망을 과대평가하고 동시에 불확실한 전망을 과소평가한다는 이론이다. 휴리스틱은 사람들이 인지를 절약하려고 통계학적 원칙을 벗어난 판단을 내리는

것을 말한다. 인간은 외부환경을 인지하는데 여러 가지 한계가 있다. 접하게 되는 수많은 정보를 완벽하게 처리하기가 불가능하기 때문에 에너지를 절약하는 방향으로 정보를 처리하는 경향이 있다. 이런 결과로 한 번에 처리할 수 있는 선택대안은 6~7가지를 넘지 못한다. 인지심리학에서 말하는 휴리스틱 메카니즘은 정신적 작업을 단축시키고 최적에 가까운 해답을 찾을 수 있도록 의사결정을 유도한다(유동운, 2011:7).

행동경제학자들은 인간의 선택과 판단에 대한 심리학의 연구 성과를 경제학에 접목시켜 주류경제학의 한계를 극복하고 보다 현실적인 경제학을 제시함으로써 경제학의 새로운 지평을 열어주고 있다. 심리학자 다니엘 카너먼(Danniel Kahneman)교수는 경제주체의 의사결정이 반드시 합리적으로 이루어지는 것은 아니라는 '준합리적 경제이론'을 수립하여 주류경제학의 한계를 극복하고 보다 현실적인 경제학을 완성했다는 평가를 받고 있다.

2. 우뇌적 사고가 각광받는 시대, 이제는 교육열도 학부모들의 실제 행동을 토대로 연구할 필요가 있다.

교육열에 관한 기존의 여러 연구들은 주장도 논지도 다르지만 기존의 이론을 토대로 교육열이라는 무형의 존재를 분석하고 있다는 공통점을 가지고 있다. 여기에 이용된 기존의 이론은 합리론적 이성론적 이론이라는 공통점을 갖고 있다. 이를 다른 말로 표현해 보자면, 교육열이라는 무상형의 심리를 이성적인 틀 안으로 편입시켜 분석하고 해석하고 비판하고자 했다는 것이다.

그런데 교육열은 일종의 심리적 에너지이며 본능적이고 보편적 속성이다. 이것은 본능적이고 심적인 영역에 속한 것이기 때문에 감성적인 존재인 것이다. 그럼에도 불구하고 이제까지 교육 전문가들은 이 심리적 에너지를 개념적 분석이라는 합리적 방식으로 접근하는데 그치고 있다. 다시 말해 비논리적이고 비이성적인 기제를 이성적으로 접근한 것이다.

교육열을 가진 존재도, 교육열을 표출하는 주체도 감성을 가진 사람이다. 학부모의 지원행위와 교육열은 상당히 견고한 관계를 맺고 있다. 자녀교육에 대한 학부모의 지원행위는 교육열에 뿌리를 기반하고 있는 행동이다. 교육열을 가진 학부모가 교육열을 표출하는 방식이 바로 자녀교육 지원행위이기 때문이다. 요약컨대, 자녀에 대한 교육지원행위는 교육열을 기반으로 한 '교육열행동'이다.

행동심리학과 행동경제학에서 제시하고 있는 것처럼 인간은 과학적이고 합리적으로 짜여진 틀 속에서 선택하고 행동하는 존재라기보다는 설명하기 힘든 이유로 선택하고 행동하는 경우가 대부분이다. 다시 말해 감정적으로 선택하고 이성적으로 합리화하는 존재로 보는 것이 더 타당하다. 교육정책과 관련하여 다음과 같은 인간의 경제행동의 특성은 사교육정책이나 입시정책에도 중요한 참고가 된다.

"인간은 주류경제학에서 말하는 한계효용이 체감하는 기대효용을 가지는 존재가 아니고 현재의 재산이나 상태를 기준으로 이득이 되는 것에는 위험기피자가 되고, 손실이 발생하는 것에는 위험선호가가 되는 가치함수를 가진 존재이다. 그러므로 이러한 프레이밍 효과로 인해 정책을 제시하는 방향에 따라 사람들이 정반대의 의사를 보인다는 사실을 유념하여 정책을 제시할 필요가 있다. 또한 합리적인 인간이 가진 확률함수와는 달리, 낮은 확률을 과대평가하는 성향으로 인해 위험을 기꺼이 부담하려 하고, 높은 확률을 과소평가하는 성향으로 인해 확실한 전망이 아니면 뛰어들지 않는 모습에 상응하는 정책제안이 요구된다"(유동운, 2011: 1).

교육열을 가진 학부모가 자녀를 지원하는 교육 활동들은 저마다의 특징과 의미가 있을 것이다. 하지만 이제까지의 교육열 연구들은 그 활동들을 하나의 큰 틀로 묶어놓고 너무나 멀리서 하나의 형태로만 바라보는 데 그쳤던 것 같다. 이 때문에 우리는 학부모들이 행동으로 보여주고 있었던 교육열의 실제적 모습을 간과해 왔다고 볼 수 있다.

교육열은 한국 사회의 교육적 문화의 뿌리이고 에너지이다. 이 에너지를 토대로 우리 사회가 미래에 필요한 인재들을 많이 배출시킬 수 있을 것이다. 하지만 이제까지의 교육열을 바라보는 시각으로는 교육열의 더 구체적인 모습을 밝히는데도, 교육열을 가지고 있는 사람들에게 동기를 부여하고 에너지를 발산시키도록 하는데도 한계가 있어 보인다.

3. 행동경제학이 교육열 연구에 주는 시사점

> 행동경제학의 탄생 ⇨ 소비자의 경제행동 탐구
> 교육열 연구 ⇨ 교육소비자(특히 학부모)의 교육(지원)행동 탐구

행동경제학은 교육열 연구에 세 가지 중요한 시사점을 준다. ①인간의 경제적-교육적 행동에도 감정의 중요성에 대한 인식을 새롭게 촉구하고 있다는 점, ②이론적 정합성을 지향하는 이론도 좋지만 실제 행동에 부합하는 이론의 개발의 중요성을 확인시켜 준 점, ③감정을 적절히 관리해야 할 필요성 등이다.

이기석(2012:390-391)은 행동경제학의 교육열 연구에 대한 시사점을 다음과 같이 4가지로 제시하고 있다. 하나는 교육열 개념에 대한 부정

적 프레임에서 탈출하는 과업을 우선적으로 지적한다. 둘은 부정적 교육열현상에 대해 관주도적인 통제를 배제해야 한다. 교육열은 이미 관주도적인 선언적 통제정책으로 제어할 수 없는 상황에 처해 있기 때문이다. 셋은 관주도적인 통제 대신에 교육적 가치에 근거를 둔 세련된 '넛지' 전략을 구사할 필요가 있다. 넷은 '제한된 합리성'을 가진 학부모를 전제로 한 제도의 개발과 지원기구의 설치가 필요하다.

행동경제학자들은 경제학이 그동안 지나친 합리주의 설명모델에 매몰되어 왔다고 지적한다. 교육학 역시 교육행위를 지나치게 합리주의와 교육(본위)주의(교육이상모델에 입각한 목적주의적 판단)에 매몰되어 온 경향이 높다. 교육이 규범지향적 사업이기 때문에 그를 다루는 교육학도 규범지향적 성격이 어느 학문보다도 강하다. 이러한 맥락에서 특히 학부모들의 자녀교육 지원행동(즉 교육열 행동)은 비난대상 1호로 올라 있다. 학부모의 교육열은 맹목적이라거나 과도한 치맛바람 등등으로 비하되기 일쑤였기 때문이다.

V 교육열에 대한 정서자본론적 접근

오래전부터 교육현상의 분석과 방향제시에 자본이란 용어가 다양하게 사용되어 왔다. 자주 사용해 온 용어들로 인간자본, 인적자본, 경제적 자본, 사회적 자본, 문화적 자본 등이 있다.

경제학에서 개발된 인간자본이란 개념은 통계적으로 입증되면서 국가의 교육비 지출이 소비적 지출이 아니라 생산적 투자라는 인식으로 대전환을 이루었다. 교육에 대한 인식의 혁명이라고 할 수 있는 일이 벌어진 것이다. 이런 인식변화는 국가가 교육비 투자를 적극적으로 하게 한 이론적 뒷받침이 되었고 교육비투자 확대의 계기를 마련했다.

교육분야에서는 아직 정서적 자본(emotional capital)이란 말을 사용하지 않고 있다. 필자는 교육에서 (국민 및 부모의)정서적 자본도 중요하며, 따라서 '(교육)정서적 자본'을 교육학 논의에 공헌하는 개념으로 인식될 날이 오기를 기대한다.

교육열이 모종의 감정이나 정서를 깔고 있음에는 틀림없다. 문제는 이 정서가 자본적이냐 아니면 소모적이냐에 있다. 이 문제를 논의하기 전에 '신바람'의 경우를 먼저 생각해 보자.

한국인의 신바람을 살리자는 주장을 종종 듣게 된다. 이 말은 신바람을 한국인의 정서로 본 것이고, 그것을 살리자는 말은 신바람을 자본으로 생각하고 바람직한 방향으로 활용하기 위한 노력을 하자는 말이다.

2002년 월드컵 축구 경기에 열광적인 응원 이후, 정부 일각에서는 중요한 문제의식(과제의식)을 갖고 프로젝트를 구상하였다. 국민의 이런 열정을 대한민국의 에너지로 승화시킬 수 있는 방법을 모색하는 것이었다. 더 거슬러 올라가면, 1970년대 당시 이어령 박사나 김열규 박사 등은 한국인의 '신바람문화' 혹은 '신바람 열기'를 모아 국가발전의 동력으로 삼아야 한다는 논의를 제기한 바 있다. 강원룡 목사도 한국인의 신바람을 살릴 수 있는 지도자가 필요하다고 강조하며 마지막 숨을 거두었다.

〈정서지능(Emotional Intelligence)〉의 저자인 다니엘 골만(Daniel Goleman)은 이성과 감성이 어떻게 어울릴 수 있는지를 강력하게 설명해 주는 사례를 든 바 있다. "아주 유능한 변호사가 외과수술 중에 정서두뇌라고 알려진 부위(아미그달라)를 다쳤다. 변호사는 지적인 능력은 전혀 손상을 입지 않았음에도 불구하고 직업, 부인 및 친구를 모두 잃었다. 왜 그렇게 되었을까?"(톰슨, 2000:35 재인용). 그 이유는 바로 그가 정서능력을 상실했기 때문이다. "'탁월한 지적능력'은 '혼신의 열정'에 의해 자극받을 때만이 제대로 기능한다. 이성과 감성이 조화를 이룰 때만이 비로소 추진력 있고 경쟁적인 사업이 창출될 수 있는 것이다."(톰슨, 2000: 36).

이종각은 10여 년 전부터 한국인의 교육열을 소모적인 에너지로부터 생산적인 에너지로 전환시키기 위한 노력을 해야 한다고 주장해 왔다. 말하자면 '교육열자본화론'이다. 아직까지는 교육열이 자본으로 인식되지도 못하고 또 현실적으로 자본처럼 기능하는 사례가 많지도 않다. 그러나 수많은 가정에서 부모의 교육열이 자녀교육의 자본 역할을 했다는 것을 우리는 알고 있다. 국가적으로도 국민의 교육열은 국가발전과 교육발달의 중요한 원동력이었다. 우리 국민들은 취학율과 진학률을 높혀 왔고, 주간 학교가 안 되면 야간학교에서, 정규학교가 부족하면 공민학교같은 비정규학교에서 공부해왔다. 그 결과, 빠른 경제발전과 정치의식 발전의 밑거름이 되었다. 이런 것들이 교육열의 자본적 역할이 아니고 무엇인가?

이러한 주장을 뒷받침해주기에 적절한 이론이 케빈 톰슨(Kevin Thomson, 2000)의 정서자본론이다. 교육열은 교육에 대한 국민의 정서이다. "정서자본은 지식자본을 불태우는 연료의 역할을 하며, 구성원의 정서자본과 지식자본을 활용할 수 없는 조직은 최고의 성과를 낼 수 없다"(케빈 톰슨, 이주일 오승훈 옮김, 옮긴이 글 중에서).

국가는 교육열이라는 국민들의 정서와 관련이 깊은 (맥락적) 비형식적 지식을 잘 경영할 줄 알아야 한다. 국민들이 국가의 교육정책에 공감을 갖고 적극참여하게 만들려면 국가교육발전과 국민개인발전의 합치도(合致度)와 관련이 있다. 국민 개개인의 교육정서 자본을 얼마나 잘 관리하느냐는 곧 국가의 교육경쟁력과 관련이 있다.

"앞으로 정보와 지식에 의한 경영은 절대적인 것이 될 것이다. 그러나 이보다 더 중요한 것은 감정, 신념, 이해, 가치 등과 같은 이른바 정서자본이다"(저자 서문 중에서). 톰슨의 〈Emotionnal capital〉은 각 조직의 정서적 자본을 어떻게 구축하여 자본으로 만들 것이며, 이를 어떻게 지적자산의 활용을 위한 지렛대로 사용할 것인가에 대해서 기술하고자 한다. 이를 위해 정서자본 관리에 대한 전략적인 개념 틀을 제시하고 필요한 용어와 기법들을 소개하고 있으며 이러한 것들을 각자의 조직에 적용시키는 방법에 대해서 설명하고 있다.

케빈 톰슨에 의하면, 정서는 지식자본을 활성화하는 연료이며, 정서자본은 사람의 가슴에 있는 것이다(제1장). 그동안 수많은 유명인들이 강조해 온 지식자본은 모든 조직이 갖추어야 할 두 개의 핵심자산 중 하나에 불과하다.

> "훨씬 더 중요한 요소는 지금은 감추어져 있는 감정·신념·지각·가치관 등과 같은 '정서자본'이다. 이것은 모든 사람과 모든 조직이 발전할 수 있도록 기여할 것이다. 정서자본은 지금까지 조직에 알려지지 않은 엄청난 부를 생성하도록 할 수도 있으며 이와 반대로 조직을 파괴하는 방향으로 작용할 수도 있다."

케빈 톰슨이 얘기하듯, 우리는 교육열이라는 국민의 교육정서자본을 잘 경영하지 못해 조직을 파괴하는 방향으로 작용하게 해놓고 왜곡된 교육열이라거나 맹목적 과잉교육열이라고 비난해야 할 상황을 만든 것은 아닌지 심각하게 검토해 볼 필요가 있다.

> "커뮤니케이션 수단에 그렇게 많은 투자를 하였더라도 실제 커뮤니케이션이 없다면 이해의 수준은 어떤 것도 올라가지 않거나 오히려 악화된다. 전자 커뮤니케이션 시스템을 도입한다고 해서 스트레스, 사기저하, 높은 이직률, 생산성 저하 및 다른 해로운 요소들이 저절로 개선

되지는 않기 때문이다. … 중략 … 어쨌든, 커뮤니케이션 수단이 커뮤니케이션이 아닌 것처럼 지식이 정서와 결부되지 못한다면 그 또한 무용지물이 될 수 있다"(톰슨, 2000:28).

국가의 교육열 경영과 관련해서는 이 관계가 거꾸로 되어야 할 것 같다. 국민들의 교육정서(교육열)가 바람직하고도 적절한 정책 및 적절한 지식과 결부되지 못한다면, 그것은 국가교육을 파괴하는 방향으로 작용할 수 있을 것이다.

교육열은 한국인의 교육정서이고 이는 엄청난 에너지를 발휘할 수 있는 일종의 자본이다. 미래사회는 감성이 중시되는 사회이며, 정서자본은 지금 보다 더 중요하게 취급될 것이다. 우리나라의 교육열 유통구조는 엉망이라고 볼 수 있다. 교육열 사고나 정체현상이 곳곳에서 발생하고 있다. 교육열 고속도로나 교육열 KTX가 개통되어야 한다.

톰슨은 기업을 중심으로 정서자본을 '기업성격을 창출하고 유지하는 힘'(톰슨, 2000:46)으로 규정하고 있다. 가정을 중심으로 교육열을 정서자본으로 볼 때 '자녀교육지원의 방향과 성격을 창출하고 유지하는 힘'으로 규정할 수 있을 것이다. 국가를 중심으로 교육열을 정서자본으로 보면 '국가 교육의 성격을 형성하고 유지하는 힘'으로 규정할 수 있을 것이다.

톰슨은 조직을 역동적으로 혹은 절망적으로 만드는 정서들을 각각 10 가지씩 제시하고 있다(톰슨, 2000:46-69). 이런 정서들의 대부분이 학부모의 교육열에서도 관찰할 수 있는 것들이다. 그가 말하는 조직을 역동적으로 만드는 10가지 정서는 집요함(obsession), 도전정신(challenge), 열정(passion), 몰입(commitment), 확신(determination), 기쁨(delight), 애정(love), 자부심(pride), 열망(desire), 신뢰(trust)이다. 반대로 조직을 절망적으로 만드는 10가지 정서는 두려움(fear), 분노(anger), 무력감(apathy), 스트레스(stress), 불안(anxiety), 적대감(hostility), 질시(envy), 탐욕(greed), 이기심(selfishness), 증오(hatred)이다.

케빈 톰슨의 설명논리는 기업조직의 경영을 위해 개발된 것이지만, 국가의 교육정책에도 유사하게 적용될 수 있는 논리와 방법론이다. 국가의 교육정책에 관심을 두고 말한다면, 국민들의 교육열 정서를 역동적인 상태로 유지되도록 정책을 이끌어 갈 것인가, 아니면 절망적 상태로 내버려 둘 것인가라는 과제를 제시할 수 있다. 당연히 역동적인 상태로 유지해야 할 것이다. 그러나 우리는 이런 종류의 질문이나 국정과제 의식을 가져 본 적이 없다. 즉 그러한 문제의식을 갖지 못했다. 학부모들에게도 유사한 문제제기를 할 수 있다. 교육열을 역동적으로 활용할 수 있는 철학과 방법론에 대한 지식을 생산하여 국가에 그리고 학부모에게 제공하는 것은 교육학자의 중요한 역할중 하나이다.

VI 학부모를 이롭게 하는 이론과 정책

교육열도 국가의 교육자원이라는 새로운 인식 ⇨ 새로운 교육디자인 필수 ⇨ 학부모를 이롭게 하는 이론과 정책

앞서 간단히 살펴 본 3가지 이론은 교육열 연구의 다양성 확보, 교육열 연구의 저변확대 그리고 이론적 기반의 강화에 기여할 수 있을 것이다. 이론적 기반이 튼튼하면서 교육열 연구의 저변이 확대되고 연구의 다양성까지 확보한다면, 교육열 연구의 발전을 넘어 한국의 교육 문제를 실제로 해결하는 데에도 기여하는 계기가 될 것이다. 왜냐하면 한국 교육문제의 뿌리에는 대부분 교육열이 맞닿아 있기 때문이다.

과거의 교육을 되짚어 볼 때, 우리는 정서교육 혹은 정신교육에 많은 투자와 노력을 기울여 왔다. 개척정신이라든지, 성취동기 함양이라든지, 새마을 정신(근면, 자조, 협동) 교육이라든지 등의 많은 예를 들 수 있다. 오바마 대통령이 한국인의 교육열에 찬사를 보낸 이유는 무엇일까? 미국인들은 교육열이라는 정서를 덜 가졌기 때문일 것이다. 그러나 한국인들은 교육열이라는 이 정서를 풍부하게 가지고 있으면서도 현명하게 잘 활용하지는 못하고 있다. 막히게 하고 넘치게 하고 비뚤어지게 하고 있다. 이는 가정에서 학부모가 제대로 관리 못하는 것과 마찬가지로, 국가 역시 국민의 교육정서를 제대로 경영하지 못하고 있기 때문이다. 교육열이라는 이 정서를 각종 수식어를 써서 나쁜 것이라고 비난하는 것은 아무 실익이 없는 것이다. 어떻게 유익하게 유도하고 넛지(nudge)할 것인가를 함께 고민해야 한다.

이러한 노력을 하는 데에 위에 소개한 세 이론들이 주는 시사점은 아래와 같다.

첫째, 케빈 톰슨의 이론으로부터 받을 수 있는 시사점으로 교육관(교육지식)과 교육열과의 관계를 교육관을 불태우는 연료역할을 하는 것이 교육열이라는 점을 분명히 할 수 있고, 교육열이라는 정서(감정)의 질(質), 성격과 강도 등에 대한 규명과 함께 긍정성을 가진 정서에너지라는 점을 밝힐 필요성을 깨닫고, 교육열 정서를 생산적으로 경영할 방안을 모색해야 한다는 점 등을 시사 받을 수 있다.

둘째, 행동경제학적 논리와 방법을 응용하여 가칭 '교육열행위론'을 연구영역으로 개척해 나갈 수 있을 것이다. '교육열행위론'은 학부모의 교육지원행위에 대한 기존의 조사연구와는 차원이 다른 연구이다. 그동안 우리는 '학부모들은 왜 그렇게 행동할까?'라는 질문에 너무 단순한 대답을 해 왔다. '맹목적 교육열' '왜곡된 교육열' 등이 가장 대표적인 경우이다. 이데아적 교육이론을 전제로 할 때에는 이러한 대답이 나올 수 있다. 그러나 학부모행동의 실제 모습은 무엇이고 왜 그런 행동을 할까라는 리얼리즘의 관점에서 보면 아주 달라질 수 있다. 행동경제학의 여러 사고방식과 실험들이 이런 학부모리얼리즘을 개척하는 데 많은 도움을 줄 수 있을 것이다.

학부모들의 그러한 행동의 결과는 무엇일까 라는 질문에 대해서도 너무 단순한 대답을 해 왔다. 교육현장을 왜곡시키고, 교육정책을 무력화 시키고 있다고 흔히 생각했다. 과연 그런가? 그런 점이 있다고 하더라도 여전히 질문은 남는다. 과연 이것이 전부인가? 아직 우리는 무엇이 남아 있는지도 잘 모른다. 그렇기 때문에 질문을 못했는지도 모른다. 정말 진지하게 질문을 찾아보아야 할 것이다. 우리가 교육학도로서 교육의 본래의 취지와 목적을 강조하고 애착을 갖고 있듯이, 교육주권자인 학부모의 교육열에도 본래의 취지와 목적이 무엇이며, 어떻게 성취할 수 있는지를 진지하게 검토해 줄 책임이 있다.

국가중심교육학과 학부모중심교육학을 연결시켜서 개발할 수 있는 연구영역이 '교육열경영학'이다. 국가는 학부모의 교육열에 대한 올바른 이해를 바탕으로 하여 국가차원의 교육열경영의 방안을 마련할 필요가 있다.

셋째, 교육열에너지라는 정서자본을 사회적자본이나 문화적 자본과 연결시켜 논의할 필요가 있다. 학부모는 개인차원에서 교육열에너지자본을 생산적으로 경영할 수 있게 지원하고, 국가는 국민들의 교육열에너지자본을 생산적으로 경영하여 국민 인적자본의 질을 향상시키고 교육의 손실분을 최소화 정책을 하도록 지원할 필요가 있다. 그러기 위해서는 이와 관련된 담론이 풍부히 전개될 필요가 있다. 앞에서 소개한 3가지 이론을 기반으로 하여 교육열 연구를 한다면 이런 필요를 어느 정도 채워줄 수 있을 것이다.

넷째, 신경경제학에 의하면, 자신의 정의롭지 못한 행위에 대해서 인간의 뇌가 이성적인 부위뿐만 아니라 감성적인 부위의 작용으로 인하여 이성적인 행동을 하기 어렵게 된다. 이런 발견은 우리에게 새로운 과제를 던진다. 즉, '어떻게 하면 인간의 감성적인 행동으로 인한 문제점을 이성적인 방법으로 바로 잡을 수 있는가'라는 새로운 질문을 할 수 있다. 넛지(nudge)이론이나 자유주의적 개입주의(libertarian paternalism)가 이런 질문에 대한 답으로 제시되고 있다. 교육정책의 여러 분야에서도 진지하게 논의될 필요가 있는 질문이고 답이다.

제14장
학부모와 교육열에 관한 미래지향적 과제와 연구 방향

-이제는 학부모에 관한 연구보다, 학부모를 위한 연구가 필요하다. 학부모와 교육열에 관한 인식을 바꾸면 연구방향도 교육정책방향도 바뀔 수 있다. -

Ⅰ. 교육열 관련 연구의 유형
Ⅱ. 교육열 연구의 특징
Ⅲ. 교육열에 대한 미래지향적 (정책)과제
Ⅳ. 교육열 읽기의 열린 모델 추구 : 교육열 연구의 새 방향 열기
Ⅴ. 교육열 연구의 새로운 과제들

인식을 바꿔 연구방향과 정책방향을 바꾸자

정부 차원에서는 교육열을 적극적이고 긍정적으로 경영하기 위한 교육정책이 필요하다. 학계에서는 연구로 뒷받침해야 할 것이다.

강조하건데, 인식이 모든 것을 결정한다. 교육열을 쓰레기라고 인식하면, 쓰레기 처리 정책밖에 안 나온다. 교육열을 정리되지 않은 보석창고라고 생각하면 보석을 정리-정돈-가공하는 정책을 모색하게 된다. 교육열 위기를 역발상으로 도리어 기회로 삼아 모색해 갈 때, 글로벌정보화사회로 진입한 한국사회의 교육은 새로운 발전의 도약을 기할 수 있을 것이다.

평생학습시대를 맞이하여 공교육 외의 다양한 교육유형들까지 포함한 교육열생태계를 어떻게 디자인해 갈 것인지에 대한 심도 깊은 논의가 필요하다. 이 점은 공교육중심의 교육정책으로부터 한 단계 더 발전시켜 교육생태계 전체를 국민의 교육정서(교육열)와의 적합성을 높이는 교육디자인에 나서야 함을 시사하고 있다. 소모적 낭비적 엔트로피적으로 발산되고 있는 교육열이 생산적 창의적 지속가능한 교육열로 나타날 수 있도록 하는 교육생태계 조성 방안을 연구-검토해야 할 것이다. 교육열은 한국교육에서 최다(最多) 자산이다. 이 정서적 자산이 창조적-생산적으로 작동할 수 있는 교육생태계를 디자인해 나가야 한다.

I 교육열 관련 연구의 유형

교육열에 관한 관심은 미온적이긴 하지만 다양한 형태로 이어져 왔다. 한국의 교육열에 관한 연구는 수십 여 편이 나와 있다. 이 연구들은 교육열을 중요한 내용으로 다루긴 했지만, 연구의 목적과 방법에서는 많은 차이가 있다.

이 연구들을 교육열을 취급하는 방식에 따라 분류하면 대략 여섯 가지가 된다.[1)]

1. 교육열을 교육병폐의 원인으로 지목한 연구

학부모들의 교육열 과열에 대한 비난은 대체로 언론에서 주도해 왔다. 이런 분위기 탓인지 분명치는 않지만, 각종 정기 간행물이나 개인의 저서에 수록된 수필형의 글들이 대부분 이런 경향을 띤다. 곽병선(1993)은 과열 교육열이 삶의 위기를 초래하고 있음을 지적하고 교육에 대한 의식 개혁을 주장했다. 김용숙(1986)은 교육열을 과외병, 학력병, 점수병 등의 질병으로 지칭하면서, 입신출세에 필요한 최고의 학력이나 일류의 학벌을 자녀들에게 갖게 하려는 개인적 차원의 사적인 욕망이라고 규정했다. 이돈희(1985)는 한국인의 교육열을 '열병'에 비유하

1) 어느 한 쪽으로 분류하기 곤란한, 복합적인 성격을 띤 연구도 있다. 그 경우에는 더 중요하게 다루어진 것으로 판단되는 쪽으로 분류했다. 여기에 소개된 것 외에 이기석(2012:388)은 교육열 연구의 주요 유형을 3가지로 잠정분류하고 있다. 교육열 현상을 한국만의 고유한 현상으로 설정하고 그 고유성을 설명하기 위한 고유한 이론을 모색하려는 연구(오욱환, 1999), 이와는 달리 교육열 현상을 인류의 보편적 욕구가 한국상황에서 특수하게 구체화된 현상으로 보고 그 현상의 일반적인 법칙이나 원리를 설명할 수 있는 보편적인 이론을 모색하려는 연구(이종각, 2003), 또 다른 유형으로는 교육열 현상이 발생하게 된 원인을 통시적으로 또는 공시적으로 규명하려는 연구(최봉영, 2000: 김영화·이인효·박현정, 1993: 김경근, 2004) 등으로 잠정 제시하고 있다.

면서, 이 교육열로 인해 사교육비의 경쟁적 투입을 비롯한 여러 종류의 역기능적 현상들이 일어날 것을 우려하였다. 정원식(1984)은 교육열이 한국의 교육을 성장시킨 촉진요인이었다고 평가하면서도, 한국의 높은 교육열이 지위지향적이라는 '그릇된' 방향을 나타내고 있음을 문제로 지적했다.

이런 주장들은 한국의 교육열에 관한 각자의 인식과 평가를 드러내주는데, 주로 부정적인 기류를 탄다. 이런 글들은 월간지 등에 수록되어 있어서 독자의 층이 비교적 넓으며, 그런 만큼 여론 형성에도 적지 않은 영향을 미쳤을 것으로 추측된다. 특히 사회적으로 명망이 높은 인사들의 의견과 판단의 경우는 더욱 그러할 것이다.

2. 교육열의 형성 배경이나 원인을 분석한 연구

교육열의 형성배경이나 원인을 분석하는 연구에는 교육학을 비롯하여 역사학과 가정학 등 여러 학문적 배경을 가진 학자들이 참여했다. 교육열에 관한 역사적 논의, 특히 시험을 위한 과잉투자적 측면에 관한 논의는 조선시대의 과거제도까지 거슬러 올라간다. 분석에 따르면 조선시대에도 일부계층에서는 교육열 현상이 매우 심했으며, 오늘날까지도 연속선상에서 남아있다. 일본제국주의시대에도 교육열이 대단히 높았다는 분석도 있다(한우희, 1991). 정순우(1998)는 한국의 교육열을 한국 근대교육의 성립과 전개과정에서 발생하는 특유의 사회적 현상으로 이해하고, 교육열 현상이 유교문화에서 어떻게 발아하고 개화기 이후 근대교육의 성립과 전개과정에서 어떻게 의미의 변천을 경험했는지를 논의했다. 강창동(1996)은 한국 교육열의 형성과정을 숭문주의, 입신양명주의, 문벌주의, 가족주의적 교육문화와 관련지어 논의하고, 교육열의 사회적 특성을 지위지향적, 집단주의적, 경쟁주의적, 결과주의적 행위

양식으로 지적하였다. 한우희(1991)는 일제 강점기 중 3·1운동 이전에 나타난 보통학교에 대한 저항과 그 이후에 나타난 보통학교 교육열의 역사적 의미를 민족적 저항의 맥락에서 해석하였다. 최봉영(2000)은 역사적 관점에서 오늘날 한국 사회의 교육열을 이해하려 했다. 특히 조선시대의 유교문화를 분석함으로써 교육열의 문화적 뿌리와 사회적 성격을 해명하려 했다. 박혜인(1994)과 이원재(2001)는 전통사회의 과거 급제에 대한 열망과 현대사회의 과잉 교육열이 어떻게 연관되고 있는가를 밝히고, 교육열을 중심으로 전통사회의 가치관을 탐색했다. 김경신 등(1994)은 한국의 문화적 역사적 전통 속에 자리잡고 있었던 교육열에 관한 분석을 통하여, 오늘의 수험생 가족문제를 낳게 한 근본적 원인(가족 및 사회의 가치와 구조적 특성)을 진단하고 가족적 대응방안을 제시하였다. 이미숙(1993)은 대입 수험생 가족을 대상으로 교육열에 관련되는 가족의 가치관과 가족구조의 특성을 분석했다.

이 연구들은 교육열이 형성된 배경을 확인하기 위해 역사적, 문화적, 사회적 접근을 했다. 여러 학문적 배경을 가진 이들이 연구한 만큼 비교적 풍부하고 다양한 논의들이 이루어졌다. 그러나 현재의 교육열을 먼 과거의 것들과 너무 많이 또 너무 밀접히 연관짓는다는 문제가 있다. 한국의 전통사회를 특징짓는 언어들, 예를 들면 유교문화, 숭문주의, 과거제도, 입신양명, 가문중시 등이 다수 등장하여, 마치 지금도 이런 것들이 교육열을 가열시키는 연료로 작용하는 듯한 인상을 준다. 반면에 현재의 교육열에 좀 더 깊이 관련될 것으로 여겨지는 요인들, 즉 현대 한국사회의 구조와 변동, 한국의 교육제도와 교육환경, 한국인의 가치관과 교육관, 사회심리와 동기체제 등을 교육열과 연관짓는 연구는 매우 부족한 편이다.

3. 교육열 현상의 실제를 파악하려는 연구

교육열 현상의 실제를 파악하려는 노력은 실증적인 연구와 문화기술지 형태로 이루어졌다. 김영화(1992)는 학부모의 교육열이 사회계층별로 어떠한 유사성과 독특성을 지니고 있는지 조사했으며, 1993년에는 이인효, 박현정과 함께 한국인의 교육열의 실체를 확인하려는 의도로 매우 광범위한 조사연구를 수행했다. 이 연구에는 교육열의 개념, 교육열의 형성 배경 및 요인, 사회계층별 교육열의 실상, 교육열의 정상화를 위한 제언 등이 포함되어 있다. 김희복(1992)은 한국 사회의 '교육열 현상'과 '학교 문화'를 총체적으로 이해하기 위한 기초작업으로 문화기술지 연구를 통해 부산지역 중산층의 학부모 문화를 연구했다. 그리고 이효수(1993)는 한국인의 '희생적' 교육열이 한국의 경제발전에 미친 긍정적 효과를 지적하고, 교육열 '굴절화 현상'의 구조적 메카니즘(노동시장 불균형과 교육시장 불균형의 상호작용)을 논의했다. 그리고 한정신(1998)은 심리학적 차원에서 교육열의 개념을 정의한 후, 여성(어머니) 교육열이 형성된 역사적·심리적 배경을 추적하고, 현재 여성 교육열의 현황을 여성 자신의 자아성장을 위한 교육열과 자녀지원 교육열로 나누어 분석했다.

이 연구들은 현재의 교육열 현상을 있는 그대로 파악하려는 초기의 시도들이다. 그런 만큼 그 이후의 교육열 연구자들에게 많은 주목을 받고 있다. 특히 사회계층별 교육열의 실상을 파악하려 한 김영화 등의 연구와 학부모 문화를 심도 있게 기술한 김희복의 연구가 그러하다. 그러나 김영화 등의 연구는 교육열의 개념을 너무 넓게 적용하여 교육의 일반적인 관심사들도 두루 거론했다. 김희복의 연구는 학부모 문화를 파악하기 위한 수단으로 교육열을 다루었으므로, 교육열 자체에 관한 분석은 그의 연구목적에 도움이 되는 만큼만 이루어졌다. 앞으로 교육열의 실상을 파악하기 위한 실증적, 문화기술적 연구들이 더 많이 더 다양한 방법에 의해 축적될 필요가 있다. 예를 들어 내러티브적 연구나 임상심리학적 사례연구 등도 이루어져야 할 필요가 있다.

4. 교육열 현상을 설명하는 이론을 개발하려는 연구

이 연구들은 교육열을 한국의 독특한 현상으로 간주하고, 외래 이론들이 이 교육열 현상을 설명하는 데 어떤 한계가 있는지를 검토하고, 연구자 나름대로 한국의 교육열 현상을 설명하기 위한 이론을 구성하려 한 시도들이다. 오욱환(2000)은 교육열을 한국사회의 교육 현실을 이해하는 핵심적 개념으로 보고, 그 기원과 역사적 전개(심화)과정을 추적하고, 교육열 현상을 설명하기 위한 이론으로 교육출세론, 집단경쟁체제론, 경험확대공유론, 외국어자본론 등으로 제안했다. 박남기(1994, 2000)는 한국 사회의 높은 교육열, 입시지옥 등과 관련된 현상을 이해하기 위한 대안적 관점으로 '교육전쟁론'을 제시했다. 강양원(1994)은 한국의 교육열과 학교교육의 공동화(空洞化) 현상을 설명하는 기존의 서구 이론들의 제한점을 지적하고, '교육기관 후견형 지위상승 모델'로 한국의 사회-문화적, 정치적, 경제적, 역사적 맥락에서 교육을 통한 지위상승 제도의 역사적 유래와 방법과 양상을 설명하려 하였다.

교육열과 같이 광범위하고도 특징적인 현상을 제대로 설명하는 이론이 없다는 것은 학문적으로 불행한 일이다. 인간자본론, 지위획득론, 선별이론, 계층경쟁론 등 외국의 이론들이 한국의 교육열을 설명하는 데는 한계가 있을 수밖에 없다. 그래서 오욱환이 대안으로 제시한 '교육출세론' 등 4개 이론, 박남기의 '교육전쟁론', 강양원의 '교육기관 후견형 지위상승모델'은 돋보인다. 그러나 박남기의 교육전쟁론은 설명체계라기보다는 현실에 대한 상황규정적 성격이 강하다.[2] 그리고 오육환은 네 가지 이론을 병렬적으로 제시하는 것으로 그치고 있다. 어쨌든 이런 이론 개발형의 연구는 아쉽게도 더 이상 발전하지 못하고 정체 상태이다. 교육열 현상을 설명할 수 있는 이론을 개발하기 위해 기존이론에 대한 심도있는 재검토와 새이론 모색을 위한 노력이 더욱 필요하다.

5. 사회현상이나 교육현상을 설명하기 위해 교육열 개념을 활용한 연구

이 연구들의 우선적인 관심은 한국의 사회현상 혹은 교육현상을 설명하거나 이해하는 데 있다. 교육열은 여기에 유용한 개념적 도구로 활용되고 있다. 김동춘(1999)은 교육열이 현대 한국의 정치경제질서, 계급구조, 지배질서 등과 매우 긴밀히 연결되어 있다는 전제하에, 현대 한국사회의 재생산 구조를 이해하기 위한 한 방편으로 과잉 교육열 현상의 내용과 배경을 분석하였다. 이영호(1998)는 한국인의 교육열과 한국 학력사회가 역학적 관계를 맺으면서 학력병(입시위주 교육에 의한 교육의 황폐화, 학력·학벌주의에 기생하는 교육부조리, 사교육비의 과대 지출과 학교교육 불신)이 확대 재생산되고 있음을 지적했다.

그런데 교육열 개념의 학문적 유용성은 그것이 사회 및 교육현상을 설명하는 데 활용되는 정도에 달려있다. 교육열 개념을 활용하여 우리 사회현상이나 교육현상을 설명하는 연구물은 생각보다 발견하기 어려웠다. 물론 교육열을 단편적으로 비판하는 글이나 교육병리를 지적하는 단편들은 많지만, 대체로 그 이상의 논의로는 나아가지 못하고 있다.

교육열 개념이 교육현상을 설명하는 데 유용한 도구가 되려면, 그 개념이 가능한 만큼 명료하게 정리되고 주변개념들과 의미 있게 연결

---

2) 이종각(1997), 연합적 경쟁론과 교육전쟁론의 비교, 교육인류학탐색 pp. 395-403.

되어야 한다. 그러나 아직 교육열 개념은 이런 조건들을 잘 충족시키지 못하고 있다. 교육현상을 설명하는 개념으로 사용되기 위해서는 교육열의 개념을 정립하려는 노력이 선행되어야 한다.

6. 교육열의 개념을 정교화하려는 연구

많은 연구들이 나름대로 교육열의 의미를 규정하는 일로부터 시작하지만, 그것은 그 연구의 목적을 달성하기 위한 수단적 위치였다. 그런만큼 교육열의 개념 정리 작업은 각 연구의 도입부에서 부분적으로 다루어진 경우가 대부분이다.

반면에, 이종각은 교육열의 개념을 정교화하려는 노력을 지속하여, 지금까지 여러 편의 연구물을 발표해 왔다(이종각, 1993, 1997, 2000, 2002). 그는 교육열을 '교육을 통한 자녀성취 욕구' 혹은 '자녀 교육에 대한 투자 동기체제'로 정의하고, 교육열의 역사적 전개과정을 교육열 기본형 ⇨ 교육열 초기화 ⇨ 교육열 현재형으로 정리했다. 그리고 교육열과 관련된 개념으로 교육열의 속성, 교육열 생태환경, 교육열의 운동법칙, 교육열의 결합법칙, 교육열의 전달성 등을 개발했다.

이종각은 교육열을 하나의 문장으로 조작적으로 정의하기보다는 교육열의 본질, 교육열에 관련된 현상들, 그리고 양자 사이의 관계에 대한 인식의 방법과 전략을 포함하는 개념화 작업이 필요하다고 본다. 따라서 교육열의 여러 특징들을 드러내 주는 방식으로 개념화하고자 했다. 또한 일상언어 분석의 방법으로 그 의미를 추적함으로써, 교육열을 발산하는 사람들의 마음을 읽어내고 교육열이 발생하고 분화되는 생태환경을 파악하고자 했다.

Ⅱ 교육열 연구의 특징

국민 혹은 학부모가 가진 교육열의 열기에 비해, 교육열 연구는 상대적으로 미미한 수준에 머물러 있다. 양적으로도, 질적으로도, 다양성으로도 보잘 것 없다고 말할 수 있다. 지난 20여년 간의 교육열에 관한 연구에서 학부모중심시각의 결여와 부정적 인식의 팽배를 발견할 수 있다. 이에 대해 좀 더 살펴보자.

1. 학부모중심시각 혹은 교사 및 국가 중심 시각

한국 교육을 학부모의 시각에서 본다면, 교사의 시각에서 보는 것과 다르게 인식 될 수 있다. 교육열 연구 역시 마찬가지다. 필자는 교육열을 학부모중심 시각에서 보고자 한다.

교육연구에서 교육주체로서의 학부모에 관한, 학부모를 향한, 학부모를 위한 연구가 더 많이 더 다양하게 이루어져야 옳을 것이다. 그런데 그동안 학부모의 교육적 가치에 대해 교육학에서 너무 소홀히 취급해 왔다. 오히려 오래 전에는 태교라든지, 가정교육 등을 통해 학부모 역할이 지금보다 강조되어 왔다. 그러나 지금은 교육학 전체에서 가정교육이나 학부모에 관한 연구가 차지하는 비중은 극히 적고, 학부모에 관한 논의의 방식도 주체자로서의 역할 보다 보조자적 역할을 중심으로 한 논의에 머물러 있다.

학부모 연구와 교사연구를 비교해 보면 그 차이가 더 잘 드러난다. 일례로 교사발달론은 있어도 학부모발달론은 없다. 그러면서 우리는 학부모들의 잘못된 문제행동에 대한 비난은 끊임없이 하고 있다. 그러나 비난보다는 학부모들에게 적절한 정보와 지식을 제공하는 것이 교육학자들의 적극적인 역할일 것이다. 이를 위해서는 학부모에 대한 다양한 연구가 뒷받침되어야 할 것이다. 그동안 수행된 학부모 연구 중에는 교사중심연구의 그림자와 같은 성격의 연구들도 많다. 교사나 학교에 관한 연구의 부산물이나 부속물로서의 학부모 연구이다. 학부모가 교육의 주요 주체로 취급된 연구는 그다지 많지 않다.

학부모중심교육학을 가정하면, 교육열의 위치도 달라질 것이다. 학부모는 교육권의 원천적 소유자이고, 교육열 덩어리이다. 교육열을 중심으로 우리 교육을 보면 [그림 14-1]에서 보는 것처럼 우리 교육의 각종 현상이나 양식들은 정부정책과 학부모의 교육열의 위성들처럼 보인다([그림 14-1] 참조). 학부모교육열을 중심으로 보면 공교육도 사교육도 또 그 외의 교육들도 모두 교육열의 위성들로 보인다. 학부모(혹은)의 교육열 에너지를 연료로, 원심력으로, 구심력으로 사용하고 있는 위성들이다. 학부모중심교육학의 관점은 교육열을 비난하는 관점과는 매우 상반되는 관점으로 현재의 주류적 생각인 공교육중심의 교육상황 인식과도 매우 다르다.

❒ 한국 교육의 많은 현상은 〈정부의 정책〉과 〈학부모의 교육열〉이라는 두 행성의 주변을 돌고 있는 위성에 비유할 수 있다.

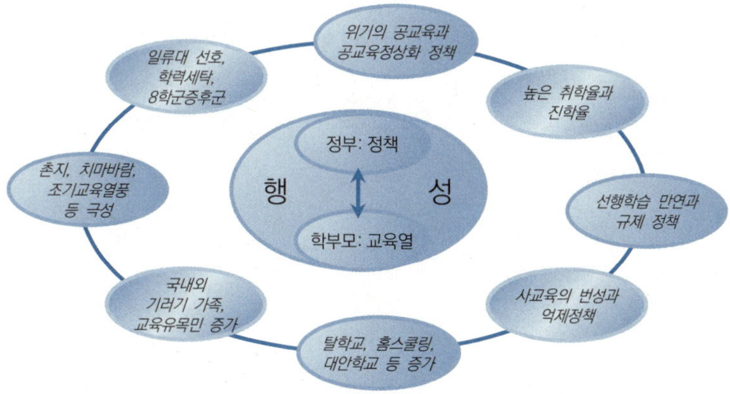

[그림 14-1] 두 행성과 한국 교육의 여러 위성 같은 현상들
* 출처: 이종각 2013b. p. 133.

2. 부정적 인식의 팽배

교육열 연구가 부정적으로 흐르는 데는 이유가 있다. 교육열로 보이는 비교육적인 개별적 행동이나 집합적 현상이 많으니 부정적으로 볼 수밖에 없지 않느냐는 점이다. 그런데 대안적 인식은 없는 것일까? 논의를 위해 문제를 다시 진술하면 다음과 같다. 교육열을 긍정적으로 보는 입장이든 부정적으로 보는 입장이든 누가 보아도 문제점으로 보이는 교육열 행동 혹은 현상들은 어떻게 이해해야 하는가?

이 질문에 적절히 대답하기 위해서 우리가 일상적으로 교육열이라고 말하는 것을 분석적으로 해부해 보는 것이 도움이 된다. 즉 교육열인 것과 교육열과 관련 있는 것을 구분하는 일이다. 이런 해부 작업의 과정을 거쳐[3] 나온 것이 교육열의 3층 구조, 즉 교육열원형 - 교육열생태환경과 교육열행동 - 교육열(사회적)현상의 3층 개념구조이다. 교육열원형은 자녀성취(혹은 행복)의 방향성을 가진 강력한 에너지이다. 이 에너지는 교육열생태환경이란 말로 요약된 각종 환경에 적응하여 (교육열)행동으로 나타난다. 이런 행동들의 집합적 결과가 교육열 현상으로 극심한 사교육현상이나 이공계기피현상이나 의전과 법전에의 집중화 현상 등을 예로 들 수 있다.

---

3) 해부작업의 과정에 대해서는 이종각(2003)의 참조.

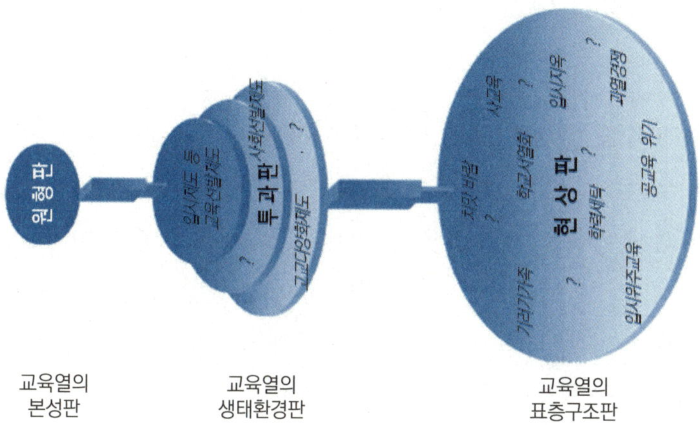

▲투과판의 여러 겹은 생태환경의 복잡성을 나타낸 것임

[그림 14-2] 교육열의 3층 구조모형

*출처: 이종각 2013b. p. 141.

이런 분석은 최소한 교육정책에 2가지 중요한 사항을 시사한다. 첫째로, 교육열원형과 교육열생태환경과의 부조화가 부적절한(비교육적인) 교육열현상을 일으킨다는 점이다. 따라서 이 둘 사이에 조화로운 관계를 형성할 수 있는 교육디자인을 해야 한다는 시사점을 준다. 둘째로, 교육열원형은 부모-자녀라는 특수한 관계를 바탕으로 한 심리적 에너지이기 때문에 정책적 조정의 가능성이 거의 없으며, 정책적 조정의 주 대상은 교육열생태환경이라는 점이다.

구체적으로 학부모들이 가진 교육열원형은 시대상황(즉 교육열생태환경)의 변화와 그에 대한 주관적 해석틀(교육관 또는 교육의식)에 따라 다양한 형태의 교육열행동으로 구체화된다.

III 교육열에 대한 미래지향적 (정책)과제

교육열에 대한 연구는 여전히 아직도 시작 단계이다. 교육열 연구는 여전히 무한한 상상력을 허용하고 있을 만큼 많은 새로운 과제와 방향성을 가지고 있다. 방법론상에서도 어떠한 방법을 적용하여도 교육열에 관한 지식의 창출에 공헌할 수 있다. 교육학 연구의 어느 분과에서도 교육열 연구가 가능하다. 교육평가분과에서는 한국인의 교육열 성격상 어떤 평가가 더 적절할까라는 논의를 할 수 있을 것이다. 분석철학자들은 교육열을 비롯한 국내외 관련 용어들을 정밀하게 분석할 수 있을 것이다. 국제 비교연구 역시 무수히 많이 연구과제를 발견할 수 있다. 거시적 연구과제도, 미시적 연구과제도 무수히 많이 발견된다. 교육열 연구는 누구에게나 열려 있고 무한한 연구과제를 가지고 있다.

각 가정의 입장에서 보나 국가사회 입장에서 보나 교육열은 양날의 칼과 같이 양가적인 측면을 갖고 있다. 투자적인 관점에서도 기회요소와 위험요소를 동시에 안고 있다. 잘못 투자하면 교육열은 위험한 사업(a risk business)으로 전락할 수 있기 때문이다.

유교적 전통이 여전히 남아있는 한국사회에서 국민들의 높은 교육열을 낮추는 것은 가능할 것 같지 않다. 그 동안의 많은 교육정책들이 시도한 경감정책들은 오히려 교육열의 자극제로 작용한 경우가 많다. 그렇다면 과제는 무엇인가? 교육열의 위험요소들을 줄이고, 긍정요소들의 활용을 극대화할 필요가 있다. 달리 표현을 하자면, 낮은 단계의 교육열을 높은 단계의 교육열로 승화시킬 필요가 있다.

현 단계의 교육열을 낮은 단계의 교육열이라고 규정할 수 있다. 광기라고 규정(또는 상황정의)하는 것보다 이 방법이 더 좋다고 생각한다. '편집증'이나 '광기'인식은 폐기처분이든지 정상화를 시사하지만, '낮은 단계의 교육열'이라는 인식은 높은 단계의 교육열로 승화 내지 끌어올리기 과제를 창출할 수 있는 인식방법이다. 즉, 단편적 암기위주의 교육열을 창의력과 문제해결력위주의 교육열이 되도록 하고, 소모적 교육열을 지속적 성장을 가능하게 하는 교육열로, 상대적 무한경쟁의 교육열을 절대적 자기자신과의 경쟁을 하는 교육열로 개선할 환경의 구축 이론과 방법의 모색을 강화해주는 인식 모형이다. 국내용 학력주의를 세계용 능력주의로 승화시킬 수 있는 비전을 자극하는 인식 모형이다.

정부는 국민의 교육열이 긍정적으로 작용할 수 있는 새로운 환경 구성을 위해 고민해야 한다. 국가는 교사정책 못지않게 학부모정책이 중요하다는 인식을 하고 학부모정책을 세워야 한다. 이명박정부가 교육과학기술부에 학생·학부모지원과를 신설한 것은 매우 뜻 깊은 일이다. 학부모들이 원하는 것은 비난이 아니라 인도(안내)이다. 인도에도 품질이 있다. 비난성 인도 역시 좋지 않다. 계몽주의적 인도도 아주 좋은 것은 아니다. 그런 시대는 이미 지나간 지 오래되었다. 학부모의 죄책감을 자극하는 차원에서 정책을 홍보하고 정당화하고 추진의지를 강화하는 '죄책감 마케팅' 같은 정책수립과 홍보에 관한 비판적 검토가 필요하다.

1. 발전지향적인식: 높은 단계 교육열로 승화시키기

입시위주교육을 문제해결력위주의 교육으로 바꾸고, 국내용 학력주의를 세계용 능력주의로 승화시키고, 소모적 교육열을 지속적 성장을 가능하게 하는 교육열로, 상대적 무한경쟁의 교육열을 절대적 자기자신과의 경쟁을 하는 교육열로 개선할 방법을 모색해야 할 것이다.

학부모는 교육열 표출방식 즉 자녀교육 지원방식에 대한 성찰이 필요하며, 학교교육은 입시위주 교육에서 한계를 벗어날 방법을 찾아야 할 것이고, 사교육대책도 경감에만 관심을 가질 것이 아니라 사교육의 교육적 효과를 증진시킬 방안도 모색해야 할 것이다. 이 세 대상 모두에 가장 큰 영향을 미치는 것은 역시 정부의 교육정책이다. 정부는 국민의 교육열이 긍정적으로 작용할 수 있는 새로운 환경 구성을 위해 고민해야 한다.

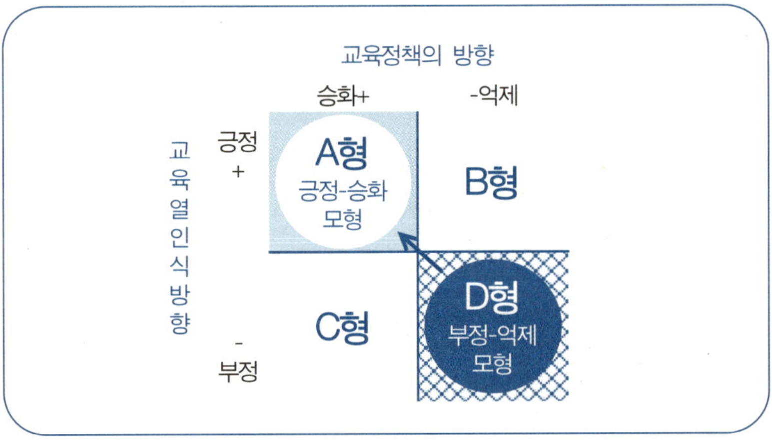

[그림 14-3] 교육열에 관한 인식방향과 교육정책의 방향
* 출처: 이종각 2013b. p. 145.

학부모의 시각에서 학부모정책을 세우려는 자세가 필요하다. 수요자 시대에 걸 맞는 수요자중심적 인도이어야 한다. 즉 교육수요자인 학부모들이 필요로 하는 것을 찾아 인도해 주어야 한다. 학부모들이 원하는 매우 다양한 것들 중에서, 당장의 것과 장기적인 것, 미래적인 것 등을 스스로 판단할 수 있도록 잘 조합해 알려 주는 것과 같은 인도가 필요하다. 예를 들자면, '성공한 교육열과 실패한 교육열' 연구, '닫힌 교육열 대 열린 교육열'의 연구, '수동적반복학습형 교육열 대 자기주도적 창의혁신형 교육열' 연구 등이다. 아직도 주입, 암기, 반복을 위해 끊임없이 에너지를 투입하는 노력주의 시대적 학교교육, 사교육, 교육지원 행위 모델에 매달려 있다. 이런 문제점들을 넛지(nudge)해 갈수 있는 새로운 문화생태환경의 구축이 필요하다.

2. 정책수단의 발견: 교육열생태환경의 질 향상

교육열을 높은 단계로 승화시키기 위해서는 교육열의 부작용에 대한 인식전환이 필요하다. 즉, 극심한 경쟁은 교육열 발산의 병목적 현상임을 명확히 인식해야 한다. 획일적·규제적 정책은 교육열 관점에서 볼 때는 근본적으로 해체되어야 할 대상이다. 병목현상은 획일적 규제의 결과이다. 또 흔히 지적되는 패자부활전이 없다는 비판에 대해서도 획일적 제도 상황은 그대로 두고 기회의 숫자만 늘리는 것은 고통의 기회를 늘리는 것에 지나지 않는다.

진퇴양난에 처한 한국교육의 출구전략(exit strategy)은 교육열 생태환경의 질적 개선에서 찾아야 한다. 교육체제 내 환경개선을 위해서는 다양화, 자율화, 그리고 교육수요자요구에 탄력성 높은 교육체제의 구축에서 찾아야 할 것이다. 또한 업적주의적 질서 강화, 다원적 사회지향, 선발 및 승진제도의 투명화 등 교육체제 밖의 사회환경의 질적 개선 없이는 교육열의 표출방식이 개선되기는 쉽지 않을 것이다. 이와 같이 국민이 교육열을 자유롭고 건전하게 발산할 수 있는 교육열생태환경의 질적 수준을 높이는 것을 교육열정책의 우선목표로 삼아야 할 것이다. 이 정책들은 교육열의 운동법칙과 결합법칙(이종각, 2002)을 반영해야 할 것이다. 이것이 학부모들의 교육열이 가정교육에서나 학교교육에서나 사교육에서 시너지 효과를 내게 하는 포괄적이고도 유일한 방법일 것이다.

3. 관점의 전환과 국가수준의 교육열경영

아직까지도 여전히 교육열에 대한 부정적인 평가가 강세이다. 학부모들의 '지나친' 교육열은 '공교육 붕괴'를 야기한 근원으로 지목되어 왔으며, 학부모들을 한국교육의 문제 집단으로 인식하는 경향이 상당하다.

오히려 역발상이 필요한 문제라고 생각한다. 교육열 때문에 한국의 교육이 입시지옥으로 된 것이 아니라, 교육열에 대해 한국의 교육제도와 정책이 제대로 대응하지 못한 것 때문이 아닐까? 교육열을 억제하는 정책으로는 한국 국민의 교육열 문제를 해결할 수 없으며 오히려 왜곡을 심화시키고 있기 때문에 국가차원의 새로운 교육열 경영 방법을 모색해야 한다(이종각, 2003, 2009a-f).

그동안 정부에서도 교육열을 항상 부정적으로만 본 것은 아니다. 5·31교육개혁방안은 다음과 같이 교육열의 긍정적 유도를 언급한 바 있다.[4)]

> "**세계 최고의 교육열** 다행스러운 것은 세계 최고를 자랑하는 우리의 교육열이다. 이 뜨거운 교육열을 창조의 에너지로 연결시키기 위해서는 새로운 교육의 물길(水)을 만들어야 한다. 그리하여 우리가 타고난 재주와 잠재 능력을 잘 계발한다면, 세계무대의 주역으로 등장할 가능성이 얼마든지 있다."

4) 1995년 5. 31 제2차 대통령보고서, 세계화·정보화 시대를 주도하는 <신교육체제 수립을 위한 교육개혁방안>, 대통령자문 교육개혁위원회, p. 26.

유감스럽게도 교육열의 긍정적 유도에 관한 후속 연구도, 대책도, 담론도 형성되지 않았다. 특히 국가교육의 설계와 정책에 관여하는 모든 사람들이 명심해야 할 점이 있다. 설혹 교육열이 많은 부작용을 일으켜 문제가 있다고 하더라도, 교육열투자행위를 멈출 학부모와 학생이 거의 없을 것이라는 점이다. 교육열은 멈출 수 있는 투자가 아니라 계속 될 수밖에 없는 투자인 동시에 교육의 핵심동력이라는 점을 명확히 인식해야 한다. 따라서 교육열 문제를 억압적, 규제적 정책으로 해결할 수 있을 것이라는 기대를 버려야 하며, 교육열이 최선으로 유익한 투자가 될 수 있도록 교육열생태환경을 지속적으로 개선해 나가는 일이 최선의 선택임을 인지해야 한다.

Ⅳ 교육열 읽기의 열린 모델 추구 : 교육열 연구의 새 방향 열기

1. 교육열문화에 대한 열린 읽기의 대안

교육열도 다루기 나름이다. 적으로서의 교육열이 아닌 동지로서의 교육열 문화로 만들어 가는데 보탬이 되는 인식과 노력이 중요하다. 한국을 넘어 세계에서 통하는 국제경쟁력을 갖추려는 교육열 표출환경을 구축해 가는데 기여하는 이론이나 인식틀 창출이 필요하다.

새로운 교육열문화 읽기에서는 교육열의 위험요소들을 줄이고, 긍정적인 요소들의 활용을 극대화할 필요가 있다. 이러한 가능성을 열어놓는 인식모델이어야 한다. 열린 인식모델의 3가지 핵심은 ① 위험과 기회를 모두 인식하게 하고 적절한 관리의 필요를 인식하게 할 것 ② 발전 방향에 대한 시사가 분명할 것 ③ 개입수단에 대한 시사점을 가질 것으로 요약할 수 있다.

1) 위험과 기회 양가성의 인정: 핵에너지나 물길에 비유한 교육열

"핵에너지 같은 교육열"이라는 비유는 아주 적절하다.[5] 서서히 반응시키면 큰 이득이 생기고 갑작스럽게 반응시키면 큰 해가 되는 열이라는 점이 교육열과 핵에너지와 같은 점이다. 5·31교육개혁안에 나타난 '물길'에의 비유도 적절하다. 막으면 썩거나 넘치거나 둑을 무너뜨려 사고를 일으키지만, 잘 흐르게 하면 무한한 유익함을 주는 것이 물길이다. 따라서 교육열의 반응속도 조절이나 원활한 물길관리에 관련된 기초연구의 진행과 함께 제도와 정책 마련을 위한 노력을 해야 한다.

우리 국민의 이 엄청난 교육열을 소모적 교육열로 낭비하지 말고, 창조적 교육열로 작동하게 만드는 방법은 없을까? 옛날의 임금님은 치산치수를 잘 해야 했다. 오늘의 한국대통령이 잘해야 할 일 중에 하나는 치교육열(治教育熱)을 잘해야 한다. 역대 대통령들이 각기 다른 명칭을 사용하지만 모두 '사교육과의 전쟁'을 하고 있는 중인데, 이 또한 치교육열을 하고 있는 방식 중의 하나이다. 그런데 부정형 치교육열에만 치중되어 있는 문제점이 크다.

핵 비유나 물길 비유는 부정적 인식과 억제적 개입보다는 교육열을 어떻게 잘 관리할 것인가를 고민하게 만드는 인식 방식이다. 교육열(문화생태환경) 관리를 통해 교육문제 해결의 돌파구를 찾아야 한다는 점을 시사한다.

---

5) "핵에너지 같은 교육열"이라는 아이디어는 당시 교육인적자원부의 정봉근 국장이 교육정책학회 세미나에서 필자의 발표에 대한 논평을 하면서 사용한 표현이다.

2. 교육열문화지체상황연구

전통적 교육열 → 미래형 교육열
국내용 교육열 → 세계용 교육열

교육열에는 우리 사회의 문화생태적 측면과 구성원들의 주관적인 인식의 양 측면이 있다. 교육열 발휘의 외적조건인 대환경은 급격히 바뀌어가는 새 시대가 열리고 있으나 행위자의 의식과 행동에는 지체현상이 심각하다. 지식기반사회의 도래, 세계화의 심화, 평생학습의 시대 도래, 소비자시대의 도래는 '교육열' 발산의 새로운 상황을 연출한다. 배울 것도 많고, 배우는 방법과 시기도 다양해지고, 뻗어나가야 할 곳도 더 많아 지고, 취업하고 성공할 수 있는 노동 시장도 세계로 확대되고 있다. 이러한 상황은 우리 국민의 교육열의 발산의 폭과 깊이 그리고 넓이를 더해주는 새로운 시대가 도래했음을 시사한다.

한 가지 예를 들어보자. 사농공상의 신분사회는 철폐된 지 오래 이고, 과거제도가 철폐된 지도 매우 오래되었지만, 전통적(전근대적) 성공관이 여전히 남아 있다. 그리고 그러한 성공관과 교육열이 만나(결합되어) 지금의 교육현상을 만들어내고 있다. 과거시험합격만이 지상목표였던 시대와 유사한 교육열 발산행위를 하고 있다. 지식기반사회, 세계로 개방된 사회, 관료지배보다는 소비자들이 중요한 사회로 변화되어 가고 있지만 교육열의 표출행위는 여전히 과거의 수준에 머물러 있다. 아이는 지식기반디지털 시대, 세계화시대에 살아가야 할 텐데, 학부모들의 교육열 표출행위는 농업시대적 또는 산업시대적 상태로 지체되어 있다. 분명한 교육열 표출행위의 지체현상이다. 이런 표출행위를 일으키는 사회의 기회구조와 교육선발제도와 평가제도 등의 문제점도 당연히 지적되어야 한다. 즉 학부모들에게 그런 표출행위를 유도하는 교육제도나 정책이 아직 남아 있거나, 그런 취업구조나 승진구조가 남아 있다는 증거이기도 하다. 여하튼 이런 변화들 사이의 비동시화에 따라 발생하는 충돌과 지체의 문제가 빠른 변화의 시대에 새롭게 주목을 받아야 할 것이다.

문제는 이와 같이 교육열의 표출환경은 개방화·평생화·지식정보화·초국경화로 변했는데 교육열의 발산방식은 폐쇄적(신분사회적)·일시적·산업사회적·국경내적모습으로 그대로 남아있는 점이다. 이런 모습을 '교육열 지체현상'이라고 볼 수 있다. 교육열 문제의 핵심은 교육열 지체현상에 있으며, 이는 빨리 극복해야 할 실천적 과제이자 연구과제이기도 하다.

우리 국민들의 높은 교육열을 이런 새로운 시대적 상황에 맞게 발휘하도록 도와 줄 수 있는 지식을 창출해야 할 필요가 크다. 각 사회 유형별로 (예, 전통사회, 근대사회, 정보화세계화사회) 수요자의 교육적 필요와 교육열 발산유형의 차이를 연구 정리할 필요가 있다.

세계화 및 디지털시대의 삶의 방법과 성공방법을 학생과 학부모에게 컨설팅해 줌으로써 교육열의 문제행동과 현상의 개선에 개입하는 것이다. 그렇게 하기 위해서는 어떤 능력을 갖추어야 하고, 그런 능력을 갖추기 위해서는 어떤 학습을 해야 하고, 그런 학습을 하기위해서는 교육을 어떻게 이용해야 하는가에 관해서 효과적으로 전해 주어야 할 것이다. 학생과 학부모 입장에서 한국교육문화와 제도를 읽어 주어야 효과가 클 것이다. 즉, 교육열 정서자본을 풍부히 가진 주체들(학부모)에게 '교육열 100%활용법' 같은 지식자본을 결합시켜 줄 수 있는 교육환경과 지식을 구축하는 것도 국가와 교육학자들이 해야 할 과제라고 생각한다.

V 교육열 연구의 새로운 과제들

지금까지의 논의에서도 연구과제들이 여러 가지 제시되었지만, 이제 앞으로의 논의에 열기를 부여하자는 뜻에서 교육열 관련 연구과제를 추가로 몇 가지 더 제시 한다.

1. 교육열경영의 국가의제화

생각이 힘이다. 상상력이 곧 힘이다. 교육열을 자원화하려는 것은 새로운 상상력이다. 교육열 비난에서부터 자원화 하려는 생각으로의 방향전환이 필요하다. 교육열 자원화 전략을 수립하기를 원한다면, 교육열경영을 국가의제로 삼아야 할 것이다. 이를 뒷받침하려면 연구자들이 교육열에 대한 연구과제를 새롭게 정립해야 할 일이 많이 있다. 교육열연구에 대한 지원은 당연히 뒤따라야 할 과제이다.

교육열은 우리 교육에서 엄연히 핵심적 변인이자 동력이다. 교육열의 힘은 국가통제의 힘보다 강하며, 시장의 힘보다 강하다. 이기지 못할 상대와 수십 년을 싸우는 것은 아주 어리석은 짓이다.

이기지 못할 상대와는 잘 지내고 그 힘을 이용한 해결방법을 찾는 것이다. 즉 '이(以)교육열 제(制)교육열' 방법을 써야 할 것이다. 그 방법은 학부모들의 교육열의 협조를 구하는 일부터 시작해야 할 것이다. 학부모들에게 교육열의 엔진을 갈아 끼워주자. 학부모들에게 새로운 학습동기체제를 구축할 수 있도록 환경을 바꾸어주자. 학부모 컨설팅도 새롭게 하자.

과잉교육의 문제, 사교육의 문제, 입시지옥의 문제 등도 교육열 문제와 함께 풀어야 풀릴 수 있는 숙제이다. 우수인적자원의 개발도 교육열 관리를 제대로 풀어야 훨씬 효과적으로 달성할 수 있는 과업이다.

2. 교육열과 사회적 보상체제 및 교육적 보상체제간의 관계 연구

교육열이 어떻게 표출되느냐는 결국 그 사회의 보상체계와 가장 깊이 관련되어 있다. 교육열에 대한 보상체계는 시대마다 나라마다 다를 수 있다. 미국 사회의 보상체계(일상어로 출세체계, 혹은 출세구조)는 입시제도와 학교에서의 평가체계, 그리고 학부모의 교육열 표출구조와의 3자 관계일 것이다. 만약 거시적인 국제비교연구를 한다면, 이것들이 가장 주요한 변인 3가지일 것이다. 미국을 예로 든다면, 미국사회에서의 출세구조는 어떠하며, 그 출세구조에서 학교가 차지하는 위치와 기능은 어떠하며, 학교(특히 대학)의 입시제도는 어떠한가? 이런 상황에서 입시열을 어떻게 나타나는지? 무엇이 입시열의 가열장치로 작용하고 무엇이 냉각장치로 작용하는지? 등에 대한 분석을 해야 할 것이다.

국가간의 보상체제의 차이와 관련해서 다음과 같은 가설을 제시해 본다. 잠정적으로 '사적보상체제중심국가'와 '공적보상체제중심국가'라는 개념을 도입해 보자. 각국의 국민이 가진 교육열의 성격이 국가정책과 무슨 관계가 있을까를 교육결과에 대한 보상체제의 특성과 관련하여 생각해 볼 수 있을 것 같다. 즉 교육열을 발휘해서 누가 그에 대한 보상을 받고 있다고 생각하느냐의 문제로 번역해 보자.

우리 한국 사람은 당사자 개인과 그의 가족들이 보상받는다고 생각하는데 방점이 주어져 있다. 이와 같은 사적보상체제 중심국가에서는 교육열에 대한 국가 혹은 공공적 지원에 인색한 이유 중의 하나가 될 수 있다. 다른 한편 누가 열심히 공부하면 본인은 고생하고(인생을 즐기지도 못하고) 그 결과를 사회와 국가가 향유한다고 생각하는 데 방점이 주어져 있으면(또 각종 제도도 그렇게 되어 있으면), 국가 또는 사회가 우수한 아이들에 대한 지원을 더 많이 할 것이다.

보상체계의 또 다른 차원인 교육열에 대한 보상체계의 투명성, 일관성, 예측가능성 등에 따라 교육열 표출행동도 달라진다. 학부모들은 가급적이면 자녀교육에 대한 확실한 투자를 하려고 한다. 즉 예측가능성이 높은 쪽에 투자하려고 한다. 전통적인 투자 방식은 좋은 대학에 입학시키려는 노력이며, 최근의 대표적인 예로는 영어교육에 대한 투자나 취업이 보장되는 학과에 입시경쟁율이 높은 현상을 들 수 있다.

3. 교육열 표출(발산)행위의 유형과 변화(진화)에 관한 연구

시기별 교육열: 시기별로 교육열의 크기와 유형이 어떻게 변해왔는가를 연구할 필요가 있다.[6] 다음과 같은 질문들을 예시해 볼 수 있다.

교육열 표출(발산) 방식의 변화(진화)는 어떻게 전개되었는가?

- 학부모의 교육열은 어떻게 진화해 왔는가?
- 학부모의 교육열은 미래사회에서는 어떻게 전개될 것인가?
- 교육열 표출행위(발산방식)는 문화마다 국가마다 어떻게 다른가? 어떤 문화에서 어떻게 표출하는가를 유형화할 수 있는가?
- 세계 각국은 교육열(국민의 교육요구 포함)을 어떻게 유도하고 수용하는가?
- 왜 한국인의 교육열은 주로 대학입학 시기까지만 발휘될까?
- 국내에서의 교육열과 유학 후 해외 교육열에는 차이가 있는가?
- 한국인의 교육열은 언제부터 가시적으로 나타나기 시작하는가?

위에 예시한 질문에 포함된 행동들은 물론 환경과의 상호작용 결과이다. 한국인의 교육열이 대학입학 때까지로 종결되도록 결정된 것은 아니다. 대학입학이 종결 기능을 하도록, 최소한 그렇게 인식되는 사회

6) 일제시대의 교육열에 관한 연구로 오성철의 연구가 있음.

속에 있기 때문에 나타난 적응행동일 뿐이다. 최근의 사회 환경은 대학입학이 그 이후의 사회적 성공에 대한 종결기능이 상당히 축소되었다. 따라서 교육열은 그 후까지 계속된다. 그 이전과 그 이후는 어떻게 달라지는가? 또 아직도 여전히 대학입학과 동시에 교육열 표출을 종결하는 학부모들과 계속하는 학부모들과는 어떤 차이가 있는가? 그들에게 어떤 안내(지도)를 하는 것이 바람직한가?(학부모 컨설팅 시에) 이러한 질문들에 우리는 별로 아는 것이 많지 않다.

외국의 교육열: 외국사회에서의 교육열 표출행위 연구

위와 비슷한 내용의 질문을 외국 사회에 적용한 비교교육문화적 연구도 매우 중요한 연구가 될 것이다. 이러한 연구는 교육열 연구의 국제화에 크게 공헌할 것으로 기대된다. 왜냐하면 이런 연구들이 특히 외국인들에게 더 많은 접근성과 수용성을 가질 것이기 때문이다.

질문의 사례를 몇 가지 예시해 보자. 미국의 교육체계는 미국 학부모들의 다양한 교육열(교육요구)을 어떻게 수용(분산수용)하고 있는지? 교육열을 억압받고 있다고 생각하는 학부모 집단이 있는지? 미국에서 소수민족의 교육열에(자녀교육지원행위 : parental support, parental involvement etc) 대한 연구가 새로운 관심거리로 등장하고 있다. 그동안 백인중심의 학부모참여문화가 흑인이나 히스패닉계통 학부모들의 교육열 표출방식을 무시해왔거나 오해해왔다는 분석은 우리에게도 매우 흥미있는 것이다.

4. 학부모의 효과적 교육열표출행동 연구와 교육열컨설팅

특히 학부모들이 원하는 지식은 어떻게 하면 자신의 교육열을 효과적으로 발휘할 수 있을까에 관한 지식일 것이다. 우리는 학부모들의 이기적이거나 무절제한 교육열 행동을 비난하고 잘못된 행동을 지적하기에 더 많은 열을 올렸다. 그러나 학부모에게 효과적 교육열표출방식은 무엇이라고 조언해줄만한 연구는 해오지 않았다.

추상적으로 일반론적으로 좋은 교육론을 말해봐야 부모의 귀에 별로 안들어 온다. 그것보다는 "이렇게 하는 것이 귀하의 자녀교육에 좋다"라고 할 수 있는 근거를 제공해야 귀담아 들을 것이다. 그러나 우리는 이런 지식을 별로 창조해 내지 않았다. 그런데 이런 지식들이 풍부히 쌓여야 학부모들의 부적절한 교육열 표출행동들에 대한 상담과 지도조언을 할 수 있고(컨설팅 혹은 클리닉), 그 결과 우리 교육의 개선에 실질적인 공헌도 할 수 있을 것이다. 학부모교육열컨설팅운동이 전국적으로 진행된다면 국가적인 교육열관리의 성과를 조금씩 보아 갈 수 있을 것이다.

5. 한국적 인식과 서양적 인식의 비교연구

한국식 교육열과 외국의 심리학적 개념과는 어떻게 연관 관계가 있을까? (예, 서구의 '포부수준'과 한국의 '교육열' 사이의 공통점과 차이점은 무엇일까?) 교육열과 관련이 있다고 생각되는 서구개념을 몇 가지 들어 보면, 포부수준, 자녀교육지원행위, 학부모 참여 등은 직접적으로 관련 있는 용어이고, 좀 더 추상화된 용어인 인적자본, 사회적 자본, 문화적 자본 등과도 밀접한 관계가 있다. 교육열 표출행위는 기존의 인적자본, 사회적 자본, 문화적 자본을 활용하여 미래의 그것들을 확장하기 위한 노력이다. 또한 우리나라에서는 사교육이 차지하는 비중이 워낙 크기 때문에 '사교육자본'이라는 개념을 도입하는 것도 가능할 것이다.

또 다른 질문과 가능성을 지적해보자. 서구식 연구와 한국식 교육열 연구의 상호 이점을 통합하여 동서양간의 연구의 시너지효과 혹은 융합연구의 효과를 낼 수 있도록 연구방향을 잡아야 할 것이다. 기초적인 연구로는 관련된 문헌의 종류, 개념의 사용례, 연구 동향 등등의 분석이 필요할 것이다. 그리고 그곳에서 발견되는 한국과의 공통점과 차이점의 비교가 필요할 것이다.

다음과 같은 연구는 더욱 관념적인 연구이다. 즉 서양에도 분명 사교육이 있는 데도 불구하고, 사교육이란 개념은 발달되지 않고 인적자본, 사회적 자본, 문화적 자본과 같은 개념이 발달한 것은, 즉 이런 인식체계가 발달한 것은 무슨 이유일까를 논의해 보는 것은 흥미 있는 분석이 될 것이다. 미국에서는 우리의 사교육(학원교육)을 방과후교육의 한 종류로 인식하는 경향이 높다. 우리의 공(公) vs 사(私)의 대조적 인식과는 사뭇 다르다. 나아가 서양의 인식체계와 우리의 토착인식체계인 교육열과의 차이점에 대한 메타분석은 더욱 흥미진진한 연구가 될 것이다.

6. 미래의 교육열과 교육열 경영 정책

미래의 교육열 쟁점에 대한 연구도 필요하다. 미래에는 새로운 시대가 전개된다고 한다. 미래가 다가온다고 한다. 이러한 새로운 시대, 다가오는 미래에 한국인의 교육열은 어떻게 표현될까? 일본처럼 교육열이 어느 정도 식어가는 변화를 겪을까? 일부 미래학자들이 예측하는 것처럼 미래에는 사교육의 걱정이 없는 사회가 될까? 우리는 이런 문제들에 대해 최선을 다해 논의해 보아야 할 것이다. 또한 흥미 있는 일이기도 할 것이다.

단일국가시대로부터 세계화시대로 급격히 심화되어 가고 있다. 학교의 틀에 닫혀있던 교육이 사이버 교육, 홈스쿨링 등 학교 외의 다양한 장면에서 이루어지고 있다. 한 교육기관에서 장기간 학습하던 교육으로부터 수시로 교육기관을 옮기는 교육유목민 현상이 점점 일반화 될 것이다. 이러한 새로운 현상들이 교육열과 어떤 관계가 있는가? 새로운 시대적 변화에 부응하는 교육열은 어떤 것인가?

7. 새로운 교육틀은 기능중심의 틀로 개편되어야!

사교육이 문제인 이유 중의 하나는 그것이 공교육과 구분되어 있기 때문이다. 공교육과 사교육의 이분법적 분류는 교육법이 만들어 놓은 구분이다. 그 핵심은 국가가 학력인정을 해주느냐 아니냐의 차이이다. 국민의 타고난 소질을 육성하는 교육기능은 공교육(학교)에서도 할 수 있고 사교육(학원, 집)에서도 할 수 있다. 국내교육기관에서도 할 수 있고, 외국교육기관에서도 할 수 있다. 외국교육기관에서 배우면 학력인정을 해준다. 국내 사교육기관에서 배우면 학력인정을 안 해준다. 집(홈스쿨링)에서 배워도 학력인정을 안 해준다. 그러니까 학부모와 학생은 학력인정해주는 공식기관과 학력인정은 안되지만 학력획득에 도움이 되는 비공식기관을 모두 넘나들고 있다. 돈도 시간도 이중으로 든다. 시험지로 재어지는 학력만 문제 삼다 보니 잃는 것이 너무 많다(창의력, 발표력, 지적호기심, 자신감과 자기주도적 학습습관, 건강 등등). 사실 국가는 교육법으로, 입시제도로 이런 신호를 학부모와 학생에게 계속 보내왔다.

필자의 주문은 바로 이 지점과 관련이 있다. 기존의 경직된 공교육체제로는 교육요구의 다양화, 고급화, 세분화를 도저히 만족시키지 못한다. 그 속에서 지엽적인 변화를 꾀한들 사교육문제의 심각성은 그대로 안고 갈 수 밖에 없다. 따라서 공·사교육이라는 기존 이분법적 구분을 잠시 접어 두고, 학력인정 방법에 대해 원천적으로 검토할 필요가 있다. 실력을 쌓으면 언제 어디에서 쌓든 최대로 학력을 인정해준다는 원칙에서 교육기능을 전면 재편하는 차원에서 접근하는 것이 제대로 된 교육적인 접근이다. 이는 사교육대책으로서도 효과가 있을 뿐만 아니라, 보다 유연한 교육제도가 필요한 미래사회에 대한 대책도 된다. 언제 어디서나 교육받고 인정받을 수 있는 미래형 평생체제의 구축을 통해 사교육문제 해결의 실마리를 찾으라는 것이다. 또한 '미래지향적 교육과정' 준비에도 이런 개념이 반영되어야 한다. 대학입시자율화도 이런 차원에서 착실하게 단계적으로 추진되어야 한다.

제도의 유연화와 학력인정체제의 검토는 장기대책을 마냥 미루어서는 안 된다. 학교교육의 질이 낮아서 사교육을 하기도 하지만, 교육제도 자체의 문제 때문에 발생하는 사교육도 많다는 사실을 직시하고 이에 대한 대응책을 세워야 한다. 각 분야에서 단기적으로 할 수 있는 일을 찾아내어 당장 반영하고, 중장기 준비는 별도로 추진해야 한다. 사교육대책이 공교육을 휘두르게 할 것이 아니라 공교육대책이 사교육(대책)을 인도해 나가도록 해야 할 것이다.

참 / 고 / 문 / 헌

강순원(2012). "학부모주의를 넘어서는 학교-아이들과 선생님들의 공간" 심성보 외 엮음. 새로운 사회를 여는 교육혁명. 살림터. pp. 338-356.

강양원(1994). 한국인의 교육열: 교육기관 후견형 지위상승 모델의 형성과 전개, 1945-1985. *연세교육연구*, 7권 1호.

강창동(1996). 한국 교육열의 사회학 특성에 관한 연구. 고려대교육문제연구소, *교육문제연구*, 제8집.

강창동(2001). "조선조 성리학과 교육문화의 관계에 대한 연구" 교육학연구, 39(4), 1-18.

강창동(2002). 한국의 교육문화사. 문음사.

강창동(2004). "한국의 교육문화와 사회적 신분 욕망의 관계에 대한 연구" 교육문제연구. 21. 1-23.

강창동(2007). "한국의 편집증적 교육열과 신분 욕망에 대한 사회사적 고찰" 한국교육인류학회. 안암교육학회 2007년 추계학술대회 자료집, 25-53.

강창동(2012). 한국의 교육문화사. 원미사.

강태중(2012). "'교육학'을 둘러싼 의문들" 세미나자료1.

곽병선(1993). 한국인의 교육열: 교육학적 고찰. *교육진흥*, 제5권 4호(통권20권), 여름.

교육개혁위원회(1995). 신교육체제 수립을 위한 교육개혁방안.

교육과학기술부(2009). 「2008 사교육비 조사결과 분석 및 대책」.

교육혁신위원회, 『미래교육 비전과 전략』, 2007.

김경근(2004). 한국사회의 변동과 교육. 문음사.

김경근, 윤혜준(2005). "교육적 동기에 의한 탈한국의 개연성이 있는 가족의 특성" 교육사회학연구 15(3), 29-50.

김경근 외(2006). 한국교육문제의 진단에 관한 연구. 교육인적자원부.

김경동(1988). "감정의 사회학: 서설적 고찰" 한국사회학 제22집 겨울호.

김경신 외(1994). 한국가족의 교육열과 대학입시: 가족적 대책 수립을 위한 실천방안 연구. *대한가정학회지*, 32권 2호.

김기수(2002). 교육열 개념의 교육학적 유용성. 2002 교육열 국제학술회의자료집 교육열의 진단·해부·대책, 강원대학교 교육연구소, pp.13-32.

김동춘(1999). 한국의 근대성과 '과잉교육열': 한국의 국가형성과 '학력주의'의 초기적 형성. 박영은 외, *한국의 근대성과 전통의 변용*. 한국정신문화연구원.

김상봉(2005). 학벌사회: 사회적 주체성에 대한 철학적 탐구. 한길사.
김선양, 손인수, 이돈희, 한공우 편(1985). 한국교육학의 탐색. 고려원.
김소희(2002). "열정체험의 교육적 의미" 교육인류학회, 5(1), 21-52
김소희(2003). "학부모 교육열의 내러티브적 접근" 2003년 교육열 국제학술회의 자료집.
김소희(2008). "한국 학부모의 교육열에 대한 내러티브" 김영천 편저, 질적연구 우리나라의 걸작선. 문음사. 395-441.
김신일, 박부권 편저(2005). 학습사회의 교육학. 학지사.
김영찬(1976). 한국인의 교육관 - 그 문화적 원천. *새교육*, 28권 12호.
김영화(1992). "학부모의 교육열: 사회계층간 비교를 중심으로" 교육학연구, 34(4), pp. 173-197.
김영화(1992). 학부모의 교육열: 사회계층간의 비교를 중심으로. *교육학연구*, 30권 4호. 173-197.
김영화(2000). 한국의 교육과 사회. 교육과학사.
김영화, 이인효, 박현정(1993). 한국인의 교육열 연구. 한국교육개발원.
김영화·이인효·박현정(1993). *한국인의 교육열 연구*. 한국교육개발원.
김용숙(1985). 학력 학벌의식의 허상과 실상. *새교육*, 12월호, 12-17.
김용숙(1986). *학력병 환자*. 서울: 민족문화사.
김용숙(1990). *점수병 학교·학력병사회 이대로 좋은가*. 서울: 성원사.
김정근 엮음(2000). 한국사회과학의 탈식민성 담론 -어디까지 와 있는가?. 지식산업사.
김태종(2006). 교육열의 경제적 가치 추정을 위한 실증연구. 대통령자문교육혁신위원회.
김희복(1992). *학부모문화연구: 부산지역 중산층의 교육열*. 서울대박사학위논문.
문용린(2012). "교육학 및 교육학과의 전망" 세미나자료1.
바바렛, 잭 지음. 박현싱.정수남 옮김(2007). 감정의 거시사회학. 일신사.
박남기(1994). 한국인의 교육열 이해를 위한 대안적 관찰. *교육학연구*, 32(5). 185-206.
박남기(2000). '교육열 개념모형'에 터한 과열과외정책 재분석. 오만석 외, *교육열의 사회문화적 구조*. 한국정신문화연구원.
박남기(2003). 교육전쟁론. 장미출판사.

박소진(2003). "한국의 교육열과 모성: 신자유주의적 변화 속에서 본 어머니들의 자녀교육지원의 계층적 다양성" 교육열 국제학술회의 자료집.
박영신·김의철(2005). 한국인의 부모자녀관계. 교육과학사.
박영신·김의철(2008). "한국 사회와 교육적 성취(II): 한국 청소년의 학업성취에 대한 심리적 토대 분석" 한국심리학회지: 사회문제, Vol. 14, No. 1(특집호), 63-109.
박영신·김의철·한기혜(2003). 아동과 청소년의 부모에 대한 지각: 토착심리학적 접근. 한국심리학회지: 사회문제, Vol. 9, No. 2, 127-164.
박형신.정수남(2009). "거시적 감정사회학을 위하여" 한국학중앙연구원 현대한국연구소 주최 학술회의 자료집 〈감정연구의 새로운 지평〉. 13-32.
박혜인(1994). 한국가족의 교육열에 대한 역사적 고찰 -과거시험이 가족, 사회에 미친 영향을 중심으로. 한국가족학연구회 편. *자녀교육열과 대학입시*. 하우.
서근원(2007). "교육열과 사회의 구성: 교육열 현상의 교육인류학적 해석" 한국교육인류학회·안암교육학회. 추계 학술대회.
서근원(2008). "교육열의 의미에 관한 한 해석. -사회적 상황의 변화와 관련해서-" 교육인류학연구, 11(1), pp. 177-201.
석태종 역(1989) 麻生 誠과 朝木守一 저. 선진국의 교육풍토. 배영사.
손준종(2005). "누가 교육을 위한 한국을 떠나려고 하는가?: 교육관련 탈한국 현상의 사회적 성격 분석" 교육사회학연구 15(2), 95-120.
손준종(2007). "한국의 교육열과 '탈'한국 현상에 관한 고찰" 한국교육인류학회·안암교육학회. 추계 학술대회
신기현(2007), "교육열 개념의 재검토", 『교육열 다시 보기 -통합적 조망과 비평』, 한국교육인류학회·안암교육학회 2007 추계학술대회 자료집, pp.55-79.
신진욱(2007). 사회운동의 연대 형성과 프레이밍에서 도덕감정의 역할. 경제와 사회 봄호(통권 73호), pp.203-437.
신태진, 고요한 공역(2004). 교육과학입문. 학지사. Gasto Mialaret ed. Introduction to the Educational Sciences.
심미옥(2003). "초등학교 학부모의 자녀 교육지원활동에 관한 연구" 초등교육연구 16(2). 333-358.
양미경(2011). "학회지 인용분석을 통한 우리나라 교육학 학문공동체의 특성 탐색" 교육학연구. 49권 3호. pp. 1-31.
오만석, 박남기, 이길상, 이종각, 최봉영(2000). 교육열의 사회문화적 구조. 한

국정신문화연구원.

오욱환(1999). 한국사회의 교육열에 대한 고유 이론모형의 탐색. *교육학연구*, 37(4). 1-28.

오욱환(2000). *한국사회의 교육열: 그 기원과 심화*. 서울: 교육과학사.

오욱환(2008), "교육격차의 원인에 대한 직시 :학교를 넘어서 가족과 사회로", 교육사회학연구』 제18권 제3호, 한국교육사회학회, pp.111-133

오욱환(2008). "교육정책에서 공적 가치와 사적 자유의 딜레마" 교육사회학연구 18(1). pp. 93-109.

오재길(2003). "농촌 분교 학부모들의 교육열 현상" 2003년 교육열 국제학술회의 자료집.

유동운(2011). 행태주의 경제학이 던지는 메시지. 자유기업원 CFE Report no. 149.

이기석(2012). "학부모 학교교육열에 대한 행동경제학적 진단" 한국교육행정학회 제165차 추계학술대회 자료집 한국 교육행정의 새로운 담론 탐색. 387-392.

이길상(2000). "입시제도를 통한 배제와 교육열" 오만석, 박남기, 이길상, 이종각, 최봉영(2000). pp. 121-151.

이돈희(1985). 한국사회의 교육열과 교육기회의 관리문제. *새교육*, 4월호, 통권 366호.

이미나, 배종근(1988). 『한국교육의 실체 : 국민을 교육을 어떻게 생각하나』, 교육과학사

이미숙(1993). 가족의 가치관 및 구조적 특성이 교육열에 미치는 영향. *가족학론집*, 제5집.

이민경(2007). "중산층 어머니들의 자녀교육 담론: 자녀교육 지원태도에 대한 의미분석" 교육사회학연구, 17(3). 159-181.

이성식.전신현 편(1995). 감정사회학. 한울.

이수광(2007), "교육열과 학부모 유형, 그리고 대안의 상상력", 『교육열 다시보기 -통합적 조망과 비평』, 한국교육인류학회·안암교육학회 2007 추계학술대회 자료집, pp.143-174.

이순형(1992). "학부모 참여에 관한 연구" 교육학연구 30(2). 한국교육학회.

이영호(1998). "한국인의 교육열과 학력사회 상관성에 대한 분석" 교육사회학연구. 8권1호, pp. 75-95.

이영호(1998). 한국인의 교육열과 학력사회 상관성에 대한 분석. *교육사회학연구*, 제8권 1호.

이원재(2001). 과거공부를 알아야 우리 교육이 보인다. 문음사.
이인숙(2001). 교육본위론의 관점에서의 교육열 재개념화. 숙명여자대학교, 석사학위논문.
이인효(1990). 인문계 고등학교 교직문화연구. 서울대 박사학위논문.
이인효·박현정(1993). 교육열의 구조에 대한 문화기술. *교육진흥*, 제5권 4호(통권20권), 여름.
이정규(2003). 한국사회의 학력·학벌주의: 근원과 발달. 집문당.
이종각 외(2008a). 『교육국제화 특구 미래교육타운 조성 방안』, 인천광역시교육청.
이종각(1988). "학교수업방법의 사회-문화적 맥락" 학교학습탐구, 교육과학사, pp.124-180.
이종각(1989). 연합적 경쟁구조와 학생 삶의 구속 논리 - 학생 삶의 해방 논리 구성을 위한 예비적 분석, 안범희 편, *교육민주화: 발전적 시론*. 강원대학교출판부.
이종각(1990). "교육경쟁양식과 교육경쟁구조: 1차논의" 교육사회학연구 1(1). 7-18.
이종각(1992). 한국교육학의 논리와 운동. 문음사.
이종각(1993). 한국인의 교육열: 사회학적 고찰. *교육진흥*, 제5권 4호(통권20권), 여름.
이종각(1994). 교육학논쟁. 하우.
이종각(1996). *교육사회학총론*. 동문사.
이종각(1997). *교육인류학탐색*. 도서출판 하우.
이종각(2000) "교육열 개념의 재정립" 출처: 오만석 외 (2000) *교육열의 사회문화적 구조*. 제1장 한국정신문화연구원.
이종각(2000). 교육열의 개념 재정립. 오만석 외, *교육열의 사회문화적 구조*. 한국정신문화연구원.
이종각(2002) "교육열의 운동법칙과 결합법칙" *교육사회학연구* 제12권 1호, 173-192.
이종각(2002㉮). 교육열의 운동법칙과 결합법칙, *교육사회학연구*, 12(1), 173-192.
이종각(2002㉯). 교육열과 정책에 대한 7가지 신사고, 2002 교육열 국제학술회의자료집 교육열의 진단·해부·대책, 강원대학교 교육연구소, pp.123-140.
이종각(2003). 교육열 올바로 보기: 그 정체는 무엇이며 어떻게 다루어야 하나?

원미사.
이종각(2003a). *교육열 올바로 보기*. 원미사
이종각(2003b). *외국의 교육열 사례*. 한국교육개발원.
이종각(2005). 한국의 교육열, 세계의 교육열, 하우.
이종각(2005). *한국의 교육열, 세계의 교육열*, 하우.
이종각(2007). 「교육정책 및 행정 연구에서 "교육열"에 대한 관심의 위상」, 『국제화 시대의 교육개방과 교육산업-한국교육학회 2007 추계학술대회 분과자료집 I』, pp. 215~225.
이종각(2007). 새로운 교육사회학 총론. 동문사.
이종각(2007b). "교육열 연구의 향후 방향과 빠진 고리들" 교육열 다시보기: 통합적 조망과 비평. 한국교육인류학회·안암교육학회 공동 2007 추계학술대회 자료집, 3-24.
이종각(2008b). 「중등교육정책의 진단과 보완 방향」, 한국교육학회 2008 춘계학술대회, 『이명박 정부의 교육정책 과제와 방향 주제발표문 자료집』, 2008, pp. 89~101.
이종각(2011). 교육열을 알아야 한국교육이 보인다. 이담북스.
이종각(2013a). "한국 교육학 연구에서 3.이론연구의 성과와 과제
- 교육학연구 60년의 사회적 역할에 대한 비판적 회고와 전망 - " 2013 한국교육학회 추계학술대회 자료집.
이종각(2013b). 한국 학부모 교육열의 정책적 시사점과 새 연구 방향의 탐색. 한국교육 40(4). 121-153.
이종각·김기수(2003). "'교육열' 개념의 비교와 재정의" 교육학 연구, 41(3), 191-214.
이종인 옮김(2001). 새뮤엘 헌팅턴 외 공편, 문화가 중요하다. 김영사.
이종재(2006). "한국 교육발전을 위한 접근과 새로운 과제" 제3회 국제학술세미나, 미래교육의 비전과 전략 모색(Future, Innovation and Educational Change). 대통령자문교육혁신위원. pp. 135-173.
이종재, 김성열, 돈 애덤스 편저(2010). 한국교육 60년. 서울대학교출판문화원.
이종재 편(2010). 사교육: 현상과 대응. 교육과학사.
이한수 기자. 2009. 11.3. "사회학계, '감성(感性)'에 눈뜨다" chosun.com
이혜영 외, 『교육비전 중장기 계획 연구』, 한국교육개발원, 2007.
이효수(1993). 한국인의 교육열: 경제학적 고찰. *교육진흥*, 제5권 4호(통권20권), 여름.
이희재 역(1997) 새뮤엘 헌팅턴 저, 문명의 충돌, 김영사.

전승헌(2005). 개념 재구성을 통한 사교육의 유형화 연구. 경성대학교, 박사학위논문.

정기섭(2001). 학교개혁과 학교교육학의 과제. 교육학연구. 39권1호, pp. 249-266.

정민승(2007). 디지털 시대의 교육학의 자기변모: 그 특징과 한계. 교육학연구 45권 3호. pp.53-81.

정순우(1998). 한국사회 교육열에 관한 역사·문화적 접근. 한국교육사회학회(1998). *한국인의 교육열: 그 개념, 본질, 운동논리, 대응논리*(1998년 제124차 학술발표대회 자료).

정순우(1999). "한국사회 교육열에 관한 역사문화적 접근" 교육사회학연구. 제9권 1호, 1-16쪽.

정원식(1984). 교육열. 서울대 사회과학연구소, *사회과학과 정책연구*, 6권 3호. 81-91.

조무남(2004). 교육학론. 학지사.

천세영(2009), "미래경쟁력 강화를 위한 공교육개혁 방안", 『미래를 위한 투자, 대한민국 교육선진화』 미래기획위원회 세미나 자료. 2009.3.12.

최봉영(2000). 교육열의 역사적 전개와 성격. 오만석 외, *교육열의 사회문화적 구조*. 한국정신문화연구원.

케빈 톰슨 저, 이주일, 오승훈 번역(2000). Emotional Capital, 기업의 숨겨진 핵심자산·정서자본. 새로운 제안. Kevin Thomson(1998). Emotional Capital. Capstone Publishing Limited Oxford Centre for Innovation.

한국가족학연구회 편(1994). *자녀교육열과 대학입시*. 도서출판 하우.

한국교육개발원(2001). *교육통계편람*.

한국교육학회50년사편찬위원회 편(2003). 자생적 한국교육학의 미래. 원미사.

한국교육학회50년사편찬위원회 편(2003). 한국교육학회50년사. 원미사.

한우희(1991). 보통학교에 대한 저항과 교육열. *교육이론*, 6권1호.

한정신(1998), 한국여성의 교육열 탐구, 숙명여대아세아여성문제연구소, *아세아여성연구*, 제37집.

한국무역협회(2002). 「202개 경제·무역·사회 지표로 본 대한민국.

한국학중앙연구원 현대한국연구소 국내학술회의 자료집. 감정연구의 새로운 지평. 2009. 11. 06.

한국학중앙연구원 현대한국연구소. 연세대융합감성과학연구단 공동 국내학술회의 자료집. 감정연구의 새로운 지평 II - 사례와 적용. 2010. 11. 05.

한정신(1998). “한국여성의 교육열 탐구” 아세아여성연구, 37권, 67-99.
현 주(2003). “한국 학부모 교육열의 실상” 한국 학부모 교육열의 재조명: 교육발전을 위한 방향과 과제(교육정책포럼). 한국교육개발원.
현 주, 이재분, 이혜영(2003). 한국 학부모의 교육열 분석 연구. 한국교육개발원.
홍금초(2005). 우리나라 학부모의 자녀교육지원행위의 종류와 유형 분류: 신문기사를 중심으로. 강원대학교 대학원 박사학위논문.
홍은숙(2012). “학회 차원에서 본 교육학의 위상과 중요성” 세미나자료1.

Bray, Mark(1996). Counting the Full Cost: Parental and Community Financing of Education in the East Asia. Washington, D.C.: The World Bank.
Bray, Mark(2005) Private Tutoring: Supplementary Function or Conflicting Alternatives. International Conference on 60 Years of Korean Education: Achievements and Challenges. June 13-14, 2005. Korean Education Development Institute. PDF File available from KEDI homepage.
Brown, P.(1990). “The ‘Third Wave’: education and the ideology of parentocracy”. *British Journal of Sociology of Education* 11(1), 65-85.
Camille Wilson Cooper and Christina A. Christie.(2005). Evaluating Parent Empowerment: A Look at the Potential of Social Justice Evaluation in Education. *Teachers College record* Volume 107. November 10.
Dubet, F.(dir.)(1997). *Ecole, familles : le malentendu.* Paris: Textuel.
Durning, P.(1994). *Éducation et famille.* Bruxelles: De Bœck Université.
Durning, P.(2006). *Éducation familiale. acteurs, processus, enjeux.* Paris: L'Harmattan.
Li, G. (2004). *Other people's success: Asian students in the "Model Minority" myth.* Paper presented at the annual meeting of AERA (American Educational Research Association) in San Diego, CA, 2004
Institute for Educational Research (2001, 2003). *Proceedings of international conference on education fever.* Chuncheon:

Kangwon National University.

McGaw, Barry. "OECD Perspectives on Korean Educational Achievements" International Conference on 60 Years of Korean Education: Achievements and Challenges. June 13-14, 2005. Korean Education Development Institute. PDF File available from KEDI homepage.

Mertens, Steven B., Vincent A. Anfara, Jr. & Kathleen Roney(2009). An International Look at Educating Young Adolescents. Information Age Publishing: Charlotte, North Carolina.

OECD(1997). *Parents as parents in schooling*, Paris: OECD.

Seth. Michael J. (2002). *Education fever.* University of Hawai'i Press, Honolulu and Center for Korean Studies, Honolulu: University of Hawai'i.

Seth Michael(2005) Education Fever: Resources or Sources of Problems. International Conference on 60 Years of Korean Education: Achievements and Challenges. June 13-14, 2005. Korean Education Development Institute. PDF File available from KEDI homepage.

Yu, L., & Suen, H. (2004). *Historical and contemporary education fever in China.* Paper presented at the annual meeting of AERA (American Educational Research Association) in San Diego, CA.

색 인

인명 색인

내용 색인

ㅈ

이 책을 완성하는 데에 아래의 기존 원고들을 활용하여 재구성하였음을 밝혀둡니다.

1. 〈이종재, 김성열, 돈 애덤스 편저(2010), 한국교육 60년. 서울대출판부〉의 pp.330-368에 실린 필자의 원고: "한국교육변화의 동력으로서 교육열."
2. 〈김영화 외(2009), 한국 교육의 난제, 그 해법을 묻는다. 대화문화아카데미〉의 pp. 197-226에 실린 필자의 원고: "새로운 교육 거버넌스, 왜 어떻게 창출할 것인가?"
3. 2013 한국교육학회 추계학술대회 자료집 pp. 109-131에 실린 필자의 주제발표문: "한국 교육학 연구에서 3.이론연구의 성과와 과제
   - 교육학연구 60년의 사회적 역할에 대한 비판적 회고와 전망 -"
4. 한국교육인류학회·안암교육학회 공동 2007 추계학술대회 자료집, 〈교육열 다시보기: 통합적 조망과 비평〉의 pp.3-24에 실린 필자의 주제발표문: "교육열 연구의 향후 방향과 빠진 고리들"
5. 한국교육학회 2007 추계학술대회 분과자료집 〈국제화 시대의 교육개방과 교육산업〉의 pp. 215~225에 실린 필자의 발표문: "교육정책 및 행정연구에서 '교육열'에 대한 관심의 위상."
6. 이종각·김기수(2003). "'교육열' 개념의 비교와 재정의" 교육학 연구, 41(3), 191-214.
7. 이종각(2013). 한국 학부모 교육열의 정책적 시사점과 새 연구 방향의 탐색. 한국교육 40(4). 121-153.
8. 2009년 가을 한국교육인류학회, 한국문화인류학회 공동학술대회 자료집 〈교육문화에 대한 인류학적 조망〉의 pp. 348-366에 실린 필자의 주제발표문: "한국교육문화와 교육열문화: 현상-인식-개입 그리고 또 다른 출발을 위한 재인식"
9. 2009년 새교육에 연재한 글
   - "교육정책과 교육열, 손자병법으로 들여다보기" 4월호, pp. 10-14.
   - "이열치열의 원리로 교육열을 경영하자!" 6월호, pp. 65-69.
   - "교육열의 심층에는 '가슴'이 있다" 8월호, pp. 41-45.
   - "교육열의 힘과 성격을 알고 해야 한다- 이명박 정부의 사교육과의 전쟁" 9월호. 31-36.

저 자 소 개

이 종 각

내가 좋아하는 말이 있다. "인생과 학문을 구별하지 말아라."라는 C.W. 밀즈의 말이다. 어떤 류의 교육학적인 앎의 추구는 어떤 류의 교육적인 삶의 추구와 결부되어 있으며, 있어야 한다. 마냥 아름다운 지식이란 없으며, 마냥 진실된 지식도 없다. 진솔한 삶을 진솔하게 그려 내는 앎이 아름다우며 진실된 지식이다. 한국의 교육학은 한국인의 교육생활의 실체를 진솔하게 그려내어야 그 진가와 빛을 발할 수 있을 것이다.

나의 애정이 가장 많이 담긴 단행본은 《한국교육학의 논리와 운동》(1989)이다. 이 책에서 나는 사회과학에서의 우리찾기 운동과 교육학에서의 우리찾기 운동을 전개했다는 자부심을 갖고 있다. 이 책은 학문의 토착화에 관한 국내 최초(?)의 단행본일 것이다. 나는 이 책에서 이렇게 외쳐댔다. "한국교육학은 망각된 한국의 사회적 맥락을 되찾아야 한다." "한국교육학은 박탈된 한국문화를 되찾아야 한다."

나의 교육열 연구는 한국교육학에서 한국교육문화를 찾는 작업으로부터 시작되었다. 1회성이 아니라 지속적으로, 조사보고형이 아니라 이론탐색형으로, 이론탐색으로 그치는 것이 아니라 정책으로 연결시키려는 노력을 해왔다. 다수의 저서 중에서 교육열 관련 저서로는 〈교육열 올바로보기〉, 〈세계의 교육열 한국의 교육열〉, 〈교육열을 알아야 한국교육이 보인다〉, 〈교육열의 사회문화적 구조〉(공저) 등이 있다.

나는 학사와 석사를 서울대 교육학과와 동 대학원에서 마쳤으며, 박사과정은 미국 피츠버그대학에서 마치고 학위를 받았다. 학위논문은 〈Transnational Knowledge Transfer: The Case of ITM in Korea〉(1986)으로 국가간의 지식이동의 문제점과 대응책에 관한 사례연구로 학문적토착화의 문제를 다룬 것이다. 대통령자문교육혁신위원회의 선임위원(부위원장 역), 교육사회학회 회장, 강원대 기획연구처장, 강원교육발전기획위원회 위원장 등을 역임하였다. 현재 강원대학교 교육학과 교수로 재직 중이며 학부모학회 창립 등 학부모를 위한, 학부모와 함께하는 일을 하고 있다.

저자와의
협의하에
인지 생략

부모·학부모·교육열에 대한

새로운 생각
새로운 정책

2014년 4월 20일 인쇄
2014년 4월 24일 발행

저 자 이종각
발행자 박준식

발행처 도서출판 원미사
서울 성북구 화랑로21길 58(1층)
전화 : 02) 919-9630, 942-1276
등록 : 1994년 1월 18일(제6-192호)
E-mail : wonmisa9630@daum.net

정가 17,000원

ISBN : 978-89-5544-200-7